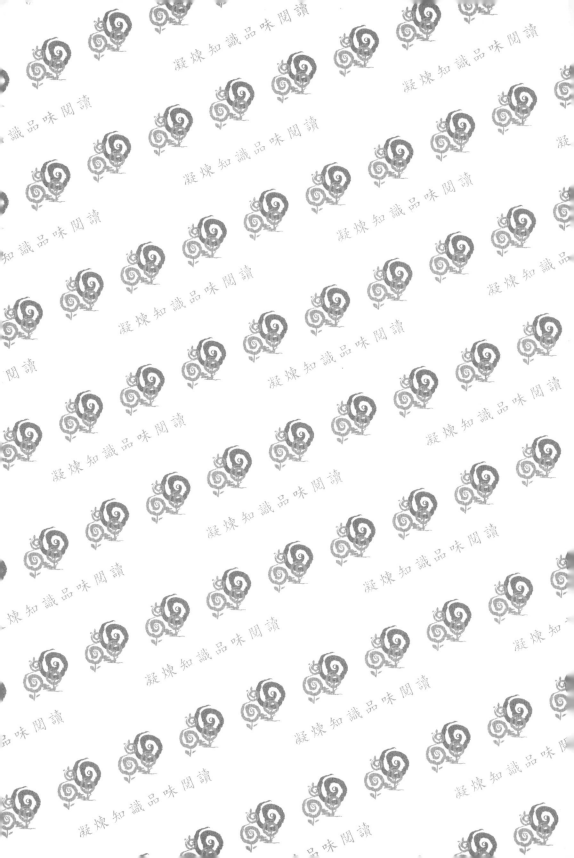

The Myth of Psychology

心理學的迷思

我們認爲，心理學不均衡和有侷限地發展，本質的原因是其基本假設、調查方法和經驗資料的來源，都具有唯我論的特徵。唯我論認爲只有「自我」存在，或者只有「自我」能夠被證明存在。主流心理學便是建立於此，並充滿以下觀點：(1)歐美的世界觀是唯一或者最好的世界觀；(2)實證主義或者新實證主義是唯一或最好的科學研究方法；(3)白人、中產的男性經驗是世界上唯一或最正當的經驗。我將第一個稱爲假設上的唯我論，第二個稱爲方法上的唯我論，第三個稱爲經驗上的唯我論。這三種類型的唯我論互相滲透、互相影響，一起構成了歐洲中心主義心理學的基礎。

——侯賽因・阿卜杜拉希・布汗

（Hussein Abdilahi Bulhan）

《法蘭茲・法農和壓迫心理學》

（Frantz Fanon and the Psychology of Oppression）

前言

1

第一位教導我有關政治和／或心理學重要知識的人，就是我即將向你們介紹的：弗雷德・紐曼（Fred Newman）博士。

1970年代後期，我第一次聽到他關於社會治療的心理學演講。雖然我沒有完全理解他所講的內容，但卻被導引他演講的政治進步性所吸引。1980年代初，我進入他的治療團體中，當時我也與一個黑人女同志的完形治療師一起做個人治療，那樣的光景持續了一年。我叫她蘇珊，當她要開設一個完形治療團體時，我離開了社會治療團體。作為一個挑戰傳統心理學明目張膽種族歧視的先鋒，我的立場是所有人都應該扭轉局勢，用黑人心理學家來取代與黑人共事的白人心理學家。之後我就離開那個團體，與我的黑人完形治療師進行團體治療，卻從未想到那一年會是我成為社會治療師的關鍵。

雖然我在完形團體中學到了這個方法的力量，但是那個團體實在是一個災難。在團體中，有各種差異的人而能做些不同的事：我們有黑人、白人、猶太人，有同性戀和異性戀，有工人階級和中產階級，且所有成員都是女人。我們敏感、溫暖、富有同情心，但是我們的治療實踐的核心卻是歐洲中心主義的、異性戀的和男性的。我們從未觸

些精神分析的語言就會將之重新定義，團體氛圍就會安靜下來。同時，儘管我們的黑人治療師一片好意，但方法學的限制使得她最終無法給予她的病人力量。

是在弗雷德・紐曼的社會治療團體中，我才能夠學到許多關於種族歧視的深刻學習。我開始能夠檢視我向八歲大女兒傳達的想法——即如果她夠聰明、有魅力的話，她的人格就能克服種族歧視。在紐曼博士的團體中，我學到關於自己的許多，關於我做為女人、我的性（sexuality），以及我相信我對男人與他們攻擊性的控制多於我所能做到的。正是從他那裡，我了解到我身上帶有的但卻從未意識到的潛在「主義」（isms），使我不自覺地會對他表現得反猶太主義[1]（anti-semitic）（一個我後來愛與信任的猶太人），使用黑人的共同語言：「所有的白人對我都是一樣的」（顯然希特勒可以說出區別）。紐曼也教我爲何這些「主義」很少單獨出現。如果你在一個團

---

1 譯註：黑人社群的反猶太主義與猶太社群的種族主義，過去一直存在（現在也是）。大致來説，在民權運動期間，猶太人曾是黑人的盟友。但後來，在60年代末和70年代初，猶太人在美國白人中的相對特權，被一些黑人力量運動的領袖所憎恨。在40年代到60年代之間，許多美國猶太人也從工人階級轉爲中產階級，有時在黑人社區當店主和房東，黑人民族主義者曾使用這個事實在這兩個群體之間，製造更深的隔閡。這是當時弗雷德及其社群在70年代開始組織多種族、黑人領導的進步組織的背景脈絡，當時他們在黑人社群工作的大部分組織者都是猶太人，所以這些緊張關係是眞實存在的。富拉尼博士在此清楚地點出，作爲黑人女性的她，與猶太人（白人）男性弗雷德之間，也反映這種歷史性的對立。（此譯註特別感謝丹・弗里德曼與洛伊絲・霍爾茲曼的協助）

體中，開始對種族歧視、性別歧視或者反猶太主義工作，不久之後其他的也會重複出現。因此，我們開始這個非常困難的工作，學習處理這些議題——以及什麼條件必須被創造才能讓這件事成爲可能。

我記得我早年坐在團體中被紐曼博士訓練的時候，看他創造脈絡，讓其中的一個中上層階級的白人商人，最終袒露了他爲何永遠不說話——是因爲他非常鄙視在場的女人、黑人、同性戀或者工人階級——這挑戰他得努力解決他自身歧視（並非我們）的問題，也成爲他能否待在社會治療團體中的前提。作爲一個非洲裔美國女人，我多年生活在白人自由派（liberal）[2]的環境中，他們對種族和階級的議題總是閃爍其辭（如果他們會討論的話），而我意識到社會治療及其創立者紐曼博士，非常不一樣。

呈現在這本書中的工作，代表了我所知道的最先進和成功的嘗試，是基進地發展一種心理學中人本主義的理論和實踐，不管是白人或黑人。

2

除了是一個治療師外，我還是美國第四大政黨—— 新聯盟黨[3]

---

2 譯註：此處的自由派（liberal）不同於自由主義（liberalism），是指對事物或議題採開明、開放的態度。在美國語境中，雖然隨歷史發展有些許差異，但可大致理解爲相較於保守派（conservative），對於種族議題、同性婚姻等採較進步開明的立場。

（New Alliance Party, NAP）的主席。雖然新聯盟黨不是一個黑人政黨（它是由黑人領導、多種族的政黨），但它的確是一個黑人社群的黨派。同樣地，雖然社會治療不是一個黑人的治療，但是在我看來，到目前為止，它是治療各個地方非裔美國人社群中的情緒痛苦，最有效、具連貫性和有用的方法，且沒有其他方法能與之媲美。

弗雷德・紐曼擔任我多次競選的經理（包括我1988年和1992年的總統參選）的才華，塑造並揭開了在這個國家萌芽開展的獨立選民政治運動（independent political movement），是我很高興與全國各地的朋友和支持者分享的。非常興奮能有這個機會與你們分享他在人類發展領域的發現。

弗雷德・紐曼是第一個教導我卡爾・馬克思及其著作意義的人。在我們認識的早期，我正在極力尋找一種能為黑人的充權培力貢獻的戰鬥方法，我問他為何他是一個馬克思主義者，而他的回答深深地影響了我。他說他在看了《共產黨宣言》的第一頁後，他知道了自己是誰（在其中馬克思寫到，作為一個共產主義者，是指你不會支持任何建立在以壓迫為基礎的制度）。

很大程度上，在這個國家（與世界上的其他國家）的馬克思主義

紐約、支持社會主義的左翼獨立政黨，聯盟各種美國社會的邊緣群體，諸如有色人種、少數族裔、同志社群等。新聯盟黨最有名的一戰，便是在1988年成功在美國50個州蒐集到足夠的聯署，而將富拉尼博士放上美國總統大選的選票，是美國史上唯一黑人女性的總統候選人。

者，都不會將馬克思主義科學運用到人際關係的領域。然而，紐曼博士非常清楚，維持美國的經濟和社會現狀的，不僅是那些被認爲是「政治的」體制（政黨、司法體制、軍事制度等），還有「私人的」體制，諸如婚姻、孩子養育、性別和情緒性等。近年來，很明顯地，傳統的（正統的）馬克思主義未能解決這些問題，不僅是我們人民巨大情緒痛苦的來源，也是全世界革命運動與組織嚴重失敗的來源。

在非裔美國人社群中，最具破壞性的力量之一，是由所謂的助人專業工作者／心理健康產業，對情緒疾病的治療所產生的作用（impact）。一旦陷入這個系統，大多數人都會失去成長和發展的能力，很多人最終被其摧毀。但是要解決傳統心理學所帶來的破壞，並是不靠黑人心理學家將偽科學（pseudo-science）的心理學「著色」！不可能！這需要從根本去挑戰心理學作爲一個建制的根基。而紐曼博士的理論、實踐和方法正能這麼做。

3

我的社會治療師訓練，始於以病人角色參與紐曼博士的團體。接著，我在東邊社會治療中心（East Side Center for Social Therapy）待了一年，接受德布拉・泊爾（Debra Pearl）的督導，對白人中產階級病人做治療。那一年的訓練極爲寶貴，它教會了我如何做社會治療，以及這個方法對各類病人的效用。在我來到我們位於哈林區的診

了。

當我在哈林區見到那裡的病人（非洲裔和拉丁美裔的工人階級）之後，我的第一反應混雜著挫敗和氣餒，因為我看到他們與廣大社會一樣，對自己帶著負面的看法。他們使用的標籤、解釋和理解，極度限制他們的成長和發展。黑人心理學有時候會用新的理解和標籤取代歐洲中心主義的標籤，縱然比較好、比較人性，但是並不會更有助於人的發展，且通常還會引發病人和治療師就誰的標籤才是「對的」而拉鋸爭辯。

紐曼博士發展了一個非標籤化的取徑（non-labeling approach），這讓治療師和病人得進行彆扭又沒有指導原則的工作── 要作為真實的人相互認識彼此，而不是以標籤或者「診斷分類」。社會治療的力量不在於「假裝很好」或者掩蓋存在於社會中人與人之間真實的差異；而是，它是一種打造環境的工具（不管是在治療室裡或其他地方），在這樣的環境中，人們可以使用他們的差異來產生新的、很不錯的東西。建造這種新環境的關鍵在於，人們必須讓自己和其他人產生關聯──不是作為受害者，而是作為有能力改變他們生活條件的建造者。

推廣傳統心理學的人（更別說掌權者）最不想看到的就是，窮人、有色人種、同性戀和女人將自己視為環境的改變者。作為黑人治療師，我學習社會治療的一項挑戰就是放棄我想要「拯救」黑人工人階級的幻想，並且蹲下來與他們一起創造改變他們生活條件所必需的

工具。

作為一個黑人心理學家，我花了很多年尋找更能貼近黑人社群的心理學，我讀了很多從「黑人觀點」對傳統心理學批判的文章。雖然我那時並沒有意識到，但是當時幾乎所有的文章只聚焦在傳統心理學的內容。他們使用貼近黑人社群的語言；研究非洲的文化面向，並將其納入非裔美國人精神官能症的解釋中；用黑人心理學家代替白人心理學家治療黑人病人。這就是基進／另類的黑人心理學家，認為對於傳統（白人）心理學中固有（inherent）問題的解決之道。

在〈讓我來談一談「移情」〉（Talkin' Transference）中，紐曼博士說社會治療是60年代的基進治療（radical therapy）在質上的延伸。他指出，雖然這些治療（包括黑人心理學）很多在內容上，不與傳統治療一樣有害、有種族歧視和性別歧視，但是它們在假設、方法和實際的實踐上仍不夠基進和徹底。

這意味著，不管黑人心理學家的意圖是什麼，儘管他們文化的配備多麼以非洲為中心，但他們最終仍在實踐以歐洲為中心的心理學。我在70年代開始發現這一點，當善意的黑人心理學家們已經取代了白人，成為黑人社群的分析師和專家，他們開始看到一些窮人和勞工黑人的缺點，竟然與多年來白人在我們身上「發現」的缺點一樣！

當我遇見紐曼博士並開始跟著他學習時，我明顯帶著所有歐洲中心主義和方法論的焦慮，這些是我們生活在美國，並在被這個國家被訓練為心理學家的過

理學實踐必須要植根於以充權黑人爲核心的政治。很久以前，我開始領略紐曼提出來的方法論問題（我仍然在努力更全面理解它們），我理解後覺得與他的政治觀點非常接近。我知道讓黑人處境困難的不是我們的「低智商」、「低自尊」或者「缺乏抱負」；我也理解到要挑戰黑人成爲自己生命的改變者（情緒與其他方面），必須超越教他們非洲歷史。我花了很多年竭盡全力研究一切有關非洲的東西。我寫的大學和研究所的所有報告中，無論是英國文學、心理學或數學，我都會找到一個路徑去討論討論黑人歷史。透過這樣做，我學到了很多（包括如何與我那些大多是白人的教授對抗，他們對我試圖讓我的文章和研究貼近我的黑人同胞感到不滿）。但是也很明顯地，雖然我爲自己創造了有利位置，成爲一個黑人心理學家，但我在做的並沒有改變黑人工人階級的生活條件。

4

　　紐曼博士的所有著作中，他提出的觀點之一是，社會治療不是讓人們適應他們的社會角色（societal role），而是適應他們的歷史角色。我想說明爲何這對黑人心理學家來說非常重要。

　　在〈讓我來談一談「移情」〉中，紐曼提到美國人的例外論（exceptionalism），即「不會發生在這裡」的態度。他說這個國家有種普遍的信念，認爲因爲美國的多元主義，美國總是能夠涵納所有事物，包含體制、政治、意識形態；例外論者說，正是這種力量可以

避免法西斯主義——美國社會的快速轉變，猶如當年在德國發生的納粹主義。這種觀點在我看來極其錯誤，但是竟然也出現在即便是一些激進[4]的黑人政治運動者和心理學家，為何會如此呢？

乍看下，你會想到弗朗西絲·克雷斯·韋爾辛[5]（Frances Cress Welsing）、納伊姆·阿克巴爾[6]（Na'im Akbar）和阿莫斯·威爾遜[7]（Amos Wilson）說過的，就白人的天性來說，在這個國家任何事都有可能發生在黑人身上。但是如果你仔細審視他們所給的解釋，你就會發現：(1)它們是永恆的（去歷史性的）；(2)他們認為黑人可以透過「更成為黑人」來適應這種壓迫。一些最激進的心理學家甚至真的列出在這個社會脈絡中，為了「更成為黑人」可做之事的清單（通常可以跟家人一起做），讓人們成為適應良好的黑人。他們認為這種策略在穩定的社會中是有用的（但實際上不是），而這種「分析」忽略了一個關鍵事實是：美國社會正在變化！

指導我所有工作（在美國建立由黑人領導的多種族獨立政治運動，並在哈林區實踐治療）的一個基本假設是，非裔美國工人階級不

---

4 譯註：這裡的激進（militant）與基進（radical）不同，基進是指根本徹底的挑戰與改變，而激進則是指準備戰鬥、好戰好鬥的。

5 譯註：非洲中心主義精神病學家，生於1935年，1970年提出有關種族戰爭和種族歧視的克雷斯理論，她認為白人是白化病基因突變的結果，是原始非洲民族的棄兒後代。

6 譯註：非洲中心主義取向的臨床心理學家，生於1944年，60年代進入黑人心理學領域，主要批判歐洲中心主義心理學。

7 譯註：非洲裔心理學家、社會理論家、泛非思想家、學者和作家。

能夠被以當前組織的方式整合進美國社會中。關於整合，我不是說文化整合或者同化——那些偽裝成「機會」，但卻是要有色人種變得像白種人的要求，我指的是類似那種在1940年代和1950年代經濟繁榮的時候，允許大部分美國猶太人進入中產階級（大部分是透過專業路徑）。而現在，當經濟萎縮的時候，對那些掌握美國（與世界）運行的人來說，廣大黑人和有色人種的兄弟姐妹們已不再是必要的勞力來源（即使是非技術人員）。

因為掌權者不能預見美國經濟是否在未來能夠「再度重生」，因此他們認為沒有必要讓我們繼續活著，更不要說為我們的孩子建立成長和發展的條件了。我認為正是這個20世紀末的美國經濟生活的根本事實，這也解釋了在兩黨支援下通過的威脅生命的葛蘭姆法案[8]（Gramm-Rudman Bill）、官方默許在全國各城市的警察暴力行為、在最近的海灣戰爭中派出大量黑人部隊上前線、毒品如洪水般湧入我們的社群——這些多麼像是種族滅絕的特寫。如果警察和古柯鹼沒有完成任務，絕望已經將我們自我摧毀。

在人們生活中反工人階級和種族歧視處境下，社會治療是一個支持黑人、支持工人階級的政治性回應（而非心理學的）。所謂政治性，並不是狹義地關於選舉或候選人（儘管選舉政治很明顯是在此刻歷史中鬥爭的重要部分）。反之，政治性是指最廣義而論的，是關於

---

8 譯註：1935年，美國國會通過的「平衡預算和緊急赤字控制法」，希望當預算赤字超出法定限額時，可以自動刪減的程式機制即開始生效。

重新組織權力的方式。對於社會的既有面貌，我們並非要幫助人們用不一樣的方式去思考或感覺（並因此而適應剝削和壓迫），而是要去做不一樣的活動——參與改變這個深刻剝削和壓迫的世界。

如果黑人無法被整合進美國社會當前衰敗的狀態，那顯然我們的生存和發展得依賴自己的能力，來扮演帶領徹底重構社會的角色。我們能扮演革命者歷史角色的能力（此革命者能力是指人類有能力參與改變總體的過程），很大程度取決於我們是否能打破我們對受害者社會角色的適應（或者不適應）。這正是社會治療教導人們做的。

紐曼博士最初在機械工廠做工具與模具，專門為沒有現成工具的特定工作製造合適的工具，而社會治療就是這種量身訂做的工具。作為一個黑人心理學家，我為400年來黑人所經歷的巨大情緒痛苦而深感擔憂，非常感謝有這個強大的工具來幫助我的同胞——這裡的「幫助」並不是指社工／治療師／自由派所認為，讓每日生活中的痛苦稍有緩解，而是指基進的／革命性的「幫助」，透過給予他們所需要的工具，讓其投身到重組整體生活的活動中（包含情緒性，但不限於此），進而治癒痛苦。

萊諾拉・富拉尼

（Lenora B. Fulani, PhD）

序言

　　這本書大概寫了十年。這十年來，反治療（anti-therapy）最終被發展出來並稱為社會治療，我和很多人以不同名稱來實踐它。現在有上百的專業人員使用社會治療直接幫助成千上萬的人，間接受幫助的也許有百萬人吧。

　　60年代的基進反治療轉變為社會治療，究竟是個大和解，還是更生動的一場骯髒拙劣的演出？我當然認為不是。精確來說，它是一種指認：(1)白人心理學是一個迷思，儘管影響深遠，但作為迷思，它對我們的影響有時候正面，但通常都是負面的（聖誕老人做一點好事，但大部分都是有害的）；(2)對付迷思的唯一方式是發展反迷思的歷史（以人為本的，pro-human）實踐（用馬克思的語言來說是「實踐─批判」（practical-critical）的，如革命性的活動；用維高斯基的語言來說是「工具暨結果」（tool-and-result）的辯證方法論），這種實踐不只是進行認知上的批判（迷思會將認知批判當作早餐吃），而且也組織人們（普羅大眾）來摧毀迷思，並使用那些碎石瓦礫來為我們建造一些有用的東西──為我們人類、為我們的自為階級[1]（class-for-itself）。

1　譯註：馬克思在《哲學的貧困》（The Poverty of Philosophy）將階級的概念，區分為自在階級（class-in-itself）與自為階級（class-for-itself），其差別在於階級意

　　因此，這是一本是關於建立新的心理學的書。雖然是關於新的心理學，但創造這些詞語、句子和段落並不在於什麼心理學的歷史根源，而是嘗試為幫助人們走出痛苦和壓迫的活動，創造一種有用的工具暨結果（是一種方法，按維高斯基的話是：「……同時是先決條件也是結果……」）。

　　毫無疑問，很多被行為主義和實證主義訓練出來的學者，在聽到說心理學是迷思時，會有下意識的反應（按庸俗主義觀點，這是被經濟決定的）。我現在就可以聽到他們像一群史金納的鴿子異口同聲咯咯笑說：「紐曼先生，你所謂的心理學到底是什麼意思？（嘻嘻）」我來轉向學者找尋答案。《法蘭茲・法農和壓迫心理學》（Frantz Fanon and the Psychology of Oppression）的作者侯賽因・阿卜杜拉希・布汗（Hussein Abdilahi Bulhan），為心理學提供了一個非常簡潔的歷史性的「定義」：

　　從14世紀到現在，歐洲人及其後代已經在全世界開始展開前所未有的暴力與自我擴張的使命。與此同時，學術圈也興起了一場關於人類處境的辯論。一個被稱為「心理學」的學門在16世紀出現，即使這個新學門可以追溯到古代文明，但路德[2]（Luther）的朋友菲力

識（class consciousness）的有無，其中自為階級是勞動者能夠形成對自己階級處境的意識，透過鬥爭聯合起來。

2 譯註：指的是馬丁・路德（Martin Luther）。

浦・梅蘭希通（Philipp Melanchthon）[3] 創造了這個詞，後來這個新學門開始在社會的各個方面開花結果。它發展了自己的概念，擁有眾多追隨者，發展自己的傳統，贏得一定程度的尊重，並小心翼翼地劃定了自己的領土。隨著歐洲征服了世界的大部分地區，歐洲人作為人類唯一的光榮模範，心理學也成為人類經驗的強大專業和科學權威者。

心理學當然不是產生在與歐洲征服及其暴力歷史無關的社會真空中。從開始到現在，這個學門就已經深陷於這個征服和暴力的歷史中，而這一事實往往未被正視且容易被迴避。然而，對於一個以揭露那些被壓抑的，並致力於大量研究而著稱的學科來說，這樣忽視和閃避人類歷史和心理學家在那段歷史中的角色，是令人深感不解的。（1985，p.37）

你看，迷思不會從天而降。它們是被**建構**來為控制者利益服務的產物，它們甚至被那些受控制的人自我毀滅地採用（如果有效的話）。《心理學的迷思》從爭論和實踐兩方面來「解構」心理學，不是為了創造另一種迷思，而是參與打造另一種不再需要迷思的世界（顯然不是喬治・布希所謂的「新世界秩序」）。

---

3 譯註：德國語言學家、哲學家、人類學家、神學家、教科書作家和新拉丁語詩人，被譽為「德國的老師」，他是德國和歐洲宗教改革中除馬丁・路德外的另一個代表人物。

這本書獻給來自薩伊（前剛果）、阿紮尼、海地、古巴、薩爾瓦多、菲律賓、瓜地馬拉、巴勒斯坦、尼加拉瓜、莫霍克族、皇冠高地、哈林、東洛杉磯、越南等等世界各地的有色人種，他們一直爲了摧毀那些破壞我們人性的迷思而鬥爭。直到最後的勝利[4]（Hasta la victoria siempre）！鬥爭還在繼續[5]（La lutta continua）！

弗雷德・紐曼

（Fred Newman, PhD）

於紐約

October, 1991

---

4 譯註：直到最後的勝利（Hasta la victoria siempre）是切・格瓦拉的名言，古巴創作歌手卡洛斯・布埃布拉於1965年創作的《直到永遠，指揮官》（Hasta Siempre, Comandante），歌名就是取自這句名言。這首歌是對革命家切・格瓦拉離開古巴時的訣別信的回應。通過歌詞，作者以詩的形式憶述了古巴革命的關鍵時刻，表達了對身爲革命指揮官的格瓦拉的愛戴與期望。格瓦拉犧牲後，這首歌成爲最具代表性的懷念他的頌歌，被許多左翼藝術家翻唱。

5 譯註：1980年代後期，當本書大多的文章寫完時，爭取民族解放、反對美國帝國主義和美國在中美洲幫助建立的軍事獨裁的鬥爭仍持續進行著。包括紐曼此社群在內的大部分美國左派人士，透過示威、募款等方式支持這些解放鬥爭，這句口號的西班牙版本因而被美國左派的所有人所熟知。美國許多進步人士在日常對話中說「La Lutta Continua」（鬥爭還在繼續），表示他們沒有放棄或失去希望，也承認並慶祝這將是一場長期的鬥爭，但我們應該繼續戰鬥。（此譯註特別感謝丹・弗里德曼與洛伊絲・霍爾茲曼的協助）

致謝

　　感謝多年來成千上萬與我有過運動者對話的人們，讓這本書成為可能。特別感謝我親愛的朋友和同事，最傑出的非洲裔美國心理學家和政治運動者萊諾拉‧富拉尼博士（Dr. Lenora B. Fulani），她的序言談到了我們的歷史及其意義，如此簡潔、具有說服力和富有激情。她建造社群的卓越創造力形塑了我們所做的事情。感謝洛伊絲‧霍爾茲曼博士（Dr. Lois Holzman），她是我智性的同志、合作者和極好的朋友，她影響這本書的每一篇文章。她寫了導言並與我合作完成《維高斯基的方法》（Vygotsky's Method）。感謝加布麗埃勒‧庫蘭德（Gabrielle Kurlander），她不僅是這本書才華橫溢的出版人，也是我一生的摯愛。感謝我的朋友戴安娜‧斯泰爾斯（Diane Stiles），她是卡斯提洛劇場（Castillo）的製作主任，是她的辛勤勞動、領導本書潤色成書。感謝戴維‧納克（David Nackman），他是極具才華的設計師（和卓越的演員／喜劇演員），設計了這本書的版面。感謝愛琳‧欣登（Ilene Hinden）和她所有在愛琳廣告公司的成員排版這本書。感謝丹‧弗里德曼博士（Dan Friedman）——我的好朋友、合作者和編輯，將這些文字編輯成書。感謝菲莉絲‧戈爾德貝格博士（Phyllis Goldberg）和沃倫‧利伯曼（Warren Liebesman），他們是我的老朋友，最後幫我

潤飾文字。感謝校對者瑪戈・格蘭特（Margo Grant）、凱特・漢塞爾曼（Kate Henselmans）、安・貝特曼（Anne Bettman）、珍妮特・韋格爾（Janet Weigel）和傑夫・羅比（Jeff Roby），確認所有語言是在正確的順序。感謝勞特里奇（Routledge）出版社同意出版即將問世的《列夫・維高斯基：革命的科學家》（Lev Vygotsky: Revolutionary Scientist）的第三章，在這本書裡被稱為《維高斯基的方法》（Vygotsky's Method）。當然，還要感謝卡斯提洛和東邊社會治療中心集體的所有工作人員們完成這本書，並且每天還創造出那麼多進步的文化的、心理學的和智性的活動。

譯者序

時隔四年，當我再次打開這個翻譯稿的時候，看到了四年前還在讀博士的自己的稚嫩、模糊不清甚至裡面的很多錯誤，雖然那個時候已經排版好，但因為各種原因遲遲未能出版，我想這是對的。事實上，除了文字以外，那個時候我仍舊只是初識社會治療思想，只是感到被震撼，以及朦朧的感覺中。因為那個時候我剛剛在臺灣讀博士，仍舊在原有的知識體系和新的知識體系拉扯中。

在去臺灣之前，我在大學裡做心理諮商相關的所有事情。事實上，由於對心理學的熱愛，在大三的時候我就確立了此生以心理諮商作為志業的方向。一路上也有幸跟隨行業領域內頂尖的老師學習，並在大學裡做心理諮商相關工作，同時自己在這個領域也一路關注和思考中國心理諮商行業的發展。我是中國大陸正規學歷教育培養出來的比較早的學生，因此在大學工作時也因自己的專業性而受領導和同行賞識。然而，當我到了臺灣輔仁大學心理系的課堂上，我才反思到自己認為的「專業」有可能帶來的心理學化等問題。這種知識體系的碰撞讓我在博士第一年非常興奮，然而到了第二年便開始發生化學作用，當它們交雜之時，我個人內心便體驗到痛苦。這種痛苦讓我真正開始反思心理諮商專業存在的問題，以及從根本上思考「人」的本體論意涵，後來這也成為我博士論文的主題。

　　我想，在臺灣學習的經歷，不僅讓我從社會文化和結構角度思考心理諮商等助人專業的問題，也讓我自身從之前活在一個「真空」般的理想世界中走出來，走向真實而廣袤的社會歷史縱深處，去體驗我自己作為人類的一分子。如何在個人苦痛中看到社會結構的難題，而不僅僅是將問題個人化和心理化，如何能夠面對個人苦痛與問題的時候，也能夠從根本上改變人的社會處境？這正是「社會治療」給我們的方向和答案。紐曼不僅從根本的知識論和方法論上挑戰了傳統心理治療的資本主義假設範式，論述了社會治療的馬克思主義基礎，還從具體的原則和方法上給予了我們一些指引和啟示。這本書是有關社會治療立基的一本書，但是顯然具體的方法還有待每一位有志於此的人繼續在自己所在的社會土壤中發展。

　　他在書中所倡導的理念和方法是革命性的，也是鼓舞人心的，因為他真正以人為本，能夠發揮人本身的能動性和力量，去適應歷史而不是適應有問題的社會。他回到了作為助人專業的根本──人。這正是每一個人以助人作為志業的工作者追尋的價值。在紐曼看來，人從根本上來說是革命者，而不僅僅是社會的適應者。因此，他聯合（而不是幫助）人（包括被傳統心理治療認為的「病人」）成為改造社會環境的革命者，發揮人作為人的創造性。

　　事實上，看到社會治療，我便理解了我的老師夏林清在臺灣幾十年來做的事情，她雖然是心理學出身，但是卻帶領推動整個臺灣民主社會的進步和發展，在她那裡，我看到了社會治療的思想和切身的實

踐，令人敬佩！

在中國大陸，雖然當前心理助人行業正在全面擁抱西方專業化和市場化的過程中，但是我欣喜地看到年輕一代已經有人意識到心理諮商與社會結構之間的問題。也有學者介紹過社會治療思想，但是並沒有真正能讓助人專業者意識到問題之重要的書籍。紐曼的這本書在中文世界的出版正是時機，會讓更多助人專業者反思自己工作的作用；更重要的是，當了解了這種顛覆性思想，希望您也能在生活中實踐。而我，將繼續思考與尋找社會治療在中國大陸的可能途徑。

王東美

2020年5月15日於南京

中文版導論

　　這本書收錄了弗雷德・紐曼（Fred Newman）在1982年至1990年間發表的演講。這八年恰好與羅納德・雷根（Ronald Reagan）自1981年至1989年的總統任期重疊，而這段時間是美國經歷嚴重政治反動的時期。

　　這股反動的直接原因是1960年代成功的群眾運動，他們為非洲裔美國人贏得了平等的合法權利、結束了越南戰爭和軍事徵兵，並激起了美國原住民、墨西哥裔美國人、婦女和同志權利運動。在這些政治動盪之中，60年代還孕育了大量的反企業、共產傾向的反文化運動，也產生許多新的、雖然小的社會民主主義和馬克思列寧主義組織。

　　從更結構和經濟的角度來看，以雷根的崛起為標誌的反動時代只是一個開端，權力當局已長期且成功地，試圖削減美國工人階級在1930年代激烈的工會運動與政治鬥爭中所贏得的成果。這些鬥爭導致在弗蘭克林・德拉諾・羅斯福[1]（Franklyn Delano Roosevelt）領導下的民主黨進行了改革，民主黨的改革在美國歷史上最不穩定的此

1　譯註：弗蘭克林・德拉諾・羅斯福（1882-1945年）的總統任期為1933年至1945年間，共計12年。

一時期中，是挽救資本主義的一種方式。總的來說，這些改革已被立法化並推廣普及爲「新政」（New Deal）。

　　新政包括：組織工會的權利；建設公共住宅，提供無家可歸者和非常貧窮的人可負擔的住房（部分由聯邦政府出資）；失業保險；社會安全（每月提供65歲以上工人小額收入的方案）；以及爲長期失業者提供了少量收入的福利。對美國的企業統治者來說，新政最令人厭惡的方面包括：對銀行業的限制；對生產製造商的安全和環境限制；對企業利潤徵收相對較高的稅金，來幫助支付這一切。

　　在1980年代，雷根總統爲富人減稅，同時也增加軍事預算，刪減有利於窮人的方案。他積極致力於解散工會。在他的總統任期內，美國的貧富差距自1930年代以來首次開始擴大，從那以後，這個趨勢一直在大幅加速。雷根和他的政治獻金來源及追隨者反對婦女權利（尤其是生育權）、同志權利（他在任的大部分時間裡，甚至拒絕說出「愛滋病」這個詞），而且他還公開使用種族歧視來贏得選票，特別是在屬於前美利堅邦聯[2]（Confederacy）的各州。1980年，他在密西西比州的一個小鄉鎮費城開始總統競選活動。而這裡正是1964年民權運動人士詹姆斯・錢尼（James Chaney）、安德魯・古德曼（Andrew Goodman）和邁克・施沃納（Michael Schwerner）——

2　譯註：美利堅邦聯是自1861年至1865年由11個美國南方蓄奴州宣布從美利堅合眾國分裂而出的政權，於1865年被擊敗。一般說美利堅邦聯，就是在指美國南方種族歧視較嚴重的州。

兩名猶太人和一名非裔美國人——遭到三K黨（Ku Klux Klan）折磨和殺害的地方。在競選期間，他還宣布保障黑人在美國所有州的投票權的1965年《投票權法案》（Voting Rights Act），是「對南方的羞辱」。

這個由社會民主的「新政」到雷根政府的轉變，世界上大多數人稱之為「新自由主義」，在美國被稱為「保守主義」（一種充滿根深蒂固美國種族歧視的政治傾向），這種態勢的變化，並沒有隨著雷根在白宮的兩屆任期而結束。民主黨在比爾·柯林頓（Bill Clinton）「民主黨領導委員會」（Democratic leadership Council）的領導下，民主黨不但沒有捍衛「新政」，反而是努力削弱了工會在民主黨內部的影響力，並跟隨共和黨走向右傾。正是在柯林頓擔任總統的期間（1993-2001年），美國廢除了福利制度；電信、能源和金融產業的管制鬆綁；而且，1994年喬·拜登（Joe Biden）起草與推動的「犯罪法案」（Crime Bill）在參議院推獲得通過。而這個法案的結果是，在過去的三十年裡，數百萬黑人男性被大規模監禁，監禁率比世界上任何一個國家都還高。

共和黨由於蘇聯的解體受到鼓舞，而越來越右傾（其程度甚至到我寫這篇文章的此刻，一個公然的種族歧視和獨裁統治似乎正在接管共和黨）。民主黨縱使對60年代引發的文化變革（婦女、同志和黑人權利）較為同情，但是在政治和經濟結構的議題上，民主黨仍跟隨了共和黨的右傾路線。除了少數的例外，民主黨和共和黨都支持無止

盡的戰爭，這些戰爭為他們的企業捐款者獲取了巨額利潤。

這個對「新政」的持續攻擊，發生於美國人民在政治和組織上幾乎毫無防備的情況下。美國工人階級長期的、激憤的、通常是英勇壯烈的階級鬥爭和基進主義歷史，已經被1940年代和1950年代的反共鎮壓從大多數美國人的歷史記憶中抹去。失去了基進領導的工會把自己的命運交給了民主黨，而忽視他們已是民主黨最好的作為，更糟的則是在背後捅他們一刀。在民主黨和共和黨之外進步的政治選擇無法獲得更多的支持與影響力，由於「贏者全拿」（winner-take-all）的選舉制度、在媒體刊登有效用的廣告所需要的資金、被強加在其他政黨身上的法律限制，致使其他政黨幾乎不可能出現在選票上。與此同時，美國帝國主義的迅速擴張與二戰後經濟的軍事化攜手而來，導致美國經濟長期繁榮，相對於世界其他國家，美國的工人階級亦是一種繁榮的景象。這一點，結合美國文化中無處不在的種族歧視，使得白人工人階級尤其容易受到美國沙文主義的影響。

在這本書所收錄的演講中，紐曼的目標是心理學體制所傳播的危害——其中包括治療性的「移情」、憂鬱症的心理病理化、藥物替代了社群和發展，以及社會構建的成癮陷阱。雖然他在這裡主要以一名治療師的身分發言（畢竟他是20世紀最創新和熟練的治療師之一），但他也總是以馬克思主義者和革命者的身分發言（他也是20世紀最創新的馬克思主義者之一）。這就是紐曼和這裡所收集的演講最基進之處。他是一個創新和非教條主義的馬克思主義者，他認真地

研究了心理學的體制，心理學植根於西方現代主義哲學的基礎，以及它在資本主義的痛苦和悲慘中所扮演的角色。雖然一些早期的馬克思主義者曾寫過對心理學的嚴厲批評，但他們這麼做主要是作為一種智性的練習。而紐曼所涉身投入的，則是群眾的組織者。他的批評是一種「實踐—批判活動」（practical-critical activity）：與眾多其他基層文化和政治組織一起，引領創造了一種新的非心理學的治療（社會治療）。（在這些工作其中，他從1980年代開始的工作的核心，最初是組織獨立於共和黨和民主黨的選舉政黨，隨後更廣泛地努力改變致使美國其他政治選擇非常困難的兩黨政治思維和選舉法律。）在他的整體政治實踐和這些演講中所闡述的觀點之間，存在著無窮盡的迴圈關聯。

雖然我們現在可能認為涉入心理學是理所當然的，但1980年代時，這在政治進步人士中卻是前所未聞，而且非常有爭議的。在過去的200年裡，無論是社會民主主義還是馬克思列寧主義，除了少數例外，馬克思主義都忽略了社會變革中的主體因素。正統的馬克思主義者堅持一種粗糙的機械唯物主義，認為只有在改變物質生活條件的革命之後，人們才能有質的發展。結果，他們把整個心理學領域拱手讓給了資產階級。事實上，傳統的馬克思主義接受了心理學去政治性的表面宣稱。紐曼所倡導的積極參與情緒性的組織的概念，對他們來說是完全陌生的。除了少數人外，他們並不明白資產階級心理學是基進的變革最精明的敵人，而需要不斷地挑戰它，因為心理學長久存在的

假設阻礙了人類的發展。《心理學的迷思》所蒐集的演講，代表了紐曼對心理學最早的一些公開挑戰，而這些挑戰仍然是社會療法與革命性改變中主體因素的整體參與之基礎。

拋開紐曼特有的洞見不談，他有能力認識到心理學體制的本質，以及他堅持認為主體性的參與是革命性改變的必要成分，是由於我們剛剛所檢視的經濟和社會條件而來的。古典馬克思主義的出現，是在回應19世紀於歐洲誕生的殘酷的工業資本主義；馬克思列寧主義發展自20世紀早期，隨後發生了世界大戰與隨後全球經濟蕭條的危機；在紐曼領導下所嶄露的馬克思主義，則是發展自世上最富有和最有特權的美國，美國在經過半個世紀後，達到了高度的權力集中與繁榮。紐曼和他的追隨者們經歷了資本主義的「成功」，也發現了它的不足。

但是他們也並不是唯一認識到此種不足的社會力量。1960年代的反文化運動，可以被理解為對心靈空虛和情緒痛苦的大規模反應，但這是在企業資本主義下的正常心理狀態的反應。反文化運動是一個混雜的袋子，包含了許多，有時是相矛盾的政治、文化活動和態度。其中包括一種強烈的「做你自己的事」（do your own thing）的風氣，這導致了（現在的右翼）自由意志主義（Libertarian）的政治傾向。與此同時，在反文化運動中有一股強大的自治主義的拉力（communalist pull）。數以百萬計的（主要是）年輕人在尋求一條出路，走出他們成長的孤立、異化（儘管相對繁榮）的世界。除了感

覺被企業文化的從眾束縛外，許多人對企業對競爭力的頌揚感到厭惡，對企業「追求第一」的風氣感到空虛。他們在尋找與人們建立有意義的新的（非異化的）連結的方式，而不是被他們所拒絕的傳統所定義和限制。他們想要成爲某事物的一分子，而不僅是異化的自我，他們想要的生活是超越無聊工作、金錢和地位導向的職涯軌跡和孤立的家庭。而他們透過嘗試以更公共和更有愛的方式**過著**日常生活來這樣做。正是這場文化運動──特別是婦女解放運動──給了我們一個口號：「個人即政治」。這些價值被紐曼和他的追隨者擁護，他們試圖將這些價值融入馬克思主義，並在雷根的反動期間保持這些價值的活躍和發展。

　　與此同時，紐曼和他的追隨者們也敏銳地注意到，縱然二戰後美國的繁榮多麼異化，但是黑人公民卻被剝奪享有這個繁榮。總的來說，經過四個世紀的奴隸制和「吉姆・克勞法[3]」（Jim Crow），非裔美國人社群系統性、強迫地被控制在長期的貧窮和缺乏發展之下，大量的年輕男性和女性無法找到有生產性的工作，因而陷入絕望與犯罪的羅網中。紐曼也明白，美國和西歐的經濟繁榮有賴於不斷的戰爭，和增加對世界各地數億（主要是）有色人種的貧困化。這就是創造《心理學的迷思》的歷史、政治和文化背景脈絡。

3　譯註：吉姆・克勞法（Jim Crow laws）泛指1876年至1965年間美國南部各州以及邊境各州對有色人種（主要針對非裔美國人，但同時也包含其他族群），實行種族隔離制度的法律。

　　自1980年代以來，美國政治歷史的總體基調始終如一：「新政」的改革不斷被瓦解；大幅削減企業的稅賦；產業的管制鬆綁；工會日益弱化；警察的軍事化；美國產業和資本大規模外移。所有這些都給大多數美國人帶來了巨大的物質損失和情緒痛苦，甚至以更激烈的方式給世界其他地方的人們帶來痛苦。這就是1980年代弗雷德‧紐曼的講座和演講的緣起，也是為什麼它們在21世紀對我們如此重要的原因。

　　如今，許多年輕的美國人在沒有工作機會的城市中長大，在那裡他們只能選擇加入幫派或從軍。在他們成長的城鎮裡，過去150年來為他們的社區提供工作機會和穩定性的工廠已經關閉，他們的工會也解散了。他們現在不得不做兩到三份低薪的服務工作來維持生計。或者，就算他們的經濟狀況改善，但他們還是成長在非常原子化、異化的環境，讓他們感到孤獨、害怕和憤怒。他們對於造成了這些情況的經濟和社會政策沒有發言權，且兩黨壟斷輪流當家亦對此種景況是如此地沒有反應，以至於他們似乎沒有辦法對其產生影響。

　　紐曼在〈讓我來談一談「移情」〉中所探討的異化，已經變得如此尖銳，以至於美國的一些年輕人（主要是白人）只是為了找樂子就去射殺一群人。它已經成為美國文化中正常的一部分，而且還在持續增長。2017年，美國發生了427起大規模槍擊案，每天有超過一起槍擊案發生的數字。在貧窮的黑人社群中，異化和暴力看似不同，但都同樣具有毀滅性。沒有工作但擁有美國財富的年輕人每天都在電視上

展示，他們靠毒品交易謀生，靠幫派的「保護」而活著（至少是一段時間）。根據芝加哥大學青少年暴力預防中心（Center for Youth Violence Prevention）的資料顯示，2018年，僅在芝加哥市，平均每天就有12名年輕人被槍殺。紐曼所寫的〈成癮的迷思〉已經達到了前所未有的規模，美國的年輕人基本上是使用鴉片類藥物進行集體自殺——光是在2019年就有7萬人因服用過量而死亡。對於紐曼所說的「成癮產業」是真實存在的，但成癮本身是個迷思的觀點，我只需要提醒讀者，製藥公司在過去20年裡透過販賣鴉片類藥物和其他合法藥物，已經賺進數十億美元。

紐曼在他1988年的談話《美國的恐慌》中探討的「焦慮成為恐慌」（anxiety-becoming-panic），已經發展為英國廣播公司評論員在2021年恰當地描述為「結凍的歇斯底里」（frozen hysteria），使數千萬人處於極度恐懼和憤怒的無力狀態。在過去的四年裡，極右翼利用幾個世紀以來的種族主義和仇外心理，成功地「解凍」了這種歇斯底里，並將許多白人工人階級的恐懼和憤怒指向非裔美國人、移民和猶太人。正如紐曼在這本書的〈序言〉中所說，迷思「……不會從天而降。它們是被**建構**來為控制者利益服務的產物，它們甚至被那些受控制的人自我毀滅地採用（如果有效的話）。」

紐曼在1980年代所揭開的心理病理學，雖然它們在過去的四十年已經變得更扭曲與削減了，但仍然是美國情緒建構的一部分（我會加上，在這個歷史的節點上，世界上其他國家也是），因為有產生和

維持它們的經濟和政治結構。新自由主義和它更醜陋的政治兄弟法西斯主義比1980年代更加強大，而心理學的迷思，縱使它產生了許多新的「流派」，卻仍然保留它對我們的文化的破壞性──事實上，它比以往的任何時候都更加普遍、更有侵略性。

這本書開頭和結尾的演講，都爲我們提供了挑戰心理學迷思的方法──以及許多「被那些受控制的人自我毀滅地採用」的其他迷思。在〈病人即革命者〉中，紐曼認爲，社會治療師應該把所有病人視爲潛在的革命者，也就是說，把他們視爲有能力涉身投入改變自己和世界的人。他也從來沒有想過把這只侷限在社會治療的病人本身，作爲一名政治和社群組織者，他多次建議我將每一個我遇到的人，都視爲好像他們可能會成爲革命的領袖般對待。這本書最後的演講〈在沒有避風港的世界中──「社群」是「心」〉，勾勒了一種新的社會單位，它能夠跨越各種邊界來維持自身，同時不斷地進行自我重新創造──就是「發展社群」（development community）。這是一個有自覺地創造／展演自己的社群，一個不斷爲其演員陣容增加新成員的集體，且在這個集體中，每個新成員都有力量影響整體性。在這個意義上，社群不是一個「東西」，而是一個活動、一個大規模的即興展演。

這就是在過去的四十年裡發生的質的變化。由於紐曼開創的工作與在這些演講中首次闡明，我們現在才有涉入心理學的迷思（和企業資本主義的整個結構）的方法，以及維持並深化這一工作的社會形

式[4]。紐曼四十年前在紐約市對爲數不多的組織者、治療師、知識分子、藝術家和窮人演講，這群人已經成長爲一個國際的發展社群，包含成千上萬來自非常廣泛不同文化、歷史、各行各業與各大洲的人們。

發展所需的工作和玩耍正在進行中。正如紐曼在他的《前言》中所說：「對付迷思的唯一方式是發展反迷思的歷史（以人爲本的，pro-human）實踐（用馬克思的語言來說是「實踐—批判」的，如革命性的活動；用維高斯基的語言來說是「工具暨結果」的辯證方法論），這種實踐不止是進行認知上的批判（迷思會將認知批判當作早餐吃），而且也組織人們（普羅大眾）來摧毀迷思，並使用那些碎石瓦礫來爲我們建造一些有用的東西。」

丹・弗里德曼

（Dan Friedman）

February, 14, 2021

---

4 譯註：東邊研究中心（East Side Institute）於1985年由社會治療的創立者弗雷德・紐曼與發展心理學家洛伊絲・霍爾茲曼共同創辦，是一個國際性的教育和研究中心，致力於在心理學、教育和社群組織上，發展及推廣另類基進人本主義的取徑。東邊研究中心的總部設在紐約，這個源於紐約的「發展社群」在過去40年來，已經發展出國際性的社群，透過各式線上與當面的演講、工作坊與課程，持續打造社群。（更多的資訊詳見其網站：https://eastsideinstitute.org/）

導言

當你在讀這本書時，你會清楚看到弗雷德・紐曼寫作的主題是我們——人類作為改變者。紐曼認為，使我們獨特的，並不是我們可以思考、有大拇指或者可以站立，而是我們是總體的改變者（changers-of-totalities）——我們重塑了塑造我們的環境。紐曼將這種能力稱為「革命性的活動」（Revolutionary Activity）。而這本書集結的文章，檢視了傳統心理學的角色如何壓制這種革命性的活動[1]，以及紐曼對於如何重新啟動的發現。

紐曼的著作挑戰了傳統心理學中，關於人們是被改變的客體，而不是改變者的假設。因此，也挑戰了心理學可以**幫助**人們的迷思。對於紐曼而言，幫助人們是要幫助他們改變所處的環境、重新組織他們生活的總體，成為改變者。紐曼說，幫助是無法在心理學中找到的（心理學是試圖使人們適應他們所在的世界），而是讓人們能改變世界來滿足人類的需求，並在此過程中，改變他們自己。紐曼總是將他的病人視為革命者，視為改變者。

---

1 譯註：本書所倡導的革命性有二層含義，一是指作者提出的人類最重要的本性是有能力開展馬克思所說的在日常生活中的「實踐—批判活動」，將個體放在一種社會文化的脈絡之中，去理解我們的焦慮和恐慌；二是指對傳統心理學治療典範的革命性改變。

　　「病人即革命者」第一次被提出來是1986年6月，在古巴哈瓦那的卡爾‧馬克思劇場舉辦的美洲心理學會的大會上。這是該學會自古巴革命後，首次在古巴開會，無論對美國代表團，或對與會的古巴與拉丁美洲心理學家都是挑戰。

　　紐曼與我，和我們的一些同事，從紐約出發去參加這個會議。這個會議共有2000名心理學家、精神科醫師與會，大部分都來自於拉丁美洲。

　　美洲心理學會的主席哈里‧特里安迪斯（Harry Triandis），他是美國人。在開幕致詞時提醒與會者：「這個學會建立的前提是，一個超越政治的科學是有可能的」，且它們應該避開政治。在學會裡，所有的觀點都有空間，因為「在某種條件下，所有理論都是有效的」，特里安迪斯繼續說道。顯而易見地，這所有的理論當然不包含馬克思主義，因為它將科學與政治緊密地聯繫在一起。

　　紐曼和我們的同事在會上做的報告主題是科學與政治之間的關係。在紐曼和我的早期著作《方法的實踐》（The Practice of Method）中，我們第一次對革命性的活動與革命做了區分：

　　一個人只有在涉身投入改變社會的活動中，並且以具有自我意識（self-conscious）的態度，才有能力進行歷史性的改變。這並非意味著一個人必須成為一個革命者來改變什麼，作為革命者是以某種特定的方式來改變社會。然而，他有意識地涉身投入改變社會的活動，

不一定是革命者，但可被認爲是具有革命意識，或者具有馬克思在《關於費爾巴哈的提綱》（Theses on Feuerbach）中所闡明的革命性的、實踐—批判的活動（practical-critical activity）。

在古巴，一個進行過革命的國家；而紐曼，在他的演講中，挑戰古巴人和與會的其他人，要他們投入革命性的活動。古巴的和其他拉丁美洲的心理學家，被紐曼所說的社會治療和他已經在美國創造的活動所鼓舞。儘管古巴革命取得了巨大的勝利，但是社會關係並沒有取得很大進步，譬如我們在古巴明顯地經驗種族歧視、性別歧視、恐同。雖然革命消除了饑餓、治癒了疾病，使人們接受教育，但是還沒有創造新的人類。舊的共產主義很大程度上已經消亡，因爲它未能創造爲革命性的政治服務的心理學，來革命化（revolutionize）人類。

〈讓我來談一談「移情」〉（Talkin' Transference）透過將兩個緊迫的歷史／心理問題放在一起，發現了意識形態和心理學之間的重要聯繫。首要的問題是：「德國——這個在歐洲政治最進步、文化和科學最具創新性的國家——何以會那麼快地轉變爲殘暴的納粹主義？大屠殺何以會發生？」第二個問題是：「人們的心靈，是如何這麼徹底地適應了這個異化和商品化的社會？」而這些問題之間的聯繫是這篇文章主要探討闡明的，這個聯繫便是移情（Transference）。

1982年，社會治療與研究中心（The Institute for Social Therapy and Research）只成立四年，那時社會治療的實踐和理論

才剛剛發展起來。某個週三的一早，我們看到一篇攻擊我們工作的文章，這篇名為「心理政治學」的文章是一個叫喬・康納森（Joe Conason）的記者，發表在曾經一度是自由派（liberal）的紐約報紙《村聲》中的頭版。

正如哈里・特里安迪斯在美洲心理學年會上所說，你可以做沒有政治的科學，康納森的主張是你不僅可以（could）做沒有政治的治療，也應該（should）這麼做，而他攻擊社會治療並沒有達到他的標準。

紐曼發表一個名為〈讓我來談一談「移情」〉的演講作為回應，仔細檢視了康納森立場的假設，所傳達關於政治的心理學與心理學的政治，同時也說明社會治療運作的一個重要的面向，也就是其「非移情」的特質。

為了回應康納森指控社會治療，使用傳統心理學的移情機制將人們「洗腦」為基進分子，紐曼描述了社會治療的非移情特質，也就是說，與傳統治療不同，社會治療並不使用移情作為治癒的媒介。但是這並不代表紐曼否認移情。恰恰與否認不同，他強調移情的發生不限於治療，它時時刻刻都在每天的生活中發生——它是在資本主義下適應的正常手段，是我們用以理解所生產出的異化商品的手段。因為在當前的生產模式下，我們與自己所生產的是異化的關係，我們將不同於我們或超越我們的權力與特質，灌輸到產品上。

紐曼認為，這種拜物教（fetishization），從物品延伸到了人類

的關係——我們將其他人的特質，轉移到我們真實相處的人身上。因此，儘管在資本主義下大肆吹捧社會的世俗化，但我們與商品、與其他人類產生關聯的社會化，實質上卻仍是以宗教的形式。而這種「轉移」的能力，致使人們將他們的忠誠和信念系統一夜之間轉移，正如30年代的德國一樣。

在解釋移情無所不在的過程中，紐曼也在文章中闡述了情緒的社會性本質，而這挑戰了傳統心理學中認為感覺是個人的、私有的和特有的迷思。

弗雷德·紐曼和我自1979年開始合作研究社會治療的理論基礎，那時我是一個發展心理學家，而他是一個馬克思主義的方法論者。

這些年來，紐曼總是說雖然他知道發展是什麼，但他仍不理解發展心理學是什麼。的確，這些年來他一直致力於建立一種可以促使人們能夠在情緒上、智性上、文化上和政治上能夠發展的環境（尤其是那些發展受到我們社會的壓迫性和破壞性所阻礙的人們），但是發展心理學對他來說總顯得有點虛偽。發展心理學作為社會科學的一項事業，它並未對真正的發展有什麼貢獻，真正的發展是製造工具的活動、是使用既存事物來創造新東西的活動，而不是被既存的預先決定。

直到1988年，紐曼和我需要寫一本關於蘇聯心理學家和方法論者列夫·維高斯基（Lev Vygotsky）的書，他開始深入學習維高斯基

的著作,而這些著作清晰地暴露了傳統發展心理學的偽科學本質。我們對維高斯基的貢獻、發展心理學作為一個學科、人類發展和社會治療等方面的理解,都受到寫這本《維高斯基:革命的科學家》（Lev Vygotsky : Revolutionary scientist）的影響,從此書摘錄了「維高斯基的方法」這一章。

列夫·維高斯基是蘇聯早期主要的心理學家和方法論者,當時蘇聯這第一個社會主義國家,所面臨的實踐任務是巨大的。1917年到1930年間的短暫時期（史達林上臺後結束了這一切）,這是個創造性活動指向新人類發展的時期。推翻了壓迫與不平等,開始建立一種基於使用（use）,而非基於利潤（profit）的生產模式,開創出建立人類新互動模式的可能性,讓人們可用新的、非剝削的方式與彼此產生關聯的可能性。是在這樣背景下,維高斯基問道:人類的本質究竟是什麼?什麼樣的心理學可以幫助全體人類,充分發展他們豐富的創造力?而科學,特別是心理學,可以如何為社會和集體的發展做貢獻?

〈維高斯基的方法〉（是《維高斯基:革命的科學家》早期版本的第三章,將於1992年由勞特里奇出版社出版,作為其批判心理學系列的其中一部分）,非常細緻地討論了主宰晚近資本主義的方法論（實用主義）,和馬克思、維高斯基以及紐曼革命性的方法論（實踐）。它交織了教育者、心理學家和其他社會科學家對於維高斯基的辯論——維高斯基只是一名社會取向的心理學家,其工作在於「改

革」傳統心理學；他亦是一位革命的科學家，畢生都致力於建立一個真正的人類心理學，其貢獻具有改變心理學整個事業的潛力。

我們的立場是：他是一名革命的科學家。在這本書中，我們呈現「我們的維高斯基」，他是紐曼所提倡的革命性活動的「工具暨結果」（tool and result）──社會治療的誕生與散播。我們對於維高斯基方法論的開創性，以及他對人類發展、學習、思考、玩耍和說話等心理學洞見的理解，來自於我們所實踐的社群、運動和臨床與教育心理學的成果。

〈危機正常化與憂鬱：對於逐漸增加的流行病之新取徑〉首度發表於1987年10月23日，原本是紐曼「政治與心理學」年度系列演講中的一講。

這些講課構成了這本選集的其他部分，實際上，是關於當代情緒性的個案研究，以及要如何做才能重新組織它們所帶來弱化的效果。每一篇都透過檢視特定情緒，或者已產生的相關情緒建構，來考察其產生的社會歷史過程。

紐曼在這篇文章中，繼薩斯[2]（Szasz）和其他人後，接受挑戰「定義」的危害性和廣泛性：它們如何限制我們思考自己與其他人的方式，它們如何限制我們是誰和我們可以成為什麼樣的人。他尤其挑

---

2 譯註：湯瑪斯・薩斯（Thomas Szasz），出生於匈牙利的美國精神病學家，為「反精神病學」運動的代表人物，代表作《精神疾病的迷思》（The Myth of Mental Illness）。

戰了精神疾病的定義——這些定義是保險公司的需求，更勝於那些遭受心理痛苦折磨的當事人需求。

在〈危機正常化〉中，紐曼博士首度提出「歷史作為解方」（history as the cure）的觀點，他認為憂鬱的興起，乃是當代社會中多數人的正常情緒狀態，並和社會與歷史連結的失落斷裂有關。

心理學家們，包括紐曼在內，都同意憂鬱是一種被失落感觸發，或者與失落有關的狀態。但紐曼認為失落本身，依靠的是資本主義社會所建立的私有財產關係。在資本主義社會中，你必須先經驗「佔有」，然後才會經驗「失落」。但是在歷史中無從失落，因為每一個變化，都是人們不斷組織和重組他們社會／經濟／政治關係的持續過程中的一部分。在資本主義社會中，當事物變化時，你看到的是失落。在歷史中，你看到的是社會過程。在社會中你經驗失落，在歷史中你經驗轉化。

在紐曼超越傳統心理學定義（越過社會的界限）來考察憂鬱或其他情緒的同時，他也挑戰了心理學能夠治癒人類情緒疾病的迷思。如果你認為月亮是由藍乳酪組成的，那麼你製造出抵達它的火箭，將不同於你認為它是由岩石、土壤和礦物質所組成而製造的火箭。如果你將憂鬱視為一個正常狀態，而非不正常的或者病理的，你治療它的方式也會非常不同。社會治療提出的方法，便是重新點燃個體與社會的歷史感。

〈美國的恐慌〉是一個對情緒的歷史性演化最清晰的案例研究之

一。它首次於1988年12月發表，是「政治與心理學」系列演講中的一部分——那時，大眾流行的心理學充斥著「焦慮發作」的書籍和「恐慌症」等工作坊。紐曼極其認真地區分了焦慮（與資本主義興起相關的適應性情緒）和恐慌（當前資本主義衰退所造成的更加盛行的失功能狀態）。這篇文章引人入勝，因為它記錄了過去150年所造成的人們情緒性（emotionality）變化。

　　但紐曼對僅僅只是紀錄並不感興趣。如同他對所有事物一樣，他探索恐慌的興趣在於，發掘在當代社會限制之下，人們如何展現他們適應歷史的革命能力——重新組織他們生活的總體，並使之有意義。那麼對於紐曼來說，焦慮和恐慌的區分就變得重要。紐曼認為，如果焦慮是適應性的（adaptive），而恐慌是不適應的（maladaptive），且如果焦慮已轉化為恐慌，那麼我們需要製造自己的焦慮。我們不需要適應引起恐慌的社會，而是去適應歷史（to adapt to history）。

　　當紐曼第一次提出這些論點時我感到很不安，因為這挑戰了一些我自己對於日常情緒生活的基本理解。跟幾乎所有我所認識的人一樣，我感到焦慮不安，並認為這是有問題的。與那些盛行的觀點不同，紐曼說要創造一種新焦慮！選擇革命性的活動、選擇在一個已經不再有助於發展的社會中發展，要像他所說的「活在歷史中」，是極其令人焦慮的。無論是他的演講，還是他的生活方式，紐曼的觀點是我們必須集體地組織這種焦慮，讓人們可以在歷史中適應地運作，譬

如：可以投人革命性的活動。

一如既往地，紐曼在這裡非常猛烈地抨擊了傳統心理學的建立基礎，揭示了當代心理學中主流治療模式的哲學與政治基礎，而這種模式恰恰去除了「治療」這個概念。而他對我們人類物種的要求，更甚於大多當代心理學敢保證的，那種空泛的存在選擇（僅僅是生存、活一天算一天等）。

我是紐約州立大學帝國州立學院（Empire State College of the State University of New York）的心理學教授，在這裡我教授來自不同階層和種族背景的在職成人已有12年之久。就這些我教過的上千名學生來說，幾乎每個人都有下列情況之一：(1)曾在藥物或酒精康復方案，或者家庭成員中有人在這些方案；(2)參加戒酒無名會（Alcoholic Anonymous）、戒毒無名會（Narcotics Anonymous）、酒癮者成年子女（Adult Children of Alcoholics，ACOA）或類似給所謂共同依賴者（co-dependents）的團體；(3)因為藥物濫用或藥物相關的違法行為而坐牢。這些僅僅是對成癮產業範圍的一個估計。

紐曼在〈成癮的迷思〉和〈對成癮的回應〉中表達，是心理學合理化並使這個令人沮喪的產業一直存在。在成癮者、康復中的成癮者、共同依賴者等的社會角色中，紐曼發現了一個最沒有人性的例子，那便是使用定義（標籤）作為社會強制的手段。他論證這些標籤不僅沒有科學根據，除了汙名化、邊緣化那些被標籤的人並使他們無

能（以及賺數十億美元）之外別無他用，這簡直是在殺人。畢竟，成癮產業仍然是心理學產業的一個分支，而它正從窮人的死亡賺取大量的錢。先是透過將藥物輸入窮人社群，藉由「處置」（treating）（明顯不同於「治療」（curing））那些受藥物影響的人，來藉以賺取數百萬美元。

1990年4月27日，在哥倫比亞大學教師學院，紐曼對數百名聽眾首次發表「成癮的政治與心理學」演講，其中包括許多社工、藥物戒治諮詢者、「成癮者」和「前成癮者」，而「成癮的迷思」就像是一根丟進汽油池裡的火柴。紐曼主張「並沒有成癮這回事」，立即引發了講座現場和幾個月後讀到文字稿的人們熱烈、憤怒、感激和困惑的回應。它為一場非常需要的對話創造了條件。

回應的內容各異，從熱情支持紐曼的論點，到極力為心理學定義的成癮者與成癮行為辯護（且通常來自同一個回應者！）；但在各種各樣的正式和非正式回應中，這種模式是明顯可以辨識出來的。最初的回應是：「成癮不是迷思！人們正為此而受苦！」然後是，「你說的對！它的確是個迷思——它是一種賺錢的方式！它迴避了那些使人們酗酒和用藥的社會環境。」在那之後則是——「它是個迷思，但是……」

幾乎每一個人，從哈佛教授到工人階級的前用藥者都同意，成癮是一個將人們的受苦鑄造為黃金的數百萬元產業。但是紐曼在「對成癮的回應」中，超越這個根本的改良主義共識，往前更進一步揭露被

稱爲心理學的僞科學[3]之基本哲學和方法論基礎／偏見。紐曼使用他在「成癮」演講後的對話，論證爲何「成癮」根本什麼都不是。他更進一步地仔細分析一般心理學，特別是成癮的心理學中，歐洲中心主義、白人至上的假設根基，並且認爲革命性的活動才是唯一的「解方」——不是用於不存在的成癮，而是對於成癮的迷思。

1990年春天，在教師學院參加紐曼演講的聽眾之一吉姆・霍頓（Jim Horton），他是費城地平線之家（Philadelphia's Horizon House）微風點藥物與酒精濫用者居住方案（Point Breeze Drug and Alcohol Residential Program）的主管，該案管理32張床位。跟著他一起來的，還有一整車這個方案的案主。在這之後，發生在霍頓與地平線之家住民身上的事情，不僅證明了社會治療方法對藥物使用者的力量，也證明了紐曼對成癮和成癮產業的精確分析。

地平線之家成立於50年代，是一家接受市政府、州政府和聯邦數百萬補助的心理衛生／心智遲緩私人公司。1988年，霍頓將社會治療介紹到這個方案，並最終成爲微風點地區的主要治療模式，效果

---

3 譯註：本文提到的「僞科學」（pseudo-science）概念是指作者從方法論，對美國成癮產生的分析來探討，建立在歐美世界觀、實證主義的方法和白種人中產階級男性經驗的主流心理學，其實並非它們所聲稱的那樣科學，而是試圖將人類心靈理解爲物理實體（或物理運動），而這只是主流（錯誤的）意識形態（政治、法律、文化和道德等）的奴僕，它一方面需要追求義務責任，另一方面又迴避革命性的活動，尤其是實踐。

驚人。從微風點方案中出去的人，有超過85%的人保持戒斷藥物和酒精（全國平均低於7%）。超過半數的人進入助人專業，成為藥物和酒精戒斷諮詢者或者其他社會服務人員；其他半數人進入同等學力課程，並擁有穩定的工作。

極其重要的，案主們已經透過創造環境的過程得以發展，在這個環境中，他們可以自己決定想要和需要的活動種類——他們已經創造了新的想要與需要。

花費數百萬元的地平線之家對此成功的回應是什麼？這個成功一方面是非凡卓越的，另一方面，這些人只佔了這個國家的一小撮非洲裔美國人和拉丁裔窮人，而他們是最迫切需要這樣服務的人。在1991年8月，霍頓被停職且他的方案也被解散了。一個月之後，他因為一系列未經證實的指控而被解雇——這正顯示了任何對成癮迷思的揭露有多麼恐怖。

1990年11月9日，在曼哈頓南部的華盛頓歐文高中（Washington Irving High School），紐曼將對坐滿禮堂的聽眾，進行「社群的政治與心理學」演講，而〈在沒有避風港的世界中——「社群」是「心」〉是他為演講開場的命名。它不止是一場演講，也是一場教學實踐。對紐曼來說，一個意圖轉變自己是其中一分子的社會的社群，是個有活力的社群，它不是被定義的，也不能夠被定義，因為定義本身，不管是什麼定義，都是由正要被挑戰的這個社會所決定的。反之，社群是一個活動——是一種集體的、有自我意識的活動（紐曼說

是自我定義），這種活動創造出環境，使個體能夠對重新組織整個社會做出貢獻。

紐曼的「社群」是維高斯基的近側發展區間（Zone of Proximal Development, ZPD）概念[4]的延伸，它並非一個空間而是一個活動，使人們的發展可以發生的活動。為了強調社群作為一種活動、作為近側發展區間，紐曼組織了聽眾，不只要他們聽他關於社群的演講，還在那個11月寒冷的夜晚，帶他們到華盛頓歐文高中前的街道上大聲喊「我們定義社群」。

依照種族、族群分野、政黨、派別、幫派、排他性社區所區分的封閉型社群，在面對逐漸增長的異化、原子化、暴力與社會衰敗的回應上，不過是死路一條，並不可能在殘酷的世界裡提供一個避風港（provide a haven in a heartless world）。為了對抗這種封閉的、被

---

4 譯註：近側發展區間（Zone of Proximal Development, ZPD），是維高斯基在觀察孩童早期的學習所發展出的概念，也是維高斯基最重要的心理學方法論發現。近側發展區間是指，「成熟者」（matured）與「正在成熟中」（maturing）兩者之間的關係，也就是「孩童可以獨自完成」和「與其他較熟練的人一起做」之間的關係。一般傳統發展心理學將孩童發展視為線性的、階段的過程，是每個階段的發展帶動了學習，然而維高斯基確認為正好相反，是「學習帶動發展」，且學習與發展是一個辯證的統一體（dialectical unity），近側發展區間就是「學習帶動發展」發生的紐帶，而且是社會性與關係性的。社會治療延伸了維高斯基的概念，近側發展區間為「是」（being）與「正在成為」（becoming）的空間，不僅限於孩童，成人也能持續地發展，而紐約社會治療社群透過不同社會活動持續打造的社群，就是在創造發展成人情緒性的近側發展區間。

社會決定的社群所形成的排外與保守，紐曼用一種更加開放的、歷史決定的社群形式**涵容與轉化，為沒有避風港的世界提供一顆「心」**。

　　有助於為世界創造「心」的自我定義活動之一便是社會治療，若不是建立社群則什麼都不是。不像心理學的迷思所想出的任何東西，這個建造的活動本身，就是治癒性的。

　　　　　　　　　　　洛伊絲・霍爾茲曼
　　　　　　　　　　　Lois Holzman, PhD

目　錄

第一章

病人即革命者[1]

　　來到古巴令人激動。多年來,無論是政治上,還是作為一個團體心理治療師,我自身發展的很多方面與古巴的革命發展是並行的。自從1959年,我剛剛進入研究所,那時古巴人民正開始實行社會主義(socialism)。這些年來我竭盡智識與實踐的能量致力於兩件事:心理學和革命。從加州到紐約、北部、南部、東部和西部,在美國的實踐與理論我幾乎都做過。我曾走過許多不同的路,並從許多不同的視角看待這些問題。我想分享這個旅程中的一點心得,讓你們理解我接下來將討論的實踐—批判方法論(practical-critical methodology)。

　　1963年,我從加州史丹佛大學獲得科學哲學與歷史哲學的博士學位。大約二十八、九年前,我開始學習社會科學與歷史的科學效度(或者無效度)和方法論,尤其是心理學的效度(或者無效度)和方

1　〈病人即革命者〉於1986年6月的美洲心理學會大會上,首度以演講的形式發表於古巴哈瓦那的卡爾‧馬克思劇場中。當時的題目為〈美國左翼的心理病理學〉。

法論。那是在我成爲了一位馬克思主義者之前。我與你們分享這些是因爲我認爲資產階級（bourgeois）心理學是一個迷思——它建立在深刻錯誤的方法論基礎上，本質上是知識份子和資產階級（統治階級）偏誤的方法論騙局，這樣的想法在我開始仔細地研讀馬克思主義之前就有了。事實上，更準確地說，我成爲一個馬克思主義者是因爲認識到心理學是一個騙局（資產階級社會中很多其他東西也是，我必須補充）。我開宗明義說在前頭，是想讓正在聽或者閱讀的你們不要認爲我對心理學的批判，是基於我身爲盡責的馬克思主義者的立場，因而教條地致力於政治的根本道理，而非心理學。從我的哲學探究之初，心理學是僞科學（pseudo-science）這件事總是令我震驚。

在1960年代，當我在大學教哲學的時候，就像很多那個年代的人一樣，我投入了基進政治。正是那個時候，我開始學習並且參與政治過程、革命過程與社會改變的過程。很多人會說美國是學習革命非常糟糕的一個地方，這無可厚非，但這是我生長與求學之所在。1960到1970年代，我的政治運動性迫使我遭到美國大學一所接著一所地解雇。因此，我開始尋找其他專業。生命充斥著許多諷刺。我生命中的一個諷刺就是，我擁有科學哲學的學術背景，專攻對心理學的批判，然而1970年代，我找到的專業恰恰是心理學，我先做了藥物濫用諮商師（drug counselor），然後成了心理治療師。

因此，我不得不以某種方式來應對這個顯而易見的矛盾：毫無疑問地，我正在工作的領域正是我所認爲的學術騙局（intellectual fraud）。當然，在資產階級社會中，很多人都參與進他們認為是騙局的活動中，有太多工人階級的生命都是如此。但是我盼望並能夠投入這樣個人的／政治的騙局。所以，我進一步審視發展臨床心理學和建構心理治療是什麼意思，而這些並無法體現正統心理學的基本矛盾。

到現在為止，我認為試圖將自然科學模式（the model of natural sciences）為基礎建構出的典範（paradigm）、解釋模式，應用於人類行為、社會活動，以及我們定義為人類生活的歷程，為整個心理學領域帶來了絕望的矛盾。我從1959年這樣認為，到現在（1989年）仍這樣認為。即便從表面來看，你可以看到自然科學模式的起源在過去300-400年主宰了資本主義世界，伽利略等人為自然科學確定了一個適合的研究對象（a proper object of study），尤其是物理學。由於本體論（Ontological）的突破，他們能夠創造新科學，對封建和前科學（亞里斯多德）的世界觀進行革命。簡單來說，伽利略認為物理學適合的研究對象不是**靜止的事物**（亞里斯多德定義的框架），而是**運動中的事物**，最終是**運動本身。不是靜止的東西而是運動中的東西，如運動本身**（Not things at rest, but things in motion, i.e., motion itself）。

當然，基於這種極為卓越的本體論的發現，伽利略和其他人構建了自然科學的模式和實踐——本質上是一種數學模型——雖然它被證明具有相當的解釋力與發展性，但說到底，其終極危機是，在白人男

性至上的國際資產階級手中卻成爲反動的（reactionary）。經過幾百年，這種自然科學典範在科技發展，從封建主義到第一次商業貿易，再到工業資本主義的轉變、航海和軍事發展、工業進步中如此有效，因此這種模型成爲了**所有**科學的模型。更進一步說，它本身就成爲了理解與解釋的模型。由這個數學、自然模型定義的科學，已成爲所有人類理解的典範。因此，它成爲本世紀嘗試應用於理解人類行爲的「科學—常識模型」（scientific-now-commonsensical），也沒什麼好大驚小怪了。

伽利略發現「運動」（motion）是研究的對象確實是他《關於兩門新科學的對話》（介紹**現代**數學和物理學的科學著作）和隨後的數學典範基礎，這對自然界而言的確是有效的。但是以此將人類行爲類比爲物質在空間和時間的運動（無論你做再多描述，或無論你有多開明地說：「我們當然欣賞差異。」），都是一個無法估量的巨大錯誤。

在1960年代，我參加過很多有關這個主題的大會。那時我極其天眞單純，我以爲經過這麼多次會議的討論，可以將這個議題擺平。我那時眞是一個哲學傻子，以爲我們已經透過分析性地摧毀心理學基礎，成功地埋葬了心理學。但是後來我知道像心理學、資本主義、剝削、種族歧視、性別歧視、恐同等事情是難以消滅的。它們並沒有那麼容易消亡。更何況，它們就算消亡，還要很久才會被埋葬。因此心理學仍在繼續！事實上，就像一部爛透的恐怖電影一樣，它日益

興盛。

　　讓我們轉換個話題。我告訴一些人，我說今天我要談的是有關美國左翼的心理病理學（psychopathology of the United States left）。首先我要先說明的是，我要說的並不是這一句如此簡單。不知道你們是否知道，在我的國家——美國，政治是反動和落後的，他們理所當然地將革命行為視為離經叛道的。因此，當我說美國左翼的心理病理學時，我不是指左翼分子、馬克思主義者、列寧主義者或者革命者是瘋子（crazy people），我也不是說像我們這樣的革命者都異常地或過分地清醒（sane）。**我更想說的是，儘管美國左翼有許多反心理學的說法，但他們卻已經形成了一個偽心理學的宗派運動**。事實上，美國左翼的操作手法是嘗試改變受壓迫的人們和工人階級的主體狀態。說到底，它的策略就是所謂的「意識提升」（consciousness raising）。

　　在我們人類的歷史上，從未曾有過**被「提升」**的意識。但是美國左翼凋零的一個重要原因，在於它已經轉變為偽心理學的操作（意識提升），並且不再像革命性的運動那樣，關注**促成革命的活動（和責任）**。因此，具有諷刺意味的是，所發生的已經重新塑造了美國左翼——這個被稱為心理學的迷思的偽科學操縱，這個從本質上是欺騙性的活動，試圖轉變人們的心智將其視為物理的物體（或物理的運動）——稱這些為強迫一點也不為過。美國有深切的可能性，來發展廣泛的運動以及工人階級與被壓迫的少數群體的群眾運動（在我看來，

這是美國從1930年代以來最有可能性的時候）。但卻沒有任何運動被有效地組織起來，因爲進步分子（至少是那些誠實的人）已經成爲「意識提升者」的宗派了。

在過去10-12年，我與一群人聯合發展了美國最大的獨立馬克思主義治療中心。其中的幾位同事——萊諾拉・富拉尼博士（Lenora Fulani）和洛伊絲・霍爾茲曼（Lois Holzman）等也在現場。我們已經發展出一種方法叫社會治療（Social therapy），我們認定它爲馬克思主義取向。在昨天的會議中，有一位參與者提問：「爲什麼你們稱自己的方法爲馬克思主義取向？畢竟，很多人都認爲心理病理學的根源在於社會，難道只有馬克思主義者才知道這一點嗎？」我同意並非只有馬克思主義者知道這點，但是社會治療是否爲馬克思主義式的治療，並不取決於我們是否認識到心理病理學的根源是社會，而是在於我們認爲**人類有能力根本地重新組織社會結構，人類就本質上有能力創造並重組這個產生和形成病理的社會環境**。我們的馬克思主義治療基礎在於對人類的概念，指的是人從根本上不是被動和消極的，也不是從根本上被環境所決定的，而是與這個決定的環境有著辯證與矛盾的關係，也就是說，人類是有自我意識地（以她或他的勞動力），幫助打造了這個產生病理的環境。這個人類的奇異特性必須是任何馬克思主義治療的基本前提。

在社會治療中，我們治療（treat）來自不同群體的人：中產階級（一般病人群體）、工人階層、黑人、拉丁美洲人、白人、農民和很

多其他人。每年來我們這裡的人有數千人，因爲他們遭受痛苦、有
情緒困擾——他們來這裡的原因與他們去看其他治療師或者諮商師的
原因一樣。這些都是普通人，我們對待的方式便是**將他們視爲革命
者**！基於我們對於人類與人的根本性（fundamentality）的假設，我
們的馬克思主義式的推想是，我們認爲被組織進不同社會群體的人
們，是能從根本上轉化自身所在環境的社會力量。人們不能只被視
爲適應社會規範的人，儘管我們都不同程度地適應。毫無疑問地，
我們能適應社會規範——有時候甚至輕而易舉。但是，假設「適應性
（adaptiveness）是人類的本質」與假設「人從根本上是革命者」，
兩者會產生性質完全不同的治療方法。

　　讓我們來談談「將人視爲從根本上適應社會情境」與「將人視爲
有能力改變社會情境的革命者」兩者之間的差別。我們不是在說病
人、案主，或無論怎麼稱呼，是否變成政治活躍分子，而是在說如果
我們將人視爲有能力改變世界的，例如歷史，而不是將人視爲只能適
應既存社會和它的角色，那麼我們就可以有效地應對心理病理學。如
果我們改變基本前提，那麼從科學的角度來說，成效爲何？在團體治
療情境當中的效果爲何？到目前爲止，就我所知，我們是在美國唯一
以這個制高點（vantage point），抱持對人類本質的基進不同觀點，
來治療人群的人。而且我們有效地「治癒」了數千人，其中很多人是
其他臨床機構治療無效的案例。我們的「治癒」是指什麼？我們是指
已經耗了幾十年用酒精和藥物毀掉並放棄自己的人；我們是指在傳統

治療中心花費了幾十年和上千美元卻仍然在社會中處於失能狀態，無法具有生產力、力量和能夠在情緒上滿足的人；我們是指經過10~30年正統治療，就他們自己的說法（以及被很多心理機構進行粗暴測驗的說法），被認為無可救藥，並且無法被任何心理治療判斷已經變得「比較好」的人。

我們用這種革命性的模式治療了很多人。人們問：「為何你認為它有效？」我們認為，它有效的原因之一，是因為大量病理的根本原因，與人們適應社會的困難有關。部分人們的問題是由難以適應社會所導致的。因此，大量依靠人們適應社會的能力來「治癒」他們的話，是極其困難的（如果不是不可能的話）。作為一個治療師，如果有人來找你，因為他們的適應能力受損，或者他們只是不想適應（在這裡我想到馬丁·路德·金恩博士令人讚嘆的語錄，關於他認為想改變世界的人是那些適應不良者），但傳統治療師為了要能改善，一般總是指望他們去做那些他們不知道如何做，或者不選擇去做的事情，這在我們看來真是非常奇怪的事情！

我們的方式不是要求人們變得更能適應社會，而是採用其他方式。我們是幫助人們去適應歷史，而不是適應社會（adapt not to society but to history)。我們對社會和歷史進行了區分：社會是特定時空點上的歷史過程的特定組織形式，而歷史則是社會過程的連續體。我們尋找方法不是幫助人們適應社會，而是在更廣大的社會連續體，即歷史進程中，尋找適合他們的位置。但是從本質上來說，適應

歷史而非適應社會是革命性的，因為它展現了人們具有根本地重組整體社會環境的能力。因此我們想做的是，幫助人們進一步發展人的根本特性——亦即人類的革命性本質。我們試圖達到這種革命性的本質，就是通過轉變歷史從而在根本上感到自己有能力身為歷史中的**一分子**。因此，人們在適應歷史時，歷史終究引領了社會——人們在社會中能在較好的位置中去做一些事情，以使他們能在社會中與社會關聯起來。歷史引領發展是受蘇聯著名心理學家、方法論者列夫·維高斯基的學習引領（促進）發展這一發現的啟發。常見地，適應社會所必須付出的代價，特別是在美國——就是十足地異化（alienated），以致於與歷史產生距離、脫節和疏遠。因此，如果你也同意的話，傳統治療的矛盾是即使它有效地幫助人們適應了社會，但是如果這個社會是反動的、種族歧視、性別歧視的、恐同的、落後、異化的階級壓迫的社會，如我所在的社會，其實所有現代化社會都是如此，不過是程度上的差別罷了——如果你發展了一種完全只是讓人們適應這樣的社會的治療，那麼這樣做只是以人們更加遠離歷史為代價，更加錯認了我們身為人類的根本。用傳統治療使人們在社會的層次中神智正常，那麼一定會讓他們在歷史的層次中瘋狂錯亂！

　　現代科學產生於物理與數學科學的結合，以及需要這個混合物的政治經濟基礎，人類的發展才得以持續。傳統心理學與其夥伴傳統經濟學，這兩個在過去數百年發展出的偽科學需要被大力地揚棄。我們必須尋找一種新的科學，並組織一種新的政治經濟學基礎，來「對

待」當前阻礙人類持續發展的心理問題。順道一提，我並不認爲心理問題只是普通的文字欺騙，悲哀的是，我們的世界充滿了有著嚴重的心理問題的人們，而我認爲傳統心理學在處理這些問題上做得少之又少。我們必須尋找某種新典範（或反典範，anti-paradigm）──一個新的方法──來面對人類的心理問題。新典範或反典範？新方法？就是革命！

我認爲革命應該成爲心理學的替代品。我認爲我們應該將心理學會的名稱改爲「美洲革命會議」。現在很多人會說：「太恐怖了！這會讓一切都變得政治！」它**不會**變得政治，它會變得更科學！它**現在**就是政治的了。

按照傳統心理學當前的組織方式，不僅僅是這個會議，甚至在全世界，它從根本上就是一個反科學的、世俗宗教的政治操作。事實上，如果我們能從黑暗時代向前邁一步，創造一種新方法和新的社會科學，眞正處理人們的情緒問題，以及教育學議題、社會化議題等所有心理學所關注的議題，那麼我們就會發現科學的革命。

如前所述，現在我們如何開展一場科學的革命呢？我們如何不只是從制高點喊喊口號，而是從科學地組織起來的革命性變革活動（activity of revolutionary change）來回應社會問題呢？在我看來，就是堅持不能只對革命者談革命。不能只對心理學家談臨床心理學。如果我們創造了一個臨床心理學的科學，把你是個心理學的信徒當作去找治療師的前提，這就很奇怪了。我們的病人向我們尋求幫

助，他們有問題、他們是痛苦的，我們不要求他們「對心理學做出承諾」。現在如果我們眞的要將傳統的、虛假的心理學轉變爲革命，我們必須做同樣的事情。我們需要說：「請到我的辦公室來，我願意幫助你。我們做的是革命，請坐。」

「這是在開玩笑嗎？」你會問。不是的，因爲**做革命**意指，你使用的是在根本上以「人類有改變總體的能力」（capable of transforming totalities）概念爲基礎的科學方法和模式。我們絲毫不能低估開展革命和人們能夠被治癒是多麼地重要。因爲當治癒不是適應社會，當治癒是發生在歷史中、世界上，而不是反動的社會中的時候，它就是社會的革命現象。

我們實踐這種基進的方法已將近二十年。你可以想像，人們對此的反應是很基進的。像是什麼樣的情況呢？第一次人們通常都會說：「你在**做**什麼？這樣的意義是什麼？我堅持你把我當作一個被動的接受者，給我你的產品和服務就好了。把我治好！我是一個消費者，我希望被你治好。」我們說：「不可能，我們無法治好你，我們無法治癒你。」「好吧，既然你無法治癒我，那爲何你掛著那塊招牌？」

人們說：「我只是單純地想要你治好我的痛苦！我只是希望讓痛苦緩解一點！爲什麼你沒辦法做？」「因爲，我們可以爲你做的是改變你的生活，這會發展你的情緒性，重組你的『心理學』，我們可以爲你做所有事，但是假如你堅持認爲你是一個會被所謂傳統心理學有效地、強制地改變的商品的話，我們無法治癒你。」於是，深刻的掙

扎隨之而來。

　　總之，簡要地回到美國左翼。這是個不可思議的諷刺，美國左翼總是告訴我和在全美與我有密切工作關係的人說：「我們的問題」是我們只搞心理學而不是搞政治。而我們回應他們，你們的問題在於你們是以政治的名義，在做實際上是糟糕的、迷思的、強制的和資產階級的偽心理學。

　　我只有在少數的場合對正統的美國左翼演講過，我說過美國左翼的一個驚人特點，是他們對美國社會如何運作竟毫無所知！在世界任何地方的左翼運動歷史中，從來沒有一個尋求革命或者改變社會的左派群體或者所謂革命者，對其如何運作卻毫無所知的。在最傲慢的、沙文主義和例外主義的（exceptionalistic）美國傳統中，他們認為所有要做的就是提升工人、窮人、被壓迫的少數群體的意識，也許這種強迫性的偽心理學活動能夠產生革命。依我所見，正如前面所說，意識不是被提升的。我從未聽到過任何一個意識提升的案例。對你們來說，我聽起像是一個庸俗的唯物主義者（materialist），但是我認為建築可被升起，有時錢財也能提高，孩子可以被拉拔長大，很多事情可以提高增加，但是我不認為意識會提升。意識被提升的概念主導著美國左翼，認為這個智力的活動、私人的心理活動，是進行革命性社會活動的前提。但事實證明，它的相反面才是正確的。事實上，積極的重組社會生活才是意識轉化（transformation of consciousness）的前提條件。馬克思開宗明義就教導了這一點。這對理解革命的活

動，和我稱之爲革命的心理學是極其重要的。

　　我們將社會治療視爲給非革命者們的革命。這個基進的馬克思主義概念——具有開展革命性活動的能力是人類最基本、重要的特性（馬克思稱爲「實踐—批判活動」）——這是所有堪稱爲或應稱爲馬克思主義心理學的基礎。我們的方法是基進的堅持：將人——任何人——都視爲革命者，絕對不適應於這個反動的社會！

第二章

讓我來談一談「移情」[1]（transference）

　　我的一個老朋友，曾任波士頓大學臨床心理學系的主任多年，對身為治療師的我有一個令人深思的恭維。她說她非常確信我有治療師的天賦，而這與我沒有接受過臨床心理學的正式訓練有關。我對此感到榮幸，但卻絲毫不意外。因為這個恭維背後潛在的態度，在進步分子（progressive）或在訓練臨床實務者的行業裡那些相對誠實的實務者中，並不少見。很多人都同意，那些為了從事治療而接受訓練的人，常常會變得鈍化（desensitizing）。而這種指責不僅針對治療師的訓練，也包括社工、醫生、律師和教師，以及很多「助人專業」的訓練。

　　我想從一開始就提出這個，有兩個原因。其一，我認為這為我們開展了重要的問題意識。這提出了一個問題，即「治療的實務是如何被教的」以及「治療的教學是如何被實踐的」，這是研究中心

1　〈讓我來談一談「移情」〉是1982年11月13日，由社會治療與研究中心舉辦探討移情的工作坊中的演講；首度發表於《實踐：政治、經濟、心理學、社會學和文化期刊》（1982年春天）第一卷第一期。

一直關切的問題，也是我們的理論、實踐和政治工作的焦點。我們對移情的特別關切，源自於我們批判的姿態，這個姿態並不只是要尋求一個另類心理學（alternative psychology），而是（聽起來或許有些輕率），試圖努力尋找心理學的替代（an alternative to psychology）。研究中心所提出來的，是叫做「心理學」的整個產業的問題，我們對此略知一二，對一些人來說，它是有利可圖的；對其他人來說，則是昂貴的，我們看到這些事實。但是，我們想以各種方式提出的問題是，它是否真的是科學的；是否真的是價值中立（value-free）的實踐；或者甚至是否真的是有幫助的活動。的確，正規心理學家們，那些從事心理學實務與撰寫、思考、理論化心理學的人（暫時不要介意我們這些局外人的思考和書寫），他們與上述問題有著嚴重的衝突。當然，這樣的問題已有廣泛的文獻，「心理治療是否有幫助」這問題，長久以來有很多文章在探討。我認為這是許多心理師自我批判的功勞，這也是我在開頭與你們分享這段故事的原因。另外一個我想要與你們分享的是，心理學的語言、心理學的術語，並不是讓我覺得舒服的術語，我有其他讓自己感覺更自在的術語。我沒有心理學的正式訓練，我的訓練是1950年代末到60年代初，在史丹佛大學的科學哲學與某種程度的數學基礎（foundations of mathematics）。在過去25年間，那些枯燥深奧的論題，結果原來與政治、心理學和社會議題有關，這是我生命中最大的驚喜之一。因為我不太喜歡心理學術語，所以我希望受過心理學訓練的人能夠忍受

我陳述這些事的方式。

▍基進治療（Radical Therapy）

　　基進治療運動已經有很多年了。許多在場的我們對1960年代末和1970年代初的基進治療運動是熟悉的，其貢獻深遠，因為它指出了很多傳統治療形式在信念、態度和想法等方面的問題（如果不是外顯的，至少是隱晦的）。基進治療公開指出，在佛洛伊德學派影響的傳統治療方式中，所存在的性別歧視問題，很多人認為如此而我也同意。它也指出很多傳統治療形式中的種族歧視、反同性戀的態度和信念，即便不是清楚明顯的，也至少非常容易察覺。它指出在佛洛伊德、新佛洛伊德和受佛洛伊德影響的心理學，存在反工人階級的態度和信念。事實上，它指出所有受佛洛伊德影響的治療方式在結構上的核心，都是反人民（反群眾）的態度和信念（資產階級對個體的偏好）。我非常贊同，並以個人身分參加了這場運動。我認為婦女運動和女性主義指出很多治療形式中隱微的危害和偏見，這是他們持續且重要的貢獻之一。雖不是主流，但是這個批判的傳統仍持續著。過去的十年中，在治療與其他方面出現保守化的反應，但這些保守化反應也沒有否定基進治療的批評的重要性，而且我認為在紐約市，乃至於這個國家，有很多受過訓練的心理治療師們，在1960年代和1970年代一起經歷了基進化的歷程，也設法打破他們從臨床機構中所接受的

訓練。在1960年代的語言中，他們「去學習[2]（unlearned）與再學習」，這是具有重大意義的。

　　但是我今天想要談的遠不止基進治療。我想一開始強調「遠不止」（going beyond），這既不是拒絕，也不是否認基進的推力，而在我看來，是對基進治療在「質」上的延伸。基進治療具有實質的貢獻，正如我在前面所指出的。除了這些，1960年代和1970年代初充斥著很多對治療**形式**基進化的嘗試。依我所見，這些治療形式卻變得更加保守。這些嘗試包含，原始治療運動（Primal movement）、會心團體運動（Encounter group movement）、馬拉松團體運動（the marathon movement）、生物動力治療（Bioenergentics）、系統與人際溝通分析（Transactional therapy）；這一系列的嘗試，不只傳達治療中隱含的實質偏見，也指出傳統治療中種族歧視、性別歧視和恐同，而且還發展出一些較不權威的治療形式，且某種程度上，不大可能被用來傳達這些實質和危害偏見。這樣做是正面的嘗試，也批判了傳統治療中明顯落後、狹隘和偏見的內容。但是，在我看來，這些基進化治療**實務**的嘗試，總體而言是失敗的。從我作為一個實踐者的感覺──要透過訪談每個治療實務者，來得出一個有效的統計分析是很困難的──即使是那些1960、1970年代基進化的治療

2　譯註：去學習（unlearn）又做「去掉學習」或「反學習」，意指忘記過去所學，在這裡是指過往接受傳統臨床訓練的治療師，因爲基進化的影響，而經歷拋掉過去所學，再重新組織與學習的過程。

師，雖然他們所做的治療在「內容上」並不會像基進化時期之前，帶有危害、性別歧視與種族歧視；但是，很多情況下，在「**實務上**」的操作，它的方法和假設是**不夠**基進化的，例如它並不是革命性的。

當代很多基進治療師做的治療，淨化了佛洛伊德治療的落後特徵，但是治療的**形式**、做法，則和其他仍在做正統、傳統的新佛洛伊德式治療的同行們，並沒有明顯差別。有些人可能會爭論這是否是真實情況，但我確信這是一個嚴肅的問題。我們生活在充滿落後、狹隘、有害信念與態度的社會中，身為社會化的一分子確實有所侷限，但是我們尋求發展的不僅是一種儘可能擺脫這些信念的治療，更是發掘與實踐出一種無論在**實踐**與**方法**上，都沒有這些態度和信念的治療。

那麼就來到了這個問題——從心理學的觀點來看（儘管是一般人的心理學觀點），心理學的體制是什麼？如果你願意的話，讓我先從政治的方向來談到這裡。然後我將會嘗試將兩者結合起來，並分享我們嘗試提出的答案。

▋政治形勢

在我們看來，我們現在所生活的國家和時代是一個社會動盪，且被政治反動（political reaction）侵蝕的時代（一些朋友反對說：「你為何說『侵蝕』？」，而我身為科學家的保守性會說，它就是侵

蝕，有時我直覺它就在這裡）。毫無疑問地，事情會變得更糟糕，而
且我們確實已經持續朝這個方向走。經濟的變化、社會的變化，和我
們顯而易見的經驗，都顯示我們正朝著反動的方向。這樣的情況，不
用是精通馬克思主義的人，連不熟悉馬克思主義的人都可以看得出
來。這種氛圍之下，在如同我們現在這個社會所處的社會政治局勢
中，乃至於國際上，再次審視那些在工人階級運動史和進步運動的歷
史上，曾被提出過非常關鍵的問題，似乎顯得尤其重要，且仍有待回
答。有許多這樣的問題，我們今天顯然沒辦法觸及全部，只能勉力嘗
試去深度思考其中的一個問題。

　　這個問題，是在工人運動歷史上仍未被回答的重要問題，尤其
與現在社會上所發生的相關，是威廉·賴希（Wilhelm Reich）在
1920年代末至30年代提出來的，儘管提出的脈絡在很多方面與當代
不同，但也與這個社會所發生的事情有足夠的相似之處，至少是**令人
無比擔憂的**（frighteningly worrisome）。在納粹政權統治的德國社
會中，賴希提出這個相當明顯且重要的問題，當時他是一位馬克思主
義者，一位實踐的共產主義者，一位訓練良好的頂尖佛洛伊德精神分
析學家。他問道：「納粹主義（Nazism）怎麼可能發生？」，他並
不是在問是什麼潛在的社會經濟條件，創造法西斯主義（Fascism）
興起的**脈絡**。在賴希看來，從抽象的馬克思主義觀點，可以提出各種
各樣**好的解釋**。賴希所提出的是，縱使考量所有的解釋，包含1920
年代德國社會動盪和通貨膨脹的瘋狂、生產的條件、國際現實——這

些無窮盡的一系列上層結構（superstructure）和基礎條件——但仍然不清楚的是，何以一群在資本主義歐洲國家，各方面的政治和文化上都是最精良熟練的人們，可以在短短幾個月內由看似理智和理性，轉變成絕對的瘋狂？這是如何發生的？

當讀到希特勒和國家社會主義者發放的宣傳手冊時，我們可以看到其對現實的扭曲，是一個非常瘋狂和顯而易見荒唐的神話，然而數以百萬的人卻彷彿信以為真並為之行動。他們是否真的相信仍然是個有趣的問題，但是他們確實如此行動，說明他們似乎是一夜之間就接受了這個神話、這個大眾迷思。

當然，賴希曾非常熱衷於與他所認定的德國共產黨（German Communist Party）的保守份子，針對他們不願意深入討論這個問題，進行徹底的論戰。從賴希的觀點來看，當時德國共產黨的主要領導（賴希習慣於用這種稱謂），非常滿足於走上街頭、站在他們的肥皂箱上，對德國所發生的事情進行非常深刻且具分析性的馬克思主義經濟分析。當圍繞在德國共產黨演講臺周圍的人快睡著的時候，希特勒的法西斯主義演說者又在另一個街角胡說八道，並成功說服成千上萬的人引發反動。賴希認為這是個驚人的，更別說是個驚嚇的事實。顯然，這是個深刻的難題，其結果現在已經眾所周知。這就是賴希在實踐和理論意義上所提出的問題：那怎麼可能發生？為何這個迅速且根本的反動性轉變得以發生？

賴希繼續給出了一系列答案，雖然其中的一些我難以理解。如同

很多人所知，賴希的答案終究與人類心智的某種結構特徵有關。我不會進到細節，但是我認為賴希終究暴露了他的佛洛伊德式偏見。像這樣將馬克思和佛洛伊德結合的嘗試實屬常事，不過佛洛伊德總是佔據上風——此為人民陣線主義[3]（Popular Frontism）！但是從我的觀點來看，賴希的貢獻是形成並提出這個難題，使得他成為20世紀整個工人運動歷史上最重要的人物之一。無論他的答案是什麼，無論人們怎麼看待他之後的著作，可能許多進步主義者會覺得有問題，但如同他在《法西斯的群眾心理學》（The Mass Psychology of Fascism）中，所提出的一些政治議題是非常非常重要的，也深深地激勵在研究中心的我們。因為從經濟與社會的角度，我們看見自身所處的社會，具有快速發展群眾激進[4]意識形態的強大潛力。

---

3 譯註：人民陣線（Popular Front）是1930年代，當希特勒在德國取得勝利後，對抗法西斯主義而形成的政治聯盟的用語。它的目的是要包括反對法西斯主義的每個人，包括共產主義者、無政府主義者、社會民主主義者和資產階級自由主義者。從歷史回顧來看，一些左派共產主義者認為共產主義者在人民陣線中妥協得太多，讓資產階級自由主義者來領導。儘管在本文中，這個類比並不精確（因為「馬克思／佛洛依德的結合」並不是「對抗」任何事物的陣線），但在此可以理解弗雷德的意思為，這個「結合」之中的馬克思一方，已經把權力和領導權讓給了佛洛伊德一方，以至於在「馬克思／佛洛依德的結合」中已經沒有多少馬克思。（此譯註特別感謝丹‧弗里德曼與洛伊絲‧霍爾茲曼的協助）

4 譯註：此處的「激進」原文亦為radical，特別與「基進」區分開來的用意是，雖然「激進」與「基進」兩者都有「根本」的意思，但「基進」還帶有進步性的意涵，而此處，因為是接在賴希的《法西斯的群眾心理學》後，故作「激進」。

　　我和很多同事（無論是否在研究中心），都相信這種迅速、反動、激進的意識型態轉變的潛能確實存在。當然很多人並不同意。正如我們所知，很多人都認爲「絕不可能在這裡發生」。而我對此立場持懷疑的態度，因爲我讀過太多1920年代末德國的著作中有著類似的論調，認爲那樣的事情不會發生。因爲德國人民在文化與政治的世故熟練（爭論仍持續）這樣迅速、反動的基本意識形態轉變不可能發生。

　　相似的論調也被用於我們這個國家和這個社會。這個宣稱認爲美國基本的民主特性，不可能讓這個發生。現在，不僅在德國和美國可以聽到「不會在這裡發生」的論調，這樣的論點也出現在智利。提到智利，我相信大家都知道，由於智利民主長期與深厚的傳統，它被法西斯主義接管的可能性很小（現在已經不是可能了，它已是一個長期的現實）。我們看到中央情報局（CIA）如此迅速地轉變了那傳統。現在，沒有任何人有水晶球，據我所知，沒有人能夠完美地預測未來。但是，我無法接受有人拒絕思考這個關聯，至少在美國發生這種事情的可能性很高。事實上，我相信它**正在**發生！

　　如果你願意的話，請反思一下——如果你可以將自己置身於這種基進的同理過程中（有點像是柯林伍德[5]式（Collingwoodish）的同

5　譯註：柯林伍德（R. G. Collingwood, 1889-1943），英國哲學、歷史學與考古學家。

理心：跳出自己抽身來看）——想像我們在1964年坐在一起討論羅納德・雷根（Ronald Reagan）可能成為1980年美國總統的可能性。你記得1964年，那一年有人說政治反動被完全摧毀了。記得嗎？貝利・高華德（Barry Goldwater）[6]被打敗了。一些人推測說這不僅是政治反動的結束，也有可能是共和黨的結束。這是不久之前，在座的很多人不僅僅在那裡，也參與了那些瘋狂的討論。我們說著上述那些話，但事實上，雷根現在**是**總統。作為一個馬克思主義者，我深信這與潛在社會條件巨大變化的事實有關，當它們有巨大的變化時，在某一時間點不可能發生的事，則不僅變成可能的，而且從某種程度上來說是合理的。

但是現在雷根不僅入主白宮，而且這個社會的很多人也對此不感到訝異。我們已經習慣於且被訓練好去接受這種所謂「漸進主義」（gradualism）：「好吧，現在雷根是總統，下一次總會換其他人當總統。」。美國最普遍的迷思之一便是，這個國家的偉大力量，是具有能夠從一個**政權**，過渡到另外一個**政權**的能力；沒有什麼會戲劇性地真的改變。政治學家們本質上是一群為資產階級資本主義社會辯護的人，他們會說：「我們能讓尼克森慘敗，並順利與平靜的轉移，不是很棒嗎？」

鑒於前幾天的事件，這是與美國神話特別相關的部分，新聞界拚

---

6 譯註：美國政客和商人，曾是共和黨的提名總統。

命讓我們相信布里茲涅夫[7]（Brezhnev）之死可能會讓蘇聯發生劇烈的變化。《紐約時報》連續兩天費心勞力地做了一樣的「布里茲涅夫逝世」的頭條，他們說這是因為派報人員罷工，而他們唯恐有人不知道這消息。但在我看來，連續兩天放同樣的頭條仍然很奇怪，我相信是他們想要**確保**我們知道布里茲涅夫逝世的消息。這也是大量宣傳的時機，該宣傳主要的關切之一，就是想指出美國系統與生俱來的（上帝賜予的？）穩定性，這使我們得以用一個「漸進主義」的方式，從一個極端的位置，過渡到另一個位置，而可以絲毫不具破壞性，也不會在結構上使我們的社會動盪。然而，我認為這更像是迷思而不是事實。首先，在尼克森執政期間，我們的社會經歷了深刻動盪。從這一個和許多其他經驗來看，顯而易見的是，即使面對非常劇烈的社會變化，美國社會的體制安排和意識形態結構，也能夠以某種看起來連續的和非革命性的方式，來詮釋、轉譯、重新定性並重塑這些重大的社會發展。可以肯定的是，一個永久政府（國家）的存在，使得這一切成為可能。因此，對於資產階級國家而言，正在發生的這些是被資產階級政治學家們所否認的。然而，對我們來說這是一個嚴重的問題，他們使我們相信國家的政府永遠不會改變（政府結構也不會）。這種宣傳的訊息是，你永遠不必擔心在這個國家，會發生什麼無法被消融化解的巨大深刻改變。這個訊息所傳達的是，美國總是能夠

7　譯註：布里茲涅夫（Brezhnev）是當時蘇聯的領導人，於1982年11月10日死亡。

在制度上、政治上、意識形態上適應各種事物，某種稱為美國多元主義的美好理想能夠避免反動與法西斯主義（更不用提社會主義了！）美國將會永遠勝利！多元主義是每個人都會接受的最佳王牌，用以減輕對羅納德・雷根當總統的擔憂。我們在中學公民課上所學的制衡機制（checks and balances）將會確保太極端和動盪的事情不會發生。因此，當我們讀到有關亞歷山大・海格[8]（Alexander Haig）的故事，以及他在尼克森後期仍令人驚訝地想奪取政權，我們受到的教育是：「啊，那一定是某陰謀論左派分子提出的，不可能是真的。」但是海格說的話卻似乎很有說服力，當你看到他，你可能會說：「哇，我能想像這傢伙會那樣做。」但是，你同時半意識地（semi-consciously）想到「制衡機制」的迷思：「不，不可能。他的權力總會被制衡的。」

　　制衡機制的迷思對這個國家的許多人來說，其說服力已經大不如前了，原因有很多，諸如水門事件、智利、越南以及三哩島事件等現象。「不可能會發生，不會真的出什麼錯。」在過去20或30年間，在經歷了諸如水門事件和三哩島事件（還有越南！）之後，人們逐漸開始不再相信制衡機制了，它已經被過度濫用了。同樣，這個迷思也被應用到逐漸可能的核武戰爭上：「不會有意外的（或就此而言，刻

8　譯註：曾任美國白宮幕僚長和美國國務卿。1973年，水門事件進一步發酵，時任國務卿基辛格當時告訴海格，「你主內，我主外」。尼克森辭職前16個月中，海格一面幫助尼克森應對檢方，一面代替總統做出許多內政決定。

意的）核武戰爭，因為我們有各種制衡機制。」簡言之，它是一個被
設計來使我們信服，非常似是而非且不自覺的迷思，就像是在前法西
斯德國所設計的迷思一樣──「不會在這裡發生」。然而，這個迷思
縱然已經式微，它卻依然盛行。

　　在過去的幾分鐘裡，我所概括在講的是激發研究中心的政治脈絡
與政治關切。我努力地勾勒心理學的和政治的關切，因為研究中心與
社會治療的理論和實踐，是被這兩者的綜合所激發。另外，它還有另
一個不容易理解的特徵。

　　我們嘗試在研究中心所做與創建的，並不是要創造一個新科學；
我們關心的不是發展新的心理學，或甚至發展一個永遠都是真理且有
效的心理學的替代選擇。在資產階級社會中實踐的科學，對於科學的
方法論假設最基本的準則就是，科學應該是永遠都是真的──按他們
的話來說就是「普遍性」（universal）。我們絕對不會致力創造一
個在所有時空與地點都是真理的心理學。事實上，如果我們能夠提出
與這個時代，與這個人類歷史中短暫瞬間的這個社會相關的事物；如
果我們能夠提出一些與當前世界正發生的融合、緊密相關的事物，對
盡可能多數的人有所助益，並且在政治、社會和心理上具有價值，進
而能夠參與進來，我們將會被自己感動。如果我們能夠創造出這樣的
活動、這樣的實踐和與其相應的理論，我們將會非常開心，因為我們
做出了貢獻。

▌康納森的批判

　　我們的關切一直是治療的實務、治療如何進行，是從我剛剛討論的所有議題和事件發展出來的。在做這些事的許多年來，我們也去了很多地方。我們讀了很多書、研究了很多東西、也嘗試過很多、在過去做了很多不同的事情，連別人對我們的攻擊也是有幫助的。這些攻擊雖然令人不快，但卻在很多方面對我們有所助益。這些年來，有一件事我也一直在學習，那就是作為一個有政治性的人（馬克思主義者），就某種程度而言，你往往可以從那些完全無法忍受你的人身上，學到最多的東西。當他們不喜歡你所做的事情，他們會很直接地提出批評。

　　以去年六月喬・康納森[9]（Joe Conason）發表在《村聲》（Village Voice）[10]中一篇粗魯的文章為例。喬・康納森在很多方

9　譯註：喬・康納森是美國記者與自由派的政治評論員。

10　譯註：《村聲》（Village Voice）是美國的另類報紙，創立於1955年，一直到2017年才停刊。《村聲》的「村」，是紐約格林威治村（Greenwich Village）的縮寫，而格林威治村正是紐約地下文化的發源地（帶動美國同志運動的石牆酒吧就在此處）。《村聲》內容包含文化評論與報導，還有對於紐約的政治及社會調查。至於為何一份相對進步的左派刊物會攻擊弗雷德、研究中心與新聯盟黨社群呢？（除此章之外，第七章亦有提到《村聲》刊登的惡意文章）。這就牽涉到民主黨內部較進步的左派力量，他們組成「改革民主黨俱樂部」（reform Democratic clubs）從內部影響民主黨，而《村聲》也是在這個政治倡議的推動下成立的。到了1980年代，新聯盟黨成立，作為一個由黑人領導、支持社會主義、

面都不喜歡我（我會知道是因為他在不同場合跟我說過很多次）。事實上，這個傢伙無法忍受我，他有一個清單名為「我討厭弗雷德・紐曼、紐約研究中心和新聯盟黨（NAP）的事物」。但是，他在長達六頁名為《心理政治學（Psychopolitics）》的新聞評論裡，重點是關於移情的議題。根據傳統和新佛洛伊德理論，病人透過移情的過程治癒；據稱，對於母親和／或父親的潛意識情感會轉移到治療師**身上**。儘管康納森在他謾罵中羅列了有關我、紐約研究中心和新聯盟黨的所有錯誤，但是他攻擊的核心，是關於人們在社會治療研究中心所做最有害、邪惡、糟糕、不道德的事情，就是在移情作用的**影響**下利用人們（這個可能是我缺乏心理學訓練的例子）。甚至在正式文獻中，移情作用的影響還提到諸如酗酒和夢遊的情況。因此，當你受到這樣的影響，你很容易被利用、易受暗示和影響等等。是可被洗腦的（brainwashable）！

於是，康納森描繪出一幅人們出現在研究中心的社會治療診所，矇著眼或在發呆的畫面。這當然不是真的，但是閱讀康納森的文章你真的會認為，某天人們只是漫不經心地走在街上，然後就偶然出現在研究中心的大廳。確實，康納森的文章中的確有一種論調、一種態度，那便是從一開始就否定人們（除了記者或者「其他」知識分

支持同性戀的獨立選舉政黨，對於完全控制紐約市民主黨的「改革民主黨」來說，新聯盟黨對這個控制構成挑戰，因而大肆批評、攻擊。（此譯註特別感謝丹・弗里德曼與洛伊絲・霍爾茲曼的協助）

子），有為自己做決定的能力。在研究中心我們談到最多的，就是
這篇文章總的來說，不只是侮辱那些在研究中心做治療的人（people
doing therapy），更是羞辱來研究中心接受治療的人（people in
therapy）。它將人們直接視為傻瓜和小丑，好像他們就進來說：
「這是我的心智，做你想做的吧。」這就是康納森的行文所暗示的圖
像。然而，這並不是我們所看到或一起工作的人們所經驗的。正如我
們前面所談到的，這個社會的人們由於前20年所發生的事情，已經
變得越來越能夠質疑。

　　但是，無論你多麼自主獨立地來到紐約研究中心（很多人來到這
裡是透過朋友的介紹或者看到廣告），康納森說病人來的時候是絕
望的、痛苦的，帶著情緒問題來到研究中心求助，且在接受幫助的時
候，某種叫做移情的東西就發生了。有些事發生在案主或病人（或者
其他你覺得舒服的稱謂，「來求助的人」），在求助者和被認為是給
予幫助的人之間的互動，而這個人可能有或沒有接受過訓練。根據康
納森（以及正統派）的說法，在兩個人之間（或者在一個團體中，成
員們與帶領者之間）所發生的互動，使得求助的人或人們比往常更加
易受傷（vulnerable）與易感（susceptible），而這某種程度與大家
所知，或被認為是「移情」的東西有關係。

　　康納森的批判激勵了在研究中心的我們，這並不是說我們已經很
長時間沒有思考或寫過關於移情概念的東西，但是《村聲》的文章，
促使我們進一步（並且帶有更具體的政治迫切性），再次仔細檢視移

情是什麼。發生的這個東西是什麼？很明顯，如果有這個被稱爲移情的過程或活動發生，那麼它一定也會發生在很多其他地方。例如，毫無疑問，它也會發生在老師與學生之間，在任何涉及幫助者與受助者動力（dynamic）或辯證性的兩人或以上的群體中。什麼是「移情」？在移情的「影響下」意味著什麼？當我們開始重新審視時，作爲馬克思主義者，我們開始面臨新的問題，這是我們15年來都在斷斷續續致力探究的。

▌異化與移情

身爲馬克思主義者，我們相信資本主義社會，也就是我們大多數人所生活的這個社會，從某種根本上的意義來說，是一個異化的社會。現在作爲馬克思主義者，我們不將異化視爲心理學的，而認爲是社會學的。也就是說，異化不僅僅是一種心理狀態，不是人們的感覺，而是人們本身**就是**（It's how people are）。人們之所以會如此，是由於整個生產的系統與活動（其影響不僅是狹義的產業行爲，而是影響了在我們社會裡人類生活中人類生產的整個過程），創造出一個根本的異化的社會。從馬克思主義觀點來看，這種看法的重要構成因素如下所述。資本主義作爲社會生產系統，主要是生產商品的商業，而不是生產基於人們需要的東西，雖然很確定的是，生產出來的東西與人們的需求之間必定有一些關係，因爲如果沒有的話，就不會

有人賣他們的東西，也不會有人繼續再生產商品。但是，資本主義社會中再生產的基本動機，並非主要為了使用，而是為了交換，才進行創造或生產的活動（說到底，生產是為了利潤）。因此，在資本主義制度之下所生產的物品，大體上是為了交換而生產，被生產出的是商品。這些商品在市場上以複雜的方式出售與分配，最終使得少數人獲益，而多數人則持續處於不利。

因此，資本主義社會的基本單位、東西（stuff），或者你想使用一些哲學語言（很不幸這是我比較喜歡的術語），資本主義社會的**本體論**——是商品，被大量賣出的東西（不比現在福特汽車公司想要賣的還更多）。所有一切的重點在於創造有交換利潤的商品。但是，為了市場和交換而生產商品，是一種非常異化的社會活動。正如馬克思所指出的，出於我們自己使用需求所進行的生產活動（不一定是我們個人需要，也是我們的物種、階級、家族和人類的需要），與根據和我們自身需求幾乎無關的標準，為了交換、為了其他人的利潤而進行生產，其效果是以非常、非常深遠的方式，將生產**活動**與生產**產品**分離和疏遠。

簡單地說，當人們為了自己、家人或者社群所用，去樹林建造他們的房屋、採集食物、建造桌椅、做自己的衣服等等之時，社會勞動的活動與此社會勞動的產出之間的關係是有機的，並且是有自我意識地可辨識的。

但是當人們在複雜的勞動分工和大規模資本主義商品生產的技術

之下，去大工廠做零碎的工作，譬如鎖上這個或那個特定的螺絲釘；秘書連續幾小時重複地做狹隘的活動、營業員只操作著收銀機；當這種活動的整個組織是被設計來達到商品生產與交換的利潤最大化時，其結果就是深切的異化，這不僅只是一種心理狀態，而是人們和組成世界的事物，實實在在被組織而成的分離。因此，在資本主義社會，人們發現越來越難以理解我們自身集體勞動的產物。總的來說，透過我們集體勞動所生產、創造出來的東西，並沒有其他人可以製造出來。如果我們不製造，它就不會被製造出來。

如果你不介意我這樣說的話，這種異化既是商品社會（commodified society）的產物同時又產生了商品社會，在這種社會裡生產者的活動與產品之間存在著根本的距離（二元論的二元對立），且產品即是商品。這不僅是指產業活動，而是變成在這樣的社會中，**一切有價值的東西**（名符其實地）都會被商品化。在構成我們社會生活的社會契約、公民契約和法律契約中，人們被視為商品連結對待。所有的活動都是商品化的，這是從資本主義所組織的固有生產與分配方式，所發展與出現的根本性商品化。

最近有個朋友要我就此舉例說明。我建議她想想「小孩」，想一下法律是如何看待「小孩」的：他們是如何被視為私有財產、他們是如何「被擁有」的。想想妻子（在這個社會，我們「有」妻子）、在學校的學生（義務的「錯誤」教育），當然還有工人。大體上所有的人都被視為商品，這種「非人化」（dehumanization）不僅是心理學

的，而且是這個社會進行其日常生活事務的結構性特徵。

　　所有這些都是相當容易理解的馬克思主義社會學，雖然我確信很多馬克思主義者可能會不同意我說的這種方式。來看看我們所處的這個商品化社會吧！有個問題我們研究中心思考了很久，我個人也思考超過20年，這個問題被康納森的「商品化」攻擊重新點燃（讓我補充一句，商品化是魯柏・梅鐸[11]（Rupert Murdoch）說的，他是《村聲》的老闆並且是世界上最反動的「商品化者」之一）。這個問題是：鑑於我們生活在一個商品化的世界，鑑於世界的事物是各色各樣的商品，那麼，人類的心智要怎麼樣、我們要怎麼樣才能**理解**這個世界？這對我來說是一個頗重要的科學問題：人類在心智上要做出怎樣的適應，必須發生何種**心理的社會化**（mental socialization），才能對徹底商品化的現實有一種必要的理解，以便於我們能夠持續日常生活，或只是度過每一天？我甚至不是在談論智性思考上的複雜精良，我在談的是，擁有務實的理解足以能夠「紅燈停、綠燈行」、有足夠的理解能夠執行日常的活動，包括一些在工業發展進步社會中相當複雜的活動。我們必須如何，或者我們的心智應該如何，才能夠理

---

11 譯註：《村聲》在1955年由4位創辦人成立後，經營權幾經易手。在1977年，《村聲》被賣給了一位澳洲商人魯柏・梅鐸，他在1980年代中，又將《村聲》轉賣給另一個商人。魯柏・梅鐸現在是美國著名的保守派媒體大亨，現任福斯公司董事長與最大股東。他的家族在《富比士》2019年全球億萬富豪榜中名列第52位，資產達到194億美元。

解這些以各種奇怪和有趣的方式相互關聯的商品們？學者用一些特別的偽科學來理解它，包括稱為經濟學的典範式偽科學，宣稱要解釋商品、這些完全異化的實體，彼此如何相互關聯。但是，作為普通老百姓，在進行一般日常活動時，我們要如何理解才能讓日子過下去呢？

　　馬克思在他關於資本主義經濟學的重要著作《資本論》（Capital）的關鍵部分，給了我們很重要的提示。在第一卷最前面的章節，馬克思介紹了一個叫做「拜物教」（fetishism）的概念，意思是「對商品的盲目崇拜」。在《資本論》中的這一小節裡，他試圖**從心理學的角度**來解釋商品的特性。因此，這一節對馬克思主義心理學的發展是非常重要的。他用了整整四卷從經濟學的制高點來解釋商品是什麼。但是，馬克思在《資本論》第一卷的一開始就堅持，如果只是簡單地從**經濟學的**角度來理解商品（以一種經濟學化約論的方式），我們就**不可能理解**資本主義社會和商品化社會。對於理解商品，我們必須從意識形態，或若你願意的話—— 從心理學的角度。馬克思在第一卷中所講授的是，商品必須被理解為實體，其**功能看起來**非常像神。它們是資本主義社會世俗的神。他們之所以被視為神，不只是源於人們崇拜金錢的意義，更重要的是崇拜商品交換所產生的利潤。它們不僅是某種隱喻上的神，更如實地來說，它們就是神。從它們的存在（existence）、存有（being）與特性，它們是神（像神的），而且擁有在結構上與創造它們自身的過程相分離的特性，雖然**看起來**卻不像。

　　關於理解神，最重要的事之一是：若在某個社會中的人，知道（眾）神是在某人的密室裡編造出來的，神將會是相對無用的實體，像某人說：「你知道的，我們在這裡需要的是一些在奧林帕斯山上的幾個神，以便控制百姓。」如果大多數人都知道這是眾神的實際**根源**，那祂們的效力將減少爲零。也就是說，眾神必須被視爲獨立於其眞實社會根源的存在。

　　馬克思指出，商品正是具有這個特點，它們必須被理解爲完全獨立於生產它們的社會根源。因此，馬克思認爲，從社會學上來說，社會不僅是異化的，而且此異化過程的產品，必須被視爲像神一般的才能夠被理解。將神（和商品）視爲與他們的社會根源完全分離的一個重要的原因和後果是，人們相信他們本質上是不可改變的。相反地，想像一段對話：「你知道那個神是哪來嗎？」「哪裡？」「那個神是由三個住在山上留著鬍子的傢伙編造的。他們今天早上有開會。我知道，我有看到。我是在錄影帶看到的。他們開會時說：『好吧，我們需要一個宙斯，所以我們弄一個宙斯神像吧。』他們甚至討論了宙斯應該要長什麼樣子。」如果人們在山下開始討論這件事情，那麼它將會極大地影響你的宙斯神所能夠達到社會控制的程度。

　　總之，資本主義最根本的迷思是，資本主義是與現實一致的，因此也是最精密和進步的社會形式，因爲它是人們貪婪、骯髒和敵意等根本天性的經濟與社會表現。依我之見，這些特性是資本階級的，資本階級對持續存在由商品組織起來的社會負有責任，而不是全體社會

人民的特性，但這仍是個迷思。

　　這個迷思宣稱，在既存的社會條件和特定階級的重大影響下，商品（神）並不是歷史特定時刻中特定社會的產物，它們是獨立的、像神般的現實，且我們必須用不同方式「崇拜」。我們崇拜它們，認為它們是根本不變的，並相信商品社會是人類發展的最高階段。現在，馬克思所指出的與我們的問題有關，就是在這個社會中，我們的腦袋需要長成什麼樣子：如果你願意的話，人必須像是宗教一般地被社會化，才能對這些實體的社會活動擁有必要和充分的了解。在《共產黨宣言》（Communist Manifesto）中，馬克思有力地論證了資本主義的迷思，當資本主義來到歷史舞臺時，它如何無情地撕裂了所有先前的宗教和形而上學，並用客觀的硬科學（hard science）取代了它們的位置。馬克思認為那完全是無稽之談。雖然資本主義的確撕裂了先前的形而上學概念，但是卻置入了一個新的、更精密的形而上學與宗教概念。

　　這個宗教概念，是靠著生活在資本主義社會的人們被社會化的現實而存在的。從這個特殊和深刻的意義來說，我們的社會是非常宗教的：這是一個宗教的世界觀，對於理解商品化社會中所謂的世俗或非宗教的現實是必需的。與大眾宣傳和流行的迷思相反，宗教的心理狀態是資本主義得以持續的**必要**狀態。資產階級科學與這種宗教觀點持續地處於衝突中，資產階級的科學，卻是在方法論上建立於拜物教價值增值（valorization of fetishization）的宗教觀點上，在結構上這

比先前的任何系統都更加地形而上學。

我認為「我們必須如何」和「事情是如何」之間的關係，這種被建立為反對宗教的宗教觀點，事實上卻是極具宗教性的——就是**移情**。人們被社會化以便**進行移情**，才能理解商品化的資產階級社會。人們必須在本質上——不僅是偶然的，而是本質上——將這些商品化的實體賦予特性，而這些特性與它們的社會根源是完全分離的。我們從很小的時候，就必須學習將世界視為許多結果的組成，這個組成是從其社會生產歷史二元化地分離的社會活動產物，而不是將世界視為歷史的、我們參與其中的。如果我們不是以這種特定的理解方式來進行有效的社會化，我們就無法理解資本主義社會中發生了什麼。我們必須這樣宗教地長大。

因此，我想明確地表達，我們根本不否認移情。實際上，我們相信移情是非常非常正常的現象——它的確是當代社會中常見的心理狀態。事實上，一個看待人們典型來治療尋求幫助的方式，就是他們的移情機制某種程度已經受到損害。他們的問題是無法再好好地進行移情，或者也許他們從未這樣做過。可能出於某些複雜的原因，他們多少瞥見到一點現實，所以他們急忙去看醫生，這個客觀的訊息是：「這個糟糕的事情今天發生在我身上，我看到了現實，我需要尋求一些幫助，好讓我能修復我的移情機制。」因此，我們在社會治療的關切不在於否認移情的存在，那是荒謬的；而是發展一種助人的形式，一種理解和支持的方式，一個非移情的治療方法。

但是，那不是矛盾的嗎？既然進行移情是理解所有事物所必須做的，那麼怎麼有辦法從非移情的治療中獲得幫助呢？因為這樣，你將無法理解任何事了！這是一個非常眞實的政治的和心理的難題。

首先，讓我們看看賴希的佛洛伊德式回答。賴希在解釋1930年代的德國何以會發生那麼激進且快速的意識形態與理解的轉變時，認爲人類心智中有可能存在一個三層的有機結構，在他看來，包括極權主義的成分。德國人民迅速接納法西斯主義是由於這樣的事實，即極權主義以某種形式被現實，再加上納粹所觸發與達成，並主導了社會現實。正如我前面所言，基於各種原因，我認爲賴希的回答是有問題的；它本質上是佛洛伊德性格分析（character-analytic）傳統的表現形式，這種傳統將事物最終解釋爲心智而非社會現實的特性。但是我想提出這個，只是爲了將其與我們正在發展的答案做對比。

我們提出的是，並沒有某種人類心智的基本結構存在，且出於各種社會原因，其組成成分是極權主義的或者支持法西斯的。事實上，我認爲這終究是一個危險的觀點。我們認爲，促使這種迅速轉變的能力是與一個事實有關的，就是資產階級社會中傳統或「正常」的理解模式，比一般典型所認知的，還具有深刻的宗教性。從心理的、意識形態的和經濟學的角度來講，我們認爲處於穩定或正常狀態的資本主義與法西斯主義（衰敗的資本主義的極端形式），兩者的距離並不是很大。只有當人們將處於非法西斯狀態的資本主義大眾心理與意識形態，視爲純粹的、科學的或客觀與非宗教的時候，人們才會認爲朝向

法西斯心態的轉變是令人震驚的極端。我並不認為這樣的轉變是太極端的。

治療的移情形式對於將人洗腦非常有用，所以，我某種程度同意康納森。就康納森所說，**如果**我們所做的是移情性的治療（transferential therapy），那麼我們所處理的是非常危險的東西，因為我們可以利用它來強迫他人，這我同意。如果康納森是這樣爭論或說了類似的話，我會非常非常慷慨地，我會同意（但他並不是）。事實是，康納森說「所有」的治療都是移情的；因此將政治帶進治療是非常危險的，因為它可能是洗腦或強迫的一種形式。

然而，我們提出的觀點是，我們幾十年來的工作一直都是，並且持續在發展一種非移情的——而是**歷史**的——治療性取徑（therapeutic approach）。我所謂歷史的，是指這種治療取徑堅持有歷史性地、從其社會根源來辨識或理解現實，而不是從異化產品的角度來看。讓我闡明一下我們所謂歷史的取徑，而不是移情的取徑是什麼意思，它不僅僅是一種適應的取徑。有人會說：「喔，你的意思是你不會幫助人們去適應社會和世界？」「不，我們**確實**幫助人們適應世界。是**你**不會這樣做。」（「你」是指傳統心理治療的建制與其基進的外表）。你讓人們適應的，是移情地理解被深刻異化的社會安排。

我們想要並試圖給予的幫助（我認為我們已相當成功地給予），是幫助人們處理他們的情緒問題。人們有時會認為，當你來到社會治

療，你必須得有這樣的問題，諸如「我曾經是托洛茨基主義者，而現在我想成為……」。**不**，這不是我們所談論的問題。人們帶著他們的情緒問題來接受社會治療，因為感到焦慮、糟糕、緊張，而不是來進行無止境的左派爭論。人們有這樣的問題，而我們的關切是幫助他們適應（我不喜歡這個詞，但是讓我先用一下，因為它會引發某種張力），但**不是**去適應資產階級社會的異化產品。我們幫助他們重新整合（重新組織）進社會過程中，這些過程是他們商品化生活的社會與生產的**根源**。

　　人們說：「好吧，給我示範一下2分半鐘的社會治療。」他們看了說：「喔，在我看起來非常像傳統的治療。」的確，在某種程度上，它的確看起來像傳統治療。人們談論他們的情緒問題，其他人回應；人們說他們感覺如何，表達他們的看法。社會治療的實踐和治癒的不同之處，在於治療人們的政治和心理的必要性，是幫助他們獲得與資產階級社會中產品的社會根源，相當特定、積極且實際的接觸，包括他們的生活作為這個社會現實的一部分。這與佛洛伊德或者新佛洛伊德觀點，追溯呈現問題的心理根源的做法是不一樣的。辨識社會根源過程的一部分，是辨識我們在這個商品化社會的脈絡中，如何進行社會化方式的社會根源。理解我們是如何社會化而認為什麼是難題，是理解難題**根源**必須要做的一部分。在這種商品化的意義上，我們以這個移情的方式作為社會化的主要方式之一，就是我們被社會化以理解如何用移情的方式來理解我們的問題。

　　研究中心的主任洛伊絲・霍爾茲曼最近發表了一篇非常重要的文章《在解釋中長大》（Growing Up Explained）。洛伊絲是一個發展心理學家，多年來她致力於兒童和成人的發展。根據我的理解，她文章的主要觀點是，在理解孩子是如何學習到「解釋」時，一般遺漏的是，當孩子們學習如何解釋這個、這個和這個的同時，他們也在學習什麼算是解釋和什麼不是。除了學習一個人如何解釋「當你把鍋放在火上時它為何變熱」外，他們也在學習關於「解釋」這個非常特定的概念。因此，孩子不僅學習因果的說明與解釋的說明，他們同時也在學習一個特殊的概念——給予解釋的說明**是什麼意思**。的確，他們在學一個叫「解釋」的東西，也在學一個叫「學習」的東西。

　　我們也在學習對情緒的類比來解釋。我們不僅在學習如何感覺，學習感覺的語言，同時也在學習感覺的認識論（epistemology of feelings）。我們在學習感覺是什麼，如何理解感覺，也就是說，感覺是存在的，而且是可被學習的。我們在學習感覺的根源，而不僅僅是某個特定的感覺，譬如，假如當你陷入一個悲慘的處境，你會覺得難過。我們不僅學習這些特定感覺，我們也在學習感覺如何運作。因此，在我們學習感覺的語言時，我們實際上也在學習感覺的概念性。關於與人們的情緒問題互動是什麼意思，並不是要讓人們一股腦兒地接受所有對情緒性的理解和概念，因為在當代社會中，情緒性已經被移情地社會化了，而是要讓他們參與互動（engage）感覺是什麼、我們如何感覺、感覺意味著什麼。我們是如何「被感覺組織的」

（feeling-organized）。我們不僅力求理解產生焦慮、憂鬱等的複雜網絡，還要進一步探究感覺的社會化，也就是感覺活動（feeling activity）的整個社會組織。

感覺是非常令人困惑的東西，我們都知道這一點。當我接受訓練成為一名分析哲學家時，第一個任務便是回答像是「感覺在哪裡？」這樣的蠢問題。那時我認為這樣的問題是非常荒謬的，並將他們視為是抽象的。要獲得哲學的博士學位，就要做這些小練習：感覺在腦袋裡嗎？感覺在指尖末梢，還是在心臟裡？它們在哪兒？這些練習從某種程度上來說是好玩有趣的，但是我從來不認為它們有什麼價值。然而，事實證明它們是有一些價值的，因為有些用來闡明關於感覺的問題是有意義的方式。我認為有一些重要的問題，關於我們組織和經歷感覺的整個方式的社會本質。從馬克思的觀點來看，我們可以問，不僅是特定的感覺，而是整個感覺的概念、整個感覺的行為，它們的社會基礎是什麼、根源是什麼。

這種探究在傳統的治療情境當中，一般會被認為是不相關的。「人人都知道。我們在傳統（真的）治療中要找出的是你為何如此悲傷？你為何如此焦慮？你為何如此憂鬱？」。與此同時，遺漏的是對於憂鬱是什麼的理解。洛伊絲將這個觀點闡述得非常漂亮，因為事實上，這就是在最一開始，這些感覺的學習（社會化）的重要成分。也就是說，孩子並不是生來就帶有資產階級的概念框架——「我知道所有基本的分類，只要教我細節就好。」這並非是學習進行的過程，

儘管是諾姆・喬姆斯基（Noam Chomsky）和柏拉圖也一樣。實際的過程是，在學習這些關係的特殊性同時，也伴隨著概念性的發展。現在，如果是這整個機制出了問題，那麼指出需要處理的是整個社會化機制及其產出的結果也沒什麼特別了不起的。在某種程度上，它與我們在這個該死的社會所處的位置類似。也就是說，作為一個馬克思主義者，我不相信僅僅透過一種新的方式來更好地理解這些商品與彼此的關聯，就能夠根本轉變社會。我不認為當代的資本主義社會，可以靠一些對商品些微的（或者甚至是相對極端的）再分配計畫就可以有所轉變。這種計畫忽略了歷史——它在一開始就忽略了生產商品、種族歧視、性別歧視和貧窮的整個社會結構。

社會治療是一個試圖發展歷史的方法來幫助人們解決他們情緒問題的嘗試。幫助人們開始進行探究他們喪失情緒能力的整個社會根源的實際過程，是極其困難的。現在，有人會問，這不會花很長的時間嗎？好吧，沒有理由相信這會比佛洛伊德學派所建議的時間來得更長。佛洛伊德學派堅持，為了理解，我們必須回顧並挖掘人類心智的深處——像是追尋史前的迷思。因此，就時間而言，我們並沒有比他們更糟。可以確定的是，沒有人認為這個過程是絕對的。也就是說，人們毫無疑問會從這個過程的不同階段中獲得幫助。傳統治療和社會治療都是如此。我們從沒有說過一個人只能在這個旅程結束時才會獲得幫助。從心理學的觀點來看，甚至沒有一個明顯的終點。

的確，似乎很明顯，旅程的結束並不僅只是心理的活動，也是廣

泛的社會革命性活動。社會治療的理論和實踐沒有任何一部分認為，在這個社會中存在某種可想像的基本改變只是純粹心理的。沒有什麼會超過我們所相信和承諾的。但這並非是否定賴希所提出的那個問題——異化社會的心理伴隨產物是什麼以及要怎樣處理？這是一個作為馬克思主義者、進步分子和科學家所該處理的關鍵問題。讓我想到就覺得可怕的是，科學界，包括馬克思主義科學界，他們基於「它不會在這裡發生」而不願意處理這個問題，認為這是一個有制衡機制、多元主義、開放、客觀硬科學和科技等的國家。科學界宣稱：「我們的世界觀中沒有任何宗教色彩，它是徹頭徹尾的實用主義（pragmatism）。」然而，正如威廉・詹姆斯（William James）曾熱切指出的那樣，實用主義只不過是當代資本主義的宗教而已。實用主義並不是宗教的替代。它是非常宗教的。馬克思主義者和所有進步分子，是時候需要批判性地闡明基本的宗教世界觀了，正如馬克思教導我們的那樣：「哲學家（包括實用主義者）只是以不同方式**解釋**世界，然而，重點是要**改變**世界。」

維高斯基的方法[1]

「方法的探尋成爲理解人類特有的心理活動最重要的問題之一。在這個情況下，方法是前提，同時也是產物，是研究的工具也是結果。」

列夫・維高斯基

在科學和哲學上最輝煌的時候，卡爾・馬克思及其追隨者列夫・維高斯基拒絕了很多不規範的（或者不存在的）心理學典範。他們挑戰了整個西方**思想**，包括**對思想的思想**（thought about thought）。馬克思的著作**假設**（以非命題的方式），且**暗指**（同樣也是非命題地），亞里斯多德、學院派、黑格爾和19世紀理性—經驗—實證—庸俗的唯物主義世界觀的無效性。馬克思用辯證歷史唯物主義（dialectical historical materialism）對這些廣泛、多樣且相互關聯

1　〈維高斯基的方法〉是《列夫・維高斯基：革命的科學家》一書第三章〈實踐的方法：維高斯基的工具與結果〉的早期版本。作者爲弗雷德・紐曼和洛伊絲・霍爾茲曼。該書由勞特里奇出版社於1992年出版，是批判心理學系列叢書的一部分，經版權同意發表於此。

的**世界觀**概念體系進行嚴格的審視，而這個由馬克思發展出的辯證歷史唯物主義，挑戰西方認識（我們何以知道）和本體（知道什麼）的分類。

最著名的是，馬克思認為康德的《純粹理性批判》（Critique of Pure Reason）（是許多現代心理學發展的假設基礎）和其他「哲學」相較，都是形而上學的。確實，馬克思徹底地批判了在他年少時期被黑格爾和「年輕的黑格爾們」所主導的哲學世界觀，特別在馬克斯早期著作中提出的革命性的方法論的假設和過程（參見Marx, 1964, 1978; Marx & Engels, 1973）。

自1848年以來每一個馬克思的批評者都會問（有些是聰明的，有些是愚蠢的）：「但是，馬克思的辯證歷史唯物主義不也只是**另一種**世界觀、**另一種**典範，和**另一種**哲學嗎？無論它多麼基進，對哲學的挑戰不也仍是一種哲學嗎？」對這個自相矛盾問題，馬克思式和維高斯基式的解答是**基進地方法論的**，它挑戰了**我們挑戰的方式**，並介紹了一種在性質上完全不同的（實踐）方法。

對馬克思和維高斯基來說，研究**對象**和研究**方法**是實踐的，這並不是指一般常識對這個用詞的意義（譬如：有用的），而是馬克思所指的「實踐—批判活動」，譬如，革命性的活動（Marx & Engels, 1973, p.121）。世界歷史環境在時間與空間上是無縫隙和質性的（與量化相反）；且它只有靠不帶有解釋性假設（前提）的科學實踐才能理解。但這並不意味著沒有前提！馬克思認為，現實中充滿了前

提「……男人（和女人）不在於奇怪的孤立與僵化（rigidity），而在特定的條件之下實際、經驗感知的發展過程。」（Marx & Engels, 1973, p.47）這種**馬克思主義的方法**、**實踐的方法**（如果還不是方法的實踐），不僅重新定義了**科學**（或其他世界觀）爲何，也重新定義了**方法**爲何[2]。確實，它**重新定義**了定義爲何！（恕我直言，對於莎士比亞，它甚至定義了**生存**和**毀滅**[3]是什麼！）

▌實用

縱然自柏拉圖以來，哲學家們就有關注關於方法的問題，卻是直到16世紀和17世紀現代科學出現之後，它才登上哲學研究的中心舞臺。法蘭西斯・培根（Francis Bacon）將方法視爲知識的關鍵，他嘗試對和新興發展的現代科學相關的觀察工具進行哲學檢驗。自培根以來，大多傳統的方法論觀點將方法看作（定義）爲與實驗內容和結

2　「實踐的方法」（method of practice）聚焦於方法，而「方法的實踐」（practice of method）則聚焦於「實踐」。因此，方法的實踐重視做出一些與實踐相關的不同的事，而非具體化一種不一樣的方法。我們所謂的「方法的實踐」（Holzman & Newman, 1979）是一種實踐─批判的重新開始，一種革命性活動。方法的實踐不是一種被實踐的新方法，這個方法本身就是實踐（按照維高斯基的話來說，「工具暨結果」）。

3　譯註：此處是衍伸莎士比亞知名劇作《哈姆雷特》中知名口白「生存，還是毀滅，這是個問題（To be or not to be, that is the question.）」。

果是基本分離的，譬如，**從這裡出發能達到什麼目的才是方法**！而其他的都被認爲是不科學的。方法是被理解和被用來**應用**的，是一種達到目的的功能性手段，基本上是實用和工具性的角色。與之形成鮮明對比的是，馬克思和維高斯基將方法理解爲**實踐**的而非**應用**的。它既不是達到目的的**手段**也不是**爲了**達成結果的工具。在維高斯基的論述中，它是一種「**工具暨結果**」[4]（tool and result）（特別強調）。從這個觀點來看，維高斯基告訴我們，這種方法是「同時爲前提與產品」。

但是，維高斯基這種頗具挑釁味的論述是什麼意思？是的，我們要訴諸什麼來決定它是什麼意思？用早期科爾實驗室的語言來說，在尋求生態效度（ecological validity）時應該理解是什麼樣的「效度」（更不要說生態學了）。畢竟，**效度**，如**真理**、**證明**、**方法**、**推論**、**解釋**、**概念**和**典範**等等，都只是概念家族中的一個成員，他們都是西方認知自身，和／或我們對西方認知的**理解**的本體論和認識論核心。我們可以使用這些概念來確定「**工具暨結果**」是什麼意思嗎？如果不能，我們還有什麼可用的？

實用主義作爲20世紀出現的主要方法論，已經費盡心力來尋求這些問題的答案。查理斯·S·皮爾斯（Charles S. Pierce）、

---

4 譯註：本文在探討維高斯基的方法，行文中的「Tool and result」是指「是工具亦是結果」，爲求譯文文字順暢，文中一律翻譯爲「工具暨結果」。

C.I.·路易斯（走向科學哲學的人）、喬治·赫伯特·米德（George Herbert Mead）、約翰·杜威（John Dewey）和威廉·詹姆斯（William James）（全都走向心理學和社會學）等實用主義哲學家，在他們的時代拒絕兩種主要哲學傳統的二分術語：經驗主義，認為世界和機械生物過程為主導；理性主義和唯心主義（idealism）則認定人類心智具有強大的力量決定宇宙。實用主義者藉由聚焦在**思**（thinking）和**行**（doing）之間**關聯性**的觀察，真實地突破物質和心智二元對立。實用主義這個詞彙由皮爾斯創造（來自於希臘語「pragma」，行動或者行為），強調該詞彙的意義來自於行動。根據皮爾斯的觀點，意義的產生是來自行為而非直覺。事實上，沒有意義會與其實際影響的社會組成概念無關；如果我們無法設想與某個詞彙與概念相關的實際效果，那麼這個詞語或概念便毫無意義。詹姆斯是將實用主義商業化的人，（「你必須帶出每個詞彙的金錢價值」）實用主義沒有內容，只是純粹的方法。實用主義從根本上來說是工具主義者（instrumentalist），是結果和後果取向，它不會指明**特定**的結果。所有的設想只是近似值，永無終點。歸根究底，理論的意義在於它們解決問題的能力。

　　實用主義的世界觀成為20世紀末期資本主義科學典型的方法論典範，它們對方法論上重要問題的回答，特別是效度，主導（不僅是哲學上的，而且是實踐上的）著這個以工具主義者論證為基礎的世界。哈佛大學實用主義者和美國科學方法論學會的主任W. V. O.奎因

（W. V. O. Quine），於1950年代，發表極具潛力的著作**《經驗主義的兩個教條》**（Two Dogmas of Empiricism）中，提出了一個非常精細的實用主義哲學／方法論的構想。奎因用「核心邊緣」（core-periphery）的意象刻畫一種網狀式的網絡世界觀，其中，邏輯和其他重要的本體和認識概念佔據核心（中心）的位置，即刻的感覺經驗（或其中的報告）佔據大多數的邊緣位置。它們之間由複雜的實踐／理論連結。這些模式可以用來說明實用主義的一些關鍵性特徵：(1)世界觀的相對性；(2)世界觀**內部**的相對性（任何事都是有可能變化的）；(3)一個世界觀的多重元素的相互依附性；(4)保有與邊緣相對的核心（或最為靠近的）元素的**實用**價值。奎因可能是最善辯的實用主義方法論者，在面對新的發展（無論發展的大或小）時，決定應該有怎樣的**概念框架**或世界觀的改變，以及決定保留或者拒絕一種世界觀，全部都基於實用主義的「有效性」標準。在《兩個教條》結尾常被引用的段落中，奎因簡潔地總結了他自己的**方法論世界觀**：

「作為一個經驗主義者，我一直在思考，科學的概念體系，終究是作為用過去的經驗來預測未來經驗的工具（特別強調）。物理客體在概念上的導入，不過是一個方便的中介物——它不是被經驗所定義，而是在認識論上（Epistemologically）與荷馬的眾神可媲美的不能簡化的假定。作為一個外行物理學家，我的確相信物理客體而不是荷馬的眾神，且我認為相信後者而非前者是一個科學的錯誤。但是在

認識論的基礎上，物理客體和眾神之間的差別是在程度而非種類。兩類實體進入我們的概念中僅只是文化的假設（cultural posits）。物理客體的迷思在認識論上要優於其他多數神話，是因為進入經驗流（flux of experience）中，其可處理的結構作為一種方法已經證實比其他迷思更有效（Quine, 1961, p.440）。」

在奎因的實用主義中，科學的概念體系（大多數人會同意這是20世紀的霸權世界觀）本身就是一個**工具**，是一種**應用**到「經驗流」中，在實用標準（有效性）之下，被視為「優越」的一個工具。套用一個被濫用的詞彙，它是「**有用**」的工具，但要注意，它**不是**「**工具暨結果**」。

▎建立爭論

那到底什麼是工具？什麼是概念框架、概要（schema）或世界觀？我們要使用何者，並且用其試圖回答這類的問題？我們要用什麼**方法**來為這些基本的**方法論**問題找到答案？到現在為止，從我們簡短的分析中清楚看到，奎因、馬克思和維高斯基均認為19世紀到20世紀經驗主義在回答這些問題上是徹底失敗的，並試圖發展新的方法。同時，儘管**經驗主義**（系統性的觀察）在決定**何者為是**（determining what is）的過程中是相當重要的，但經驗主義哲學流

派奉行的信念——經驗主義者可**獨自**決定**何者為是**，已經無法通過許多令人信服的檢驗，諷刺的是，經驗主義者宣稱所有的事物都可被經驗主義所檢驗，而它自己卻無法被經驗所檢驗！

　　20世紀上半葉，哲學家和方法論者最後奮力一搏，以維也納學派[5]的邏輯實證主義發展出來可證實的偽科學標準，整合19世紀的經驗主義和唯心主義。同時，實用主義和其實作——經驗主義唯一可行的**代替物**——業已成形。然而，**革命性的實踐**，這個由馬克思所創造的方法論，在其初期就已被修正主義的哲學家和政治家進行了變形，他們想把這種改變社會現實的方法轉變為一種指導經濟發展的理論。實用主義和資本主義制度這90年以來已經結合得夠好了。因此，當我們邁向21世紀的時候，一種方法論的對抗，在實力雄厚（雖已變形）的**實用主義**方法，和與其相對貧窮且已變形的**實踐**方法之間展開。當21世紀拉開序幕的時候，在**現實政治**的領域，即使是糟糕透頂的資本主義，現在也已勝過修正式的史達林共產主義，世界觀和方法論中最基本的實踐批判科學議題，從本質上仍未解決，**實踐**和**實用**

5　創立於1920年代維也納的邏輯實證主義採取一種自我意識的路徑，綜合唯心論和經驗論，深受科學和數學、尤其是邏輯的影響。邏輯實證主義嘗試建立一個普遍的、可證明的方法論標準，希望能回答一些基本問題：關於這個世界，以及我們如何認識它，並且解決我們最困擾的元科學（metascietific）之謎。不過邏輯實證主義失敗在他自身的概念。（例如它的驗證原則是無法驗證的！）另外，隨著納粹的興起，其中的許多成員（多數為猶太人或同時是進步分子）離開了維也納，轉往英國和美國的大學。

主義，這兩位最重要的球員，仍佇立於世界歷史的競賽場上。

實用主義和實踐之間的爭論，方法作為**為了**結果的工具（tool for result[6]）（實用主義方法）和方法作為工具暨結果（實踐的方法）之間的爭論，穿過了**現實政治**和當代國際社會的國族主義。它並不是要對應於任何已安排好的類別，當然也不是對應近期已消亡的資本主義和修正共產主義之間的二元對立。這個爭論不是社會的，而是歷史的。我們有很好的理由相信這個結果將會決定，也會被決定，人類在未來將朝向一個進步還是退步的方向[7]。

當然，「工具」和「世界觀」本身便是亟待解釋的準隱喻（quasi- metaphors）。據B.羅素（20世紀初最重要的英國數學家和哲學家）說，最好的說明就在它們被**使用的脈絡中**（Russel, 1914）。因此，在「**為了**結果的工具」vs.「工具**暨**結果」的使用脈絡中，對於問題的呈現已經是有幫助的，因為在這兩種脈絡，都採用（使用了）**工具**這個用詞和／或概念；所以，實際上（就是**結果**），因為（宏大的）世界觀只是最高等級的結果！冒著看似荒謬的化約主義的風險，我們認為差異可能就存在於連接詞的關鍵區別上，亦即「**為了**」（for）和「**暨**」（and）。

6　譯註：行文中的「tool for result」是指「為了達到結果的工具」，為求譯文文字順暢，文中一律翻譯為「為了結果的工具」。

7　法蘭西斯‧福山（Francis Fukuyama）不只一個重要的政治人物，也是布希政權的顧問，他在書中寫道：「我們正活在歷史的終結處。」（Fukuyama, 1989）。這是實用主義的終極勝利！

▋實踐

　　我們透過研究**工具**，開始看似間接地討論實踐方法。即使在簡單的字典本義（denotative）使用（定義）中，「工具」這個詞彙仍然是非常複雜的。在當代工業社會中，至少有兩種明顯不同的工具種類和「工具」的意義。包括**大量**生產的工具（錘子、螺絲刀、電鋸等），以及主要由工具、模具製造者或工具製造者所設計和生產，為了協助開發其他產品（經常包括其他工具）而專門與特別設計和發展出來的工具。在現代社會中，並不是所有人類需要和想要的東西，都可以單靠使用（應用）已被大量生產的工具製造出來。我們常常必須創造專門的工具用來生產我們想要的產品。五金店的工具，以及工具和模具製造者的工具，兩者在**性質上**，就「**為了**結果的工具」與「工具**暨**結果」而言，是不同的。五金店的工具，如錘子，被定義並識別為適用於特定目的，即它們被具體化並被認為具有特定**功能**，被製造的錘子就如同人類活動的社會性延伸（工具），以一種預先決定的方式，定義其使用者（就像所有工具使用一樣）。所有具說服力的馬克思主義者和其他很多人，都認為工具使用會影響認知分類。「**為了**結果的工具」類似於認知裝備（如**概念**、思想、信念、態度、情緒、動機、思考和語言等）及其生產者，它們服務於特定目的，是已完成（現成的）且可以使用的。

　　工具製造者的工具在很大程度上是不同的。雖然有其**目的性**，但

並不是由其使用的結果來分類區別的。它是專門為製造特定產品而創造的，並沒有**獨立於該活動**具體製造出的社會身分。的確，從經驗上來講，這樣的工具（作為工具）通常並不比產品（通常是一種準工具或者較大產品的一小部分）本身更能被識別（作為產品）。他們是不能分開的。**生產的活動**既定義了工具，而且也定義了產品（結果）。

　　不同於錘子（在五金店被製造，為了結果的工具），**這類**工具，即工具製造者的工具**暨**結果，沒有完整的或普及化的**識別身分**。實際上，它通常沒有名稱，也不會出現在字典或者文法書中。這種工具（或者從語義上來說「**工具**」這個**詞**的意思）定義它們的使用者的方式與五金店的工具無論是物理上、象徵意義或者心理上，都有著很大的差異。這類由**工具製造者**所發展的社會工具，其內在的認知、態度、創造、語言是不完整的、未應用的，也沒有命名，或許還難以命名。更正面地表達是，它們與結果密不可分，其本質特徵（定義性特徵）是在其**發展的活動**更甚於它的功能。**它們的功能和其發展的活動是密不可分的**。它們在生產的過程中，同時也被生產的過程所定義。這並不是說這些「**工具暨結果**」沒有功能，而是說試圖根據「工具暨結果」的功能來定義「工具暨結果」（就像「**為了結果的工具**」一樣），會從根本上扭曲它們的含義。（當然，在此過程中也包括它們的定義為何？）

　　關於工具的討論，以及我們所努力做出的區分，對於理解維高斯基的著作，以及其他人對維高斯基的理解及應用，極其重要。對每一

個無論是革命還是改良的維高斯基主義者來說，他們都會強調維高斯基的理論中「工具」這一概念的重要性。但是他們應用哪種工具（工具的含意）呢？

在英文版的《維高斯基全集》（1987）第一卷中的卷首，美國心理學家傑羅姆‧布魯納（Jerome Bruner）談到了工具的問題。

*新的演講文集（該文集發表於維高斯基《思想和語言》1962年面世之後，為此布魯納還寫了一篇介紹）再一次證明*工具性行動（instrumental action）*是維高斯基思想的核心——使用物理和象徵性的工具達到其目的之行動*（重點強調）。*這個演講解釋了最終人們如何使用自然和文化的成套工具來控制世界以及自身。但是在他這個主題的處理中有一些新的東西——也或者是我對本來就存在的事物的新的認識*（重點強調）。*現在有一種新的論調，那就是人們透過使用工具來改造他們自身和文化。維高斯基對達爾文的解讀非常接近現代靈長類動物學（例如，Washburn，1960），立論基礎在於人類進化是被人造工具所改變的，透過工具的使用創造了一種工藝—社會的生活方式。一旦改變發生，「天」擇（"natural" selection）會被文化標準和偏好所主導，而偏好那些更能適應工具使用和文化使用的生活方式的人。維高斯基認為，無論是實際的，或是象徵的工具，原本都是「外部的」：向外地在自然界中使用，或用於與他人交流溝通。但是，工具影響它們的使用者：語言，最初作為交流的工具，最終形*

塑那些適應語言使用的使用者的心智。這是維高斯基心理學的主旨之一，以及他的六場演講所致力闡述的人類發展的脈絡。在《思想與語言》中，他選擇法蘭西斯‧培根的題詞再貼切不過：單單雙手和心智並不夠，他們所使用的工具和裝置最終形塑了他們（1987, p.3）。

　　很顯然布魯納的推測是正確的，確實如他所述，這個概念是「對本來就存在的事物的新的認識」，而非維高斯基的論點中的「新事物」：工具的使用會對自我——和物種——轉化（self-and species-transforming）產生影響。事實上，上述的概念就如維高斯基的理解一般，是馬克思主義，雖然不是唯一，卻是基本的基礎。雖然馬克思本人並沒有利用這種認識發展出一種新的心理學，但維高斯基卻這麼做了。維高斯基的基本工作便是詳細闡明馬克思的社會方法論的心理學，其主要原則是透過工具的使用轉化自我和人類。**尤其詳細闡述了「工具暨結果」的心理方法論，或工具製造的概念。**

　　維高斯基的「工具**暨**結果」的方法是有其目的的，尤其是在馬克思主義的意義上，而非工具主義者的意義上（與布魯納的論述剛好相反）。在人類心理學的研究中，維高斯基拒絕因果和/或功能主義方法論的**為了**某種目的或**結果**的**工具**概念，而贊成「**工具暨結果**」的辯證性概念，這是嶄新並具有革命性的。為何布魯納沒有看到這個？因為布魯納和其他很多人（當然不是故意地）忽視維高斯基是馬克思主義的**革命性科學家**（而不是引用馬克思的心理學家），因此，他們不

會看到維高斯基作為馬克思主義者在其方法論和人文科學上的先進性
——即**心理學的方法和科學是革命性的實踐**。

對於馬克思和維高斯基來說，革命是歷史的驅動力。馬克思
說到：「……所有意識的形式和產物並不能用心理批判（mental
criticism）來解決，……只有靠務實地推翻生產出唯心論騙局的實質
社會關係才能解決；歷史的驅動力是革命，而非批判……」（Marx
& Engels, 1973, p.58）。

維高斯基對他進行的科學的革命活動做了清晰的陳述：「科學的
心智……將革命視為讓歷史加足馬力的火車頭；它將革命時代視為
是可觸摸到的歷史的鮮活體現。革命只解決歷史提出來的任務：這一
命題在總體而言的革命和社會文化生活的各方面均成立。」（引自
Levitan, 1982）

馬克思絕不是心理學家，他關注的是歷史的社會學和革命的科
學。他最重要的一個發現——人類活動的典範是實踐的——他將之作
為一個社會歷史的事實，而不是一個心理學的事實，他關心的是創造
革命。維高斯基承繼這個關注，他追尋發展馬克思主義的心理學——
在後革命時代，一種轉化人類的革命性實踐——發現了方法論／心理
學的「工具**暨**結果」方法，該方法認為**人們所做的**便是實踐—批判的
革命性活動。實用主義者奎因（及其追隨者孔恩，他所提出的「典
範轉移」（paradigm shift）是「科學革命結構」的中心，成為科學
史上最重要的解釋原則（Kuhn, 1962））認為改變整個世界觀的是

「罕見」的**革命行為**，而對革命者馬克思和維高斯基來說，卻是**日常生活**的實踐─批判活動。

　　依我們來看，倒轉奎因和實用主義者的意涵具有深遠的意義。將馬克思探索的實踐─批判革命性活動，與維高斯基的「工具暨結果」的方法論結合，會產生一種與馬克思與維高斯基式原則一致的，嶄新的人類心理學理解。它讓我們和其他具有革命性的維高斯基主義者勾勒和發展了一種新的理解模式。

　　實踐─批判活動（革命性的活動）本質與具體上是人類的生命形態，即在過度決定的經驗主義者、唯心主義者和庸俗唯物主義者的偽觀念（拜物觀念）活動中，**為了**特定目的的特定活動（亦即社會中的行為）要被「推翻」，而更傾向於真實的（人類）活動──對於既有存在的整體的轉變。因此，「改變部分」（change particulars）與「改變總體」（change totalities）之間的區分，是理解「工具暨結果」方法論和革命性的活動的重要關鍵。

▌改變日常生活的總體

　　「改變環境和改變人類的活動或自我改變的同時發生，只能被視為與理性地理解為革命性的實踐。」

卡爾·馬克思

　　德國哲學家、數學家和物理學家萊布尼茲（Leibniz），在17世紀第一次明確提出，從一個自然主義或者時空觀點（spatio/temporal point）來看，改變單一的事物（空間／時間點）會牽涉所有事物的改變（「總體」）。的確，一個**特殊**的行動或者事物發生單一，甚至幾個狀態（不是所有，總體）的改變，是**徹底形而上學**和虛幻的，這是一個常識；這是超過任何驗證類型的抽象概念。這個「**為了b的a**」（a for b）的因果典範（源於「為了結果的工具」的方法論，並與這個方法論有著難解的連結）已經超越了物理科學，然而卻仍舊在所謂的常識和所謂的社會科學中存在。為什麼？答案很明顯是極其複雜的，同時，闡明上述的情況及其遭到捨棄的過程，會超過這一章甚至這本書的範圍，然而首要的原因卻是清楚且簡單的。在現代，對物理現象的理解，不再需要在解釋中隱含或顯露道德（意識形態的）與／或經濟（政治的）的說明，只有在前封建時代和封建時代，亞里斯多德學派和學院派的物理科學才需這麼做。直到資產階級對可量化、可測量並具體存在於地球上的知識需求漸增，這種需要才被革命性地克服，並且加上哥白尼、伽利略等其他人基進的發現，自然科學才被數學化和科技化，從而完全從目的論和上帝的封建侷限中解放出來。時至今日，（所謂的）社會科學仍然受到自然神論教條的束縛，從歷史上說，主要是因為這些偽科學只不過是主流（和假的）意識形態（政治、法律、文化和道德等）的奴僕，因為主流意識形態一方面需要**問責性**（accountability）與**責任**（例如，法律必須知道**特別是**發

生了什麼，與**特別是誰做的**）；另一方面又避開革命性活動（這個概念本身，和尤其是它的**實踐**）。因此，馬克思從理論上堅持認為**革命性的實踐**是「先知石」（peep stone）[8]，需要理解**日常**的辯證性實踐批判活動——**人們改變正在改變他們的環境**，也就是活動，而維高斯基用**工具暨結果**的心理學實踐，更進一步推進了活動的概念，但是卻仍然被視為不易理解的，而不是與20世紀伽利略具革命性的《關於兩門新科學的對話》類似[9]。

但是我們人類要投入到革命性的活動中嗎？「日常生活的實踐—批判活動」是什麼樣子？做一些特別的事情，將此視為「a」；帶來特別的結果，將此視為「b」，這對於我們的**社會**定義和認同，是**足夠真實的行為**，但**在歷史上**來說卻是**虛幻**的。我們在這裡採用的重要區分（不是二分！）分辨社會和歷史作為人類的「生活空間」（life space）。身為人類，我們同時生活在歷史中（人類社會存在的無限與無形的總體）和社會中（「社會」是歷史中特定時間／空間體制形構的名稱）。所有社會的成員都要適應這種雙重位置和雙重身分，但是不同的社會之間，適應社會抑或適應歷史，會有各自程度上的差異。現代自由／宗教的工業社會，尤其是超級實用主義的美國，盡其所能地讓他們的人民適應社會，以至於大多數人不知道他們處在

---

8 譯註：先知石，亦作seer stone，是古代先知用以接收上帝的指示的石頭。

9 關於伽利略的發現，以及其在社會—政治—科學所帶來的影響的精彩討論，可參考Butierfielcl, 1962。

歷史中（或甚至不知道他們在世界中），也不知道是可以適應歷史的！的確，我們在其他地方也論述過，當代美國精神官能的精神病理中最重要的肇因，就是美國人被剝奪了任何的歷史認同（Holzman & Polk, 1989）。每天生活從早上六點的新聞開始，直到下一個——我們或許稱之為徹底的沙文主義[10]！適應歷史意味著投身到改變整體的革命性活動中；適應社會，就我們現在所生活的社會而言，意謂著在世界歷史中的某個狹隘的特殊的時空範圍中執行特定的行動、行

---

10 紐曼（1987）指出，歷史認同的剝奪，會讓我們在面對反動政治的變化（法西斯主義）和心理病理學（如憂鬱症）時變得易受傷。在談到美國的經驗時，紐曼說：「我們的感受力被媒體透過謹慎塑造的大量詞語和圖像連續轟炸，而這樣的方式，不僅創造出某種特定圖像，也明顯地製造出某種與這個圖像的來源和對象遠離的異化感。這是在破壞我們的歷史感。已有大量的證據表明，作為一個人，我們不只異化於工作與生產的過程，也異化於我們自身歷史發展的歷史過程。我們被剝奪了歷史的可能性和歷史的真實性。……美國文化中的「我—性」（me-ness）遠遠超越了任何一個世代。……賴希在德國1930年代提出的重要問題是，何以在如此短的時間內，群眾的意識形態的反應、價值與態度，會如此根本、法西斯式地轉變？這是如何發生的？德國法西斯主義是如何發生的？這對我們來說是重要的問題，因為其具有明顯的社會政治原因。它也與個人的憂鬱深切相關，因為假如我們希望幫助任何有憂鬱的人，其中一個致使個人憂鬱而必須被關注的因素，就是為何這會「就這樣發生了」。即使面對巨大的失落，一個人是如何從相對穩定的「因應者」（coper），變得如此脫離現實？徹底的崩潰是如何發生的？……從我們在社會治療工作中看到的，我相信因為我們正常的社會互動是深深被異化且缺乏歷史性連結感的，以致於在資訊傳播與散布的實際過程中，即使是一個小小的改變也能夠在一夜之間創造整體的轉變。歷史感的缺乏讓我們格外容易受到影響。」（pp.20-22）

為、角色……等。因此，我們時時刻刻被社會所決定的「活動」並不是馬克思主義的歷史意義上的活動，而最好將它們**理解**為**商品化的活動**（或行為），如同資本主義的社會—經濟—意識形態體系下的經濟商品，它們既真實（社會上）又虛幻（歷史上）。

為什麼會這樣？因為**實際的歷史生產過程**的異化，完全誤解並徹底扭曲了商品化的過程。正如馬克思（1967）所指出的，商品化發生在為交換而生產的過程之支配下（也就是說，生產最終是為了利潤），而非為了使用。實際上，資本主義之下所生產的所有東西——汽車、房屋、食物、書本、文憑、思想、情感等，雖然可能對人類有用，但並不是**因為**有用，而是為了被分配和販售到市場上才被生產出來。從深遠的意義上來說，這種生產的活動在一定程度上較少是為了人類自身的需求，更多是為了利潤所需，而這會將生產活動和生產的產品分離。馬克思將這種社會現象稱為異化（Marx, 1967）。

用馬克思的語言來說，這種「**為了b的a**」的因果和社會的商品化的「活動」可被理解為**拜物教的活動**（fetishized activity）（Marx, 1967, pp.71-83）。馬克思不僅從經濟學，也從意識形態和／或主體性上竭力理解商品。從他的觀點來看，商品是被盲目崇拜的。例如，商品的存在和特徵，在結構上地與其被創造的過程分離。儘管如此，它仍在社會上**出現**。在這一點上，他們非常像眾神——**被**

我們所創造，卻無法**讓**我們理解[11]。正如被盲目崇拜的商品在社會中看起來，它們有獨立於產生它們的社會生產過程的存在與動作，因此，社會的「**為了b的a**」的「活動」（行為）是像神一般的，被過度決定的。亦即，它似乎正當地（因果地、功能上地）獨立於人類的能動性（human agency），**且甚至是不可改變的**。舉個例子，你讀的這本書雖然有用（我們希望如此！），但它仍是一個商品，它被生產出來用於交換，它具有被盲目崇拜的特性，亦即它與它的存在獨立於產生它的社會生產過程（包括許多生產過程中的複雜集合，包含但不僅限於人類語言的生產過程、書寫語言、出版印刷、批量生產的書籍、教育機構、出版機構、心理學的學門……等）。因此，社會的「**為了b的a**」的「活動」或行為——那些我們每天所做的事情——似乎存在（社會性地存在）並且與它們的生產過程相互分離——尤其是與生產它們的實際的人類活動分離。（從歷史上來講，我們使用被

---

11 「可見，商品形式的奧祕不過在於：商品形式在人們面前把人們本身勞動的社會性質反映成勞動產品本身的物的性質……商品形式和它藉以得到表現的勞動產品的價值關係，是同勞動產品的物理性質以及由此產生的物的關係完全無關的。這只是人們自己的一定的社會關係，但它在人們面前採取了物與物的關係的虛幻形式。因此，要找一個比喻，我們就得逃到宗教世界的幻境中去。在那裡，人腦的產物表現為賦有生命的、彼此發生關係並同人發生關係的獨立存在的東西。在商品世界裡，人手的產物也是這樣。我把這叫做拜物教。勞動產品一旦作為商品來生產，就帶上拜物教性質，因此拜物教是同商品生產分不開的。」（Marx, 1967, p.72）

人類所創造的語言來創造這些詞語；這本書是在由工人們建造和操作的印刷機上印刷的，等等）。

「為了b的a」的活動（行為）獨立於歷史的、主動的人類能動性，這個連結看似合理，卻是將預定論（predeterminism）、超定論（overdeterminism）乃甚至於庸俗的決定論這些宗教觀念，普遍納入資本主義意識形態和資產階級的科學方法論中。他們已經被典範化地納進（偽）「因果」的類別中（或者披著實用主義功能的現代外衣）。當然，康德曾一度讚揚因果關係是人類經驗本身必要的**先驗的**綜合分類（條件）之一。自康德以來的兩個世紀，即使傳統的物理科學也已拋棄了因果的觀念，「**為了b的a**」，但這種手段／目的的工具主義或功能主義，卻仍然存在「常識」的句法中（甚至是科學觀點的常識）；因此，對特定人類活動進行研究的前科學（偽科學！）被稱為傳統心理學——更確切地說，就是傳統上被稱的心理學。

然而，因果關係——同時作為解釋原則又是研究主題——滲透到所有的心理學當中，在發展心理學中它可能是最有害和扭曲的。對康德**先驗的**經驗分類提供「心理學現實」證據的人，最著名的心理學家莫過於皮亞傑了。皮亞傑的發展概念是由兒童在世界上行動（在社會現實、在世上的表現）的方式組成，兒童令自己通過不同階段獲得並使用基本的人類認識論工具，從而有可能理解「我們」的世界。這些工具是康德的經驗分類——客體的概念、關係、時間性、因果性等。皮亞傑認為因果關係的概念發展緩慢，他充分利用他觀察到兒童缺乏

正確（成人的）因果關係字詞的使用，譬如「因為」、「所以」等的正確使用，兒童最初問的「為什麼」的問題，以及他們在被問「為什麼」時所給出的泛靈論答案，來證明康德認為心智是為了看到因果關係而結構的論點，和皮亞傑自己在智力發展上的階段理論。他這樣做的時候，既沒有質疑特定的因果關聯是源自於特定的文化，也沒有質疑做為社會文化歷史觀念的因果關係本身，這在方法論上是更成問題的[12]！

因此，雖然自然科學界已經形塑了適合它自身發展的過程和實踐的方法論，心理學卻挪用了18世紀和19世紀自然主義和偽科學的方法論，且至今為止，仍然沒有探索出專屬適合於人類心理學的有關人的方法論。

我們認為，革命的社會科學家維高斯基，和在他之前的馬克思，已經對此做出了重要貢獻和努力。為了完成我們對他們「綜合與不平衡」[13]（combined and uneven）工作的刻畫[14]，我們將總結下面的

---

[12] Hood（現在是Holzman），Fiess與Aron（1983）呈現了維高斯基批判皮亞傑和皮亞傑派在「因果關係」上發展的研究。另一個關於皮亞傑去歷史（ahistorical）偏見的批判，可見Buck-Morss（1975）。

[13] 我們會在《列夫・維高斯基：革命的科學家》的第四章討論這點。

[14] 譯註：「綜合與不平衡發展」的概念主要由托洛茨基提出。這個概念指出在資本主義體系下，不同的民族國家各有其資本主義發展的進程，但其發展仍受到整體資本主義系統的推進。這樣不平衡的發展，促成各國相互依賴的關係，而這些相互依賴更加深既存的不平等。

這些複雜關係：(1)革命性的（實踐—批判）活動；(2)「a暨b」（工具暨結果）而不是「為了b的a」（為了結果的工具）方法論；以及3）改變部分vs.改變總體。

▌革命性的實踐—批判活動

革命性的實踐或者活動（不能等同於搞革命的**特定**革命性活動）[15]是日常性、日復一日、時時刻刻人們的**歷史性**活動：它是特殊的行動（A），**改變人類存在的整體**環境（歷史「場景」）的B、C、D。人類這個物種的獨特性在於人有能力**實踐革命性活動**，如我們前面所說，但可惜地，這個能力只能有時候有自我意識地彰顯。相反，我們（所謂的）日常的活動是非革命性的，事實上，它根本就不

---

15 「一個人只有在涉身投入改變社會的活動中，並且以具有自我意識（self-conscious）的態度，才有能力進行歷史性的改變。這並非意味著一個人必須成為一個革命者來改變什麼，作為革命者是以某種特定的方式來改變社會。然而，他有意識地涉身投入改變社會的活動，不一定是革命者，但可被認為是具有革命意識，或者具有馬克思在《關於費爾巴哈的提綱》（Theses on Feuerbach）中所闡明的革命性的、實踐—批判的活動（practical-critical activity）。」（Holzman & Newman, 1979, pp.22-23）

「革命性活動不等於『搞革命』的活動。很明顯地，搞革命是一種革命性活動（儘管是非常特別且具有社會／歷史意義的一種），即使不是所有革命性活動都是搞革命。較不明顯但更重要的是，在沒有持續搞革命的歷史活動的情況下，根植於社會情境的實踐—批判活動，最終會轉化為改革。研究20世紀的革命，可以很清楚地看到這個現象。」（Newman. 1989. p.6）

是活動，而是被社會所決定的**行為**或者自然現象（如化學物理等）的運動。因此，它既不是**唯一**的，也不是**專門**屬於人的。我們所謂的人類活動，在其無限的複雜變數中，總是在改變正在改變的無限迴圈中，正是歷史總體（或者更確切地說是許多總體）的改變**決定**了改變者。的確，這種基進的非二元對立的實踐中的辯證正是改變本身，即活動。

人類（包括其中的個體）與其他物種（據我們所知）不同，因為他從未根本被改變，身為人類，除非（藉由其革命性的活動）在根本上改變其他事物——改變持續的歷史存在的環境。

那麼，改變「部分」vs.改變「總體」與工具兩者之間的關係是什麼？回憶一下工具製造者的「工具暨結果」，被創造的工具，是特別用來協助發展我們希望創造的東西的工具。這類工具在**典範上**是「前提暨產品」，其中，產品的創造不受限於能用以將它概念化和實現的既存、社會決定的現成工具（語言、思想或者從商店購買的）[16]。限制的確不存在，因為**尚未製造**的工具是產品的前提條件。無論是概念上還是物質上的，它都不是線性地先於產品之前。因此，工具**與**工具的產品是被生產的**整體**的必需品。工具製造者與詩人（與其相反的是現成的工具和／或普通語言的使用者）並不

---

[16] 關於孔恩的典範理論作為一種典範，近20多年來已有反對的主張。第一本是由 Feyerabend 所著反典範的著作。

以「為了產品的工具」（tool for product）作為起始，然後就產出產品；反之，他們創造的是整體（總體）的**工具暨產品**（tool and product），因為在物質上工具被產品定義，正如產品被工具所定義。（產品成就工具，就如同與工具成就產品一樣）工具製造者必須創造總體的**工具暨結果**，正如詩人在寫詩時必須創造意義一樣。不像五金店中的工具使用者，被使用那些工具的特定行為所定義與決定，如同他使用的那些工具**為了**特定（同時也是業已決定的）功能所決定，工具製造者不會被定義或者預先決定。「**工具暨結果**」，是總體的生產者，工具製造者是歷史整體的改變者，她／他投身於革命性的（人類歷史的）活動中。

▍思維和語言

我們已經盡力解釋了馬克思「**革命性的活動**」概念的重要性，它是理解維高斯基作為一個革命的科學家，以及他在心理學和方法論（尤其是「**工具暨結果**」的方法論）中的重要發現的核心。沒有一個思想家比馬克思本人對「**為了**結果的工具」的方法論，和因果／功能模式佔據了社會發展的主導性更加感到傷心的了[17]。在《資本論》

---

17 雖然因果模式和功能模式之間存在各種顯著的差異，但可以說一般而言，功能論是因果論歷史發展的結果。我們不去檢驗因果論和功能論它們本身區別的理由是，希望看到因果功能之間的全面關聯性，及其在描繪人類方法作為理解人類活動的必然方式上，是完全不適合的典範。

中常被引用的一段中，馬克思揭露了功能主義者的偏見：

　　我們要考察的是專屬於人的勞動。蜘蛛的活動與織工的活動相似，蜜蜂建築蜂房的本領使人間的許多建築師感到慚愧。但是最蹩腳的建築師與最靈巧的蜜蜂的差異之處，是他在實際建築之前，已經在自己的腦海中建成了。勞動過程結束時得到的結果，在開工時就已經在勞動者的腦海中存在著。同時他（她）還實現自己的目的，這個目的規範他（她）的工作方法，規範他（她）從屬自身的意志。（Marx, 1967, p.178）

　　以上陳述勾畫了馬克思認為人的勞動與動物的勞動本質的特徵是迥然相異的（雖然很多人錯誤地、投機取巧地使用它作為否定革命性活動的理由，宣稱馬克思將勞動視為本質地人的活動）[18]。但是按

---

18 舉例來說，柯爾（Cole）等人所編《社會中的心智》（Mind in society, 1978），是維高斯基作品英文著作的第二個出版品，也以此引用作為開頭。沃奇（Wertsch, 1985）做出錯誤的陳述如下：
「即使馬克思強調，社會組織的勞動與生產的出現，是區別人與動物的重要關鍵，但維高斯基認為，話語出現也同等重要。在這樣的關聯下，他做出最重要也最特別的貢獻，但這也大大地偏離馬克思，甚至是恩格斯的觀點。」（p.29；以及p.32）
沃奇所選用的字是重要的，畢竟，因為維高斯基研究的是話語和思考發展之間的關係，所以維高斯基強調符號學和溝通是有道理的。但是沃奇把這種強調視為一種偏誤，而非只是一種強調。因此，沃奇提出關於語言和溝通的立場，就我們的

照「**為了**結果的工具」、功能主義的方式來說，馬克思的描述是錯誤的，嚴重誤導人的。無論是在哲學上（分析上），還是經驗主義上（描述上）都是不精確的。如果「在實際建造**之前**，已經在自己的腦海中建成了」的話，亦即如果這個過程是線性的，那麼這個人

理解，是反對維高斯基的馬克思式分析。

和許多其他維高斯基的研究者一樣，沃奇掉入兩個陷阱。第一是延續了西方的哲學、心理學和語言學的傳統，將語言和溝通放在社會組織的勞動力的範圍之外（注意沃奇在「社會組織勞動力與生產」和「話語的出現」之間建立的對立），語言被理解為具有特別地位；它被徹底實體化並被視為好像它不是被生產出來的一樣，好像它不是社會生產的文化產物一樣，不是從人類生產與組織的複雜發展中長出來的，而是某種程度遵循自然規律的產物。語言最常被討論的是個體發生的（ontogenetic）或種系發生的（phylogenetic），而其本身並不是社會產物。但對馬克思和維高斯基來說，語言是社會組織勞動力的產物！維高斯基一再強調，符號、言論和意義等（一堆意義和各種溝通概念）是工具，不是隱喻上的，而是物質性的，意謂著它是人類勞動所生產出來的。這個重要的事實在討論維高斯基認為符號是一種心理工具時常被忽略。他們因社會生產的歷史而扭曲，好像語言是憑空生產出來，已經準備好被使用似的。但是人類不只是工具使用者，他們也是工具的製造者。

沃奇的第二個錯誤直接來自於馬克思的功能主義偏誤。值得指出的是，維高斯基在這一點上做得比馬克思或沃奇要好，他這麼認為：「……勞動做為一種將人類與自然產生關聯的手段……（1978, p. 19）」而不是區分人類和動物的方式。正因如此，維高斯基得以自由地認為思考與說話是「人與人產生關聯的重要手段」，在這一點上，他和馬克思與恩格斯並無不同（除非馬克思和恩格斯和他們自己的論點不同！），連結維高斯基對於勞動的正確陳述，以及他對思考／說話的重要認識的一致原則，當然就是讓人與人與自然相關聯的革命性活動。這就是為何我們避免傳統對「辯證的唯物主義」和「歷史的唯物主義」進行區分，而喜歡使用「辯證的歷史唯物主義」這個概念。

類過程的辯證是什麼、在哪裡？倘若依照馬克思教導我們的，「生活先於意識」（而不是其他方式），那麼想像如何**先於**它的實現或者實體化呢？確定的是，我們可以想像馬克思會說，與任何勞動過程相關的想像活動，都源於先前的過程和／或物質環境。然而，這只是簡單地延緩我們的問題，並未做出回答。我們仍然希望知道，過程或環境是否「產生」與想像相關的先前勞動過程，如果不是這樣，那它從哪裡來的？**想像**的具體化與目的的再引進作為一種心理學建構，而這使得曾被馬克思在方法論上無情淘汰的舊有的哲學／神學上的原始爭論（first cause）重新回歸。

正如馬克思經常所為，對此錯誤的糾正方法可以在他自己的著作中找到。然而，我們指出馬克思的不精確所造成的誤導，是因為它有助於說明我們如何理解維高斯基將**思想**、**語言**和**意義**作為革命性的活動，這一變革性的科學見解。

最初的人類（人類學上和心理學上）既沒有詞語又沒有想像，既無思想又無語言——馬克思說，我們並沒有命題的或語言的唯心論前提。最初只有重新組織整體或人類環境整體的**革命性活動**。人類勞動的獨特性質不在於預想目的的實現，而在於有人類活動的意義（實踐—批判、革命性）。蜜蜂在飛行之前可能**在腦中已有構思**，工人在勞動中使用先進的電腦，但腦中卻可能**一片空白**。但是蜜蜂不知道也不關心何為意義。意義在蜜蜂的生活中是毫無意義的！毫無疑問，蜜蜂或蜘蛛當中（或許甚至兩者間）雖有交流，但是並**無意義**。動物之間

會交流（有些製造蜂蜜）但是不會製造意義。意義正是存在於人改變歷史總體的能力中，即使人是被其所決定的（在個人的社會特殊性中）。因此，**製造意義**的活動是一種**革命性活動**的表達（當然，也是最重要的表達）。是工具製造者（人類）使用五金店預先決定的工具（包括自然和語言），和被其心智發展出來的預先決定的工具，製造出「工具暨結果」、創造出總體，而不是被它們所決定。這是在**活動中出現**的**意義**，而不是隨著先入為主的想像的實現而出現，它是**轉化的、革命的**，並且**本質上是人性的**[19]。

維高斯基在兒童早期概念發展的論述中提供了富有價值的洞見，他認為製造意義是一種革命性的活動。他提出了一個假概念（pseudo-concept）：「兒童概念發展中的關鍵時刻，這個時刻同時分離和連結複雜與概念性的思考」（1987, p.142）。在討論觀察假定概念的實驗價值時，維高斯基揭示了意義形成的過程（概念的形成），這是一個使用我們所說的「五金店預先決定的工具（包括自然和語言），和被其心智發展出來的預先決定的工具，創造出不是被它們所決定的東西」的活動。

---

19 那些如Lichtman（1977）的人，批評馬克思的人類概念否認了一切本質。這樣的觀點是對的也是錯的。在柏拉圖和亞里斯多德的觀點，也不存在任何本質，雖然看似矛盾，但這確實是人的本質。透過革命性活動，本質被不斷創造出來，這便是人類的本質／非本質。人類是本質的創造者、工具製造者、革命的創造者，以及意義的製造者。

　　維高斯基認為，概念以一種辯證性的方式在發展，不是「被兒童自己隨意自發地界定」，也不是成人簡單地「將其思考模式轉移到兒童身上」（1987, pp.142-143）。假概念內在有一種矛盾性，因為它們表面上看起來與成人詞語意義相似，但實際上其建構的方式與成人詞語意義完全不同。兒童的語言（詞語意義、概念、歸納等）是由成人語言的詞語預先決定的意義產生而來，但是兒童的語言並非成人的語言：「那些圍繞在兒童身邊者的話語預先決定了兒童的歸納性的發展路徑。（但）它連結了**兒童自身的活動……**」（p.143，重點強調）。這種活動產生了假概念，是新的事物，不是**由產生它所使用的工具而決定的**。因此，兒童的語言學習活動是一種創造意義的活動，用維根斯坦豐富的描述來說，這是一種玩語言遊戲的活動（Wittgenstein, 1953）。

　　儘管沒有證據顯示維高斯基想到了這樣的表述，但他對假概念的辯證性特徵的論證，以及揭示這一過程的實驗重要意義，都強烈地支持了這樣的理解：

　　這個實驗……讓我們發現兒童自身的活動在學習成人語言的過程中是如何表現的。這個實驗表明，如果兒童的語言發展不是由成人的語言指導，那麼兒童的語言會像是什麼樣子，以及會指導他歸納的本性為何？（所謂成人的語言，是有效地預先決定一個給定字詞的意思，可以擴展到具體對象的範圍）。

有人可能會說，我們使用類似「會像」（would be like）和「會指導」（would direct）這類詞組……在這種脈絡之下，是為反對此實驗的論點提供基礎，而不是為了實驗的應用，因為事實上，兒童並非自由地發展意義，因為意義是從成人話語所獲得的。對這樣的論點，我們的回應是：這個實驗教我們的，不僅是假如兒童免於成人話語指導的影響會發生什麼，也不僅是假如他自由而獨立地發展他的歸納會發生什麼。這個實驗揭示兒童在形成歸納時的真實活動，在隨意的觀察中，這種活動常常是被隱蔽的。圍繞在兒童周圍的話語的影響，並不能抹殺這種活動。它只是隱而不顯，使它以一個極其複雜的形式出現。兒童的思考不會只因為被穩定和不變的詞語意義指導，就改變其活動的基本規律。這些規律只是在兒童思考實際發展發生的具體條件下，以獨特的形式展現出來。（1987, p.143，重點強調）

在我們看來，維高斯基對馬克思基進的非前提（non-propositional）的歷史一元論（馬克思的假設是「男人和（女人）……是在特定的條件之下實際經驗感知的發展過程」）的實踐—批判理解，使他得以發現思維與語言作為人類獨特的特性，是一種創造意義的革命性活動。

維高斯基進一步談到人**創造意義**（投身**革命性的活動**）的能力與**說話**和**思考**是不可分離的。他認為思考與說話不是線性的、因果的、目的論的、有目的的，或功能性的；由於**意義**，使得它們辯證性地

「不可分離」。與功能主義者或者線性因果理論家（如皮亞傑）不同，維高斯基認為意義（思考和說話間辯證地）「……不僅屬於思維也屬於言語的面向……沒有意義的詞語不屬於言語。我們不能將詞語的意義與我們早先所說的這個單詞的元素分離。詞語的意義是言語的還是思緒的？兩者皆是，並且同時發生，它是**話語思考**（verbal thinking）的單位。很顯然，我們的方法必須被語義分析（semantic analysis），我們的方法必須依賴於言語意義的分析，它必須是一種**研究話語意義的方法。**」（1987, p.47）

對思考與說話作為活動的研究，揭示了人類創造意義的本質，以及我們這個物種創造革命的本質。思考與說話不會使我們成為人類，但是思考與說話是人類**獨特**之處，其辯證的總體起源於人類**創造意義**的能力，而這正是**創造**革命、**製造**工具（**暨**結果）的能力。**口語行為**（verbal behavior）（像電腦般的語言使用是由「為了結果的工具」思維來決定的為了結果的工具）可能主宰社會性的固定交際（恰如交換價值在經濟商品化社會中占主導地位）。但是有時候運用這種「**為了結果的工具**」的能力來**創造**意義，從而重組思考／說話以及其他的**所有東西**，本質上是人的、革命性的活動。若沒有革命性活動，就根本不會有思考／說話了。正如維根斯坦致力教導我們的，語言的本質並非它自己的指涉，而是人們使用它的過程中所指涉的（1953）。**最根本的是活動。**生活在連續且永恆的歷史中，使得我們有可能在任何歷史的時刻，以獨特的人類活動轉化所有歷史。

研究人類的活動時消除實驗者因素，就好像那些研究鳥類時假裝鳥不會飛的研究一樣。這個人當然可以假裝鳥不會飛，但其代價便是不再研究鳥類。「適當的生態有效的心理學分析單元」至少要像根據維高斯基的洛克菲勒研究者標注的那樣「……不是個人的，而是『人與環境的界面（interface）』或者『場景』（scene）。」（Cole, Hood, McDermott, 1978）。然而，「場景」考慮的是人類的社會性，如此一來，很難將人類與蜜蜂或者蜘蛛區分開來。科爾（Cole）、胡德（Hood，現在是霍爾茲曼）、麥克德莫特（McDermott）都對過度決定的社會分類和語言非常敏感，有時候他們甚至還關注前述面向和社會其他制度的「歷史」，以及在社會制度中的人們的遺傳性分析，但似乎忽略了人類在歷史上的行動者本質（**革命性的行動者**），因此，也沒有注意到心理學的歷史方法。因此，儘管他們的方法是社會的，甚至有可能是基進的，但**並非是歷史的**。人類的革命性活動才是真正的歷史的心理學所要研究的對象。在我們看來，這才是獨特的人類心理學——維高斯基的心理學，應該做的。那種社會和功能性的方法沒有將革命性的活動作爲研究對象，因此也就不會將人作爲人來研究。

維高斯基最重要的科學關注是將人視爲人，而不是其他東西來研究。他與革命性的（雖然保守）的科學家佛洛伊德一樣，他們都有發現人之所以獨特的動力。對佛洛伊德來說，那是潛意識心理與社會需求，**要壓抑它**；而對維高斯基，如馬克思一樣，那是革命性活動的重

要性與社會需求，要**表達**它。（順道一提，這就是馬克思和佛洛伊德無法「結合」的原因[20]。）馬克思的心理學是維高斯基的，他們二人都將**革命性活動**視爲人的活動，其他所有的都是自然主義式或行爲主義式的修正。

雖然很多研究思維與語言的人，已試圖詳細解釋思維／語言的規則成分與創造性成分之間的複雜動態關係，但在我們看來，只有維高斯基和維根斯坦（在眾多主要的思想家裡）才是眞正的**革命性**行動理論家。雖然維根斯坦可能並未將**革命性活動**視爲重要的（的確，我們也不清楚維高斯基是否也是這樣有意識地做的），但非常確定的是，晚期的維根斯坦將**活動**視爲禁止思維和語言、語言和語言「**關於什麼**」的致命二元分立的方式。他這樣做，正是投身於**創造意義的研究作爲一般普通的革命性活動中**。

社會生活／歷史生活是人存在的持續的總體辯證環境（場景），因此，言語行爲／革命性活動也是人類學習與發展持續的思維／語言（思考—說話）環境（場景）。馬克思式的發展的、臨床的、社會的和教育的心理學必須徹底建立在社會／歷史的場景之中，並且應該朝

---

20 大概就在第一個社會主義國家出現，以及心理學初始之時，就有很多人試圖把馬克思和佛洛伊德結合起來。這之中最值得注意（最有影響力和／或最有趣）的討論，是由維高斯基的學生以及同事，Luria（1978）所提出、著名的蘇聯哲學家Volosinov（1987）和法蘭克福學派的一些學者（如阿多諾，1951；哈伯瑪斯1971；弗洛姆，1973）以及爲數眾多的哲學家、心理學家，與社會評論家（如Brown, 1973；Jacoby, 1976；Lichtnian, 1977），當然還有賴希（1970）。

向研究言語行爲／革命性活動的場景。

　　對思考／說話的「工具暨結果」的研究（維高斯基稱之爲「語義分析」）必須納入維根斯坦的語義分析方法，尤其要借用他的「語言遊戲」（langnage game）的概念：

　　未來我稱爲的語言遊戲將會一遍遍吸引你們的注意，這是一種比我們日常所使用的高度複雜的語言符號更簡單的一種符號形式。語言遊戲是一種小孩開始使用字詞的語言形式。對語言遊戲的研究就是對語言的原始形式或者原始語言的研究。如果我們想要研究問題的對與錯、對建議的同意或不同意，或者主張、假設和問題的本質，拋開令人困惑的背景與高度複雜的思考過程，將會更利於我們看到語言的原始形式。當我們看到語言的這種簡單形式的時候，掩蓋我們日常語言使用的心理上的迷霧也會消散，我們會看到**活動**、反應是清澈透明的。（1953, p.17，重點強調）

　　語言遊戲說明我們更清楚地看到語言和思維的**活動**，亦即語言和思維產生的革命性過程，由此意義被形成。維根斯坦提到的「令人困惑的背景」是社會上固定的語義和句法，這會隱藏思考／說話是一種活動，而不是揭露它。從這個意義上來說，革命性活動本身是一個遊戲，按照維根斯坦的話來說，這與其他遊戲具有「家族相似性」。正是這種製造新意義的革命性遊戲，透過驅散社會與形而上學的無意義「迷霧」，來顯示語言／思維乃是社會**活動**。

第四章
危機正常化與憂鬱[1]

　　就我所知，從沒人能對憂鬱做出一個適當、合理、簡潔、精準或令人信服的定義。而我們正在試圖為那些我們甚至還沒有合理認定的問題尋找科學的答案。我並不是否認憂鬱的存在，很顯然地，憂鬱的痛苦、磨難和折磨都是真實的。我想在這裡表達的並非是憂鬱的現實，而是我們研究憂鬱方法的科學（或不科學）的本質。在《**關於憂鬱的重要文章**》（Essential papers on Depression）一書的導論中，編輯詹姆斯・科因（James C. Coyne）指出，關於什麼是憂鬱仍有很多爭論。爭論的焦點不只是它的成因，如何治療它或抑制它，而是**它是什麼**。他指出，根據憂鬱與憂鬱症的標準化症狀學分析，兩個人有可能都被診斷為憂鬱症，但卻沒有任何相同的症狀學特性。作為一個受過傳統訓練的方法論者，我被此激怒，這種看起來是**表面論斷**

1　〈危機正常化（Crisis normalization）與憂鬱：一種對待逐漸增加的流行病之新方法〉是1987年1月2日在短期心理治療東邊研究中心（East Side Institute for Short Term Psychotherapy）的年度講座；首度發表於《實踐：政治、經濟、心理學、社會學和文化期刊》（1987年冬天）第五卷第三期。

（prima facie）的說法令人震驚。但是，更有問題的是，儘管科因和所有19位作者，在再版的書中都指出定義憂鬱的不精確與模糊性，但是他們仍然迅速地（且看起來是毫不猶豫地）給出了一個定義！實證和分析證據都明白地顯示，我們缺乏並無法給予憂鬱一個恰當的定義，而他們的討論卻仍然給出更多的定義，加進他們在這個領域已發展出來，一長串並不成功的定義清單中。

我並不想把自己的名字加進這一長串定義販子的清單。我認為對定義的找尋，在方法論上是有問題的。我想在此嘗試發展的，是展開一個對於憂鬱的取徑，在其前提假設中不需要定義憂鬱是什麼。我想談談為何定義性的做法，比起人們所接受的「非定義性」（nondefinitional）的短期社會治療方法而言，更沒有療癒性、更無用、更沒幫助，事實上還有負面的作用。

很多人注意到我們的語言中有一種有趣的特色，是有時透過翻轉短語或句子中的主詞和受詞可以得到的幽默，這種翻轉常常會產生幽默和洞見。我來給你個例子說明我的意思。對於科因的《關於憂鬱的重要文章》（Essential papers on Depression），較準確的標題應該是，《關於本質主義的令人憂鬱的文章》（Depressing papers on Essentialism）。他們的確是關於本質主義非常令人憂鬱的文章呀！他們不僅都試圖給憂鬱一個定義，而且還將人類本質化的特性，作為討論憂鬱的前提條件。我們被告知「憂鬱必須被視為心理病理學上的常見感冒」，這非常正確，畢竟憂鬱不僅以不同的形式襲擊一小撮

人，而是數百萬人。估計大約五個人中就有一個，而這個數字還可能低估，因爲這只是指那些有接受某種治療的人。自從有了憂鬱的連續體（continuum of depression）後，這個數字肯定就更高了。的確，臨床分類上的憂鬱症，是否爲我們日常生活中所知道的憂鬱的延伸，這一點仍然有爭議。畢竟在超過十分鐘的治療中，很難不會遇到受憂鬱所苦的人，而我也很確定我們當中的大多數人，都曾經歷過嚴重憂鬱的發作。那麼，感到憂鬱（being depressed），似乎是定義**生而為人**（being human）的一個要素。

精神疾病診斷與統計手冊第三版（The Diagnostic and Statistical Manual of Mental Disorders Third Edition, DSM-III)，是美國精神醫學學會出版的心理精神病學「疾患」的官方分類，其中對重度憂鬱症的診斷標準推進了這個問題。定義如下（對憂鬱的官方定義，對人類一部分的非官方定義）：「對所有或幾乎所有活動和娛樂都喪失興趣或愉悅，具有以下症狀：悲傷、憂鬱、沮喪、絕望、心情低落、易怒。必須是持續的，但不需要是主要的症狀。符合下列的症狀中的至少四個，且必須在近兩週的期間內幾乎每天都出現（六歲以下的兒童，符合前四項的至少三個）：(1)食欲變差或體重明顯減輕（六歲以下的兒童，應考量沒有增加預期應增的體重）；(2)失眠或嗜睡；(3)精神運動性激動或遲滯，不僅僅只是主觀感受到躁動或變遲緩（六歲以下的兒童則是過動）；(4)對日常活動感到喪失興趣或愉悅或性欲減退，不限於出現妄想或幻聽的時候（六歲以下的兒童

則是冷淡）；(5)精力減退或疲憊；(6)無價值感、自我譴責，過多或不恰當的罪惡感，或者是妄想的；(7)抱怨或有證據證明思考與專心的能力降低，像是與顯著鬆散的聯想和不連貫無關的思考緩慢或優柔寡斷；(8)反覆出現死亡的念頭、自殺偏差、想死與自殺企圖。這種診斷的界定持續進行著，我們也必須繼續，讓我們來試著超越這一種給予定義的方法。

失落

　　在科因選集中的大多數文章，都認為失落是憂鬱的催化劑，無論是短期還是慢性的。在某些方法中，例如心理動力學方法，感到更深層的失落是由直接的失去所觸發。在比較社會的方法和一些認知的方法中，與其說失落是觸發因素，不如說憂鬱是直接對「失落」的反應。對將失落與憂鬱聯繫在一起的各種做法，令「失落」對個體的影響，比正常與一般所承受的「苦」還大。因此，即使我們有處理失落的能力（或者據說可以），但在憂鬱的情況下（無論是短期還是長期），我們就無法**因應**失落了。它觸發了比似乎合理的範圍（根據失落的對象或人的實際情況），還要更大、更深的強度反應；或是在深刻失落的情況下，超過了一般適當反應的標準（例如，經過一段適度的哀悼、悲傷、憂鬱的反應期間後，人應該要能開始走出來）。

　　一些專家認為失落主要是情緒上的，而有些認為失落是認知上的

而非情緒上的，也有人認為失落是人際間的，而非認知或者情緒上的，還有人認為失落是化學的。這些針對憂鬱的不同說法都不約而同地認為，有某種失落會引發或導致個體無能去因應，且這種無法因應的能力並不是悲傷或沮喪。反之，更貼切地來說，憂鬱的感覺狀態被認為是感覺狀態的缺乏。貫穿許多這些說法與觀點的是，憂鬱狀態的本質是無助的經驗，某種程度上來說是一種無感覺（non-feeling），例如，似乎再也無法做出回應（responsive）的無能。

▌黏合劑（Glue）

科因的書中有一篇最有趣的文章是由厄內斯特・貝克（Ernest Becker）寫的，他給予憂鬱和失落個人與社會的特性（personal-social characterization）。根據貝克的說法，在憂鬱中所真實喪失的是意義感，是將人類生活中的迥異（disparate）經驗連繫起來的社會心理的「黏合劑」。不管直接的原因是什麼，當我們進入了憂鬱的狀態，我們在內在或者人際間所失去的，是各種生活活動之間的連結感，貝克認為此連結感並不是客體對象（object）而是遊戲規則。貝克認為我們不只是失去客體對象，在危機的時刻所真正喪失的，是我們生活中所有各種客體對象的**相互連結機制**（interconnecting mechanism）。如果沒有這種相互連結機制，我們就會經歷斷裂的、**抽離的**（objective）和分離的生命經驗。不同的遊戲在進行，但遊

戲本身已失去了意義，因為它們失去了把彼此相互連結在一起的規則（不一定是形式的規則）。這種失落產生了深刻的空洞感（sense of pointlessness）與社會文化的無意義感。因此，當憂鬱襲來，我們很難逃脫，因為再多客體對象的替換都是不夠的，因為無論你再放入多少新的東西，它們之間仍然毫無連結。

就我所理解的，貝克認為，憂鬱的經驗與對待此經驗的方法，兩者的共同點是，這種在認知、情緒、心理、文化和政治上「將所有該死的事情連繫起來」的能力的喪失。框架和意義在本質上崩潰了，隨著這種崩潰，一個人因為無助感（習得的無助，learned helplessness）而變得沮喪，因為在那之前曾經豐富的、發展的、有意義的和有價值的生命經驗都已不再有作用。憂鬱的經驗由於以下事實而加重，人們在生活中從**認識論地**覺察到，自己做著跟以前同樣的事（過去曾讓自己的感到豐富與愉悅），但如今這些經驗卻不復以往。由於這種很實際的「習得的無助」，使得憂鬱更加劇。取代了讓你能夠將經驗放進成長的、有收穫的總體框架（讓你感到有人性的、關懷的、有能力和有活力的能力），而逐漸增加的是，這些相同的經驗如今對於你的自我認同感已毫無貢獻。你開始變得猶如行屍走肉，你敷衍度日。你也許表現得非常棒——很多憂鬱的人都表現得非常好。在一些案例中，人們甚至不知道他們憂鬱。他們說：「喔，我以為生活就是這樣！我不知道這是一種疾病！我不知道這可以被治癒。」很多年前，我經歷了一段相當嚴重的憂鬱，在這經驗之中，我

看到15到20年前的生命經驗與現在並沒有很大的不同。我開始認識到憂鬱（幾乎和我當時經歷的一樣嚴重），是我所認為生命的正常狀態。

▌反定義

　　這些觀察（一些基於貝克的文章，另一些基於我自己的臨床和個人經驗），對於憂鬱「非定義的取徑」（non-definitional approach）是個很好的起點。記住，我們並不是為了能有個符合精神疾病診斷與統計手冊第三版（DSM-III）臨床上的特徵，而要來尋找一個定義。讓我們從拒絕定義的需要開始，並重新思考，「憂鬱」**絕不是一個不正常的狀態，反而或許是一個正常的狀態**。這兩個新的假設（或者反假設anti-assumptions）是相互連結的。因為如果憂鬱是正常的而非不正常的，那麼我們根本就不必去為這種疾病尋找定義了。進一步來說，正是透過尋找定義的這個社會過程，我們實際上同時否認了憂鬱是一個正常的狀態。因此，這個視憂鬱為正常狀態的假設，改變了對應整個議題的做法。讓我們將憂鬱當作一個在我們文化脈絡中的正常過程，也許伴隨化學的附加物[2]（chemical

---

2　譯註：在我們異化的商業文化中，憂鬱對許多人，甚至是大多數人來說都是正常的。憂鬱並不是危機的跡象，而是我們這個時代情感建構的一部分。弗雷德所指的化學的附加物，是指當我們憂鬱時，或由此產生任何情緒時，大腦中發生的化

accompaniment）和不同程度的行為、認知和情緒的變化。讓我們開始發展一個明確、具體，並視憂鬱為正常的一種心理學取徑。當我這樣說，我並不是指我們不應該尋求治癒。而是，我們必須打破這個堅持我們只治療疾病的不正常主義典範（abnormalist paradigm）！從社會、心理、文化和政治的根基上來看，現在正是時候，我們最好開始治療所謂的正常（normalcy）。「正常」將會殺了我們。我這樣說並不是比喻，我就是字面上的意思。由於當代社會的所謂正常，我們正在死去（生理上和情緒上）！憂鬱，是在我們文化中所謂正常的關鍵元素之一。顯而易見地，我們的這個社會是極度憂鬱的，不只是在華爾街，而且也在大街上（Main Street）（我相信這兩者之間有關聯，留待下次再談）。

再一次地，讓我們改變探究的原初假設，從**尋求疾病的治癒**，轉而**尋求正常狀態的治癒**。這當然隱含了嚴肅的社會經濟意涵。例如，當你掛起一塊招牌，上面寫著「只有正常人會來這裡」，那麼將沒有人會知道究竟是否該來！人們可能會進來說：「我病得很厲害」，然後你會回答：「好吧，老實告訴你，我不治療疾病。」我不治療疾

學變化。在這裡，他所爭論的是那些將憂鬱主要視為「化學失衡」的人。他並不否認憂鬱有「化學的附加物」，然而，如果你只看「化學的附加物」，而不去看社會結構的整體，包括孤立、異化、競爭、個人主義等，你就是在扭曲憂鬱的本質，而這並不會有助於憂鬱的人或其他任何人。（此譯註特別感謝丹·弗里德曼與洛伊絲·霍爾茲曼的協助）

病，因為在我看來，從概念和社會地被定義為疾病的，使得它根本是無法被治癒的（incurable）。很多人沒看到定義和分類的危險性，也沒看到語言的危險性，更沒看到我們被語言和分類所社會化的程度，包括對情緒、認知和疾病的分類，如果我們堅持生活在這些分類之中，那麼我們是否能夠從它們中走出來是很令人懷疑的。

那麼，從我們完全不同的假設、我們的反典範開始，若你願意這樣說的話，那麼我們如何看待來找我們的人，與羅列出的所有關於憂鬱文獻中描述症狀的關聯呢？人們告訴我們：「我感到悲傷、無力、疲倦、無助，我不知道該拿生活怎麼辦，我想要自殺……」。這些都是非常真實的人說的非常真實的話，他們不應該被否定或者懷疑。上百萬的人有這樣的感覺，而只有少數會來求助，我們不能拿這些正在受折磨和痛苦的人開玩笑。那麼當憂鬱的人來找我們時，我們怎麼做？

▌歷史

我前面提到，貝克文章中關於意義的部分，與我們多年來發展的社會治療運動的某些地方很接近。進一步來說，並非因為有多麼接近，所以我才在這裡提起，而是因為我們有根本的不同。正如貝克所說，我認為有個嚴重的失去在憂鬱中發生，這也意味著有個非常嚴重的失落發生在我們文化的日常生活裡。那麼這個失落是什麼，我們該

怎樣命名它呢？我認為我們已經失去的（而且我們正持續失去的），並且是與我們文化中憂鬱的流行病直接相關的，最好用「歷史」這個詞來辨認。現在，歷史是一個挑釁的詞語。很多人會立即做出反應：「你認為『憂鬱』不精確——那麼『歷史』呢？我的意思是，這是一個歷史的所有都統包（catch-all）的詞！它是如此地籠統，以致於我們甚至需要用這個詞來說它究竟有多籠統。你怎麼能認為歷史這個概念，對呈現一個治療憂鬱的新方法是有用的呢？」好吧，讓我來試試。

美國文化比任何其他文化，更加深刻和明顯地失去了歷史感。這並不是一個多麼基進的表述，對橫跨政治、歷史和文化光譜上的很多人來說，這只是個標準的分析。美國人的感受力（sensibility）運作大概是從六點的新聞到十點的新聞，這已經被一再地指出。「發生了什麼？」「什麼是歷史的？」「到底發生什麼？」，答案是短暫的，是那些在媒體上（大部分是電視）所呈現的內容。之所以如此，是因為我們的感受力被媒體透過謹慎塑造的大量詞語和圖像連續轟炸，而這樣的方式，不僅創造出某種特定圖像，也明顯地製造出某種與這個圖像的來源和對象遠離的異化感。這是在破壞我們的歷史感。已有大量的證據表明，作為一個人，我們不只異化於工作與生產的過程，也異化於我們自身歷史發展的歷史過程。我們被剝奪了歷史的**可能性**和**歷史**的真實性。理查·森尼特（Richard Sennett）等人注意到了美國社會的自戀，然而「我世代」（Me Generation）卻不僅是世代的，

美國文化中的「我—性」（me-ness）遠遠超越了任何一個世代。

　　放眼世界，人們對我們文化特有的歷史匱乏感到震驚。我們在歐洲媒體上讀到歐洲人對雷根政府的憂心。可以肯定的是，一部分是因為他的政策綱領，但還有一部分是由於歐洲人非常擔憂強權，因為他們的生死將受制於強權，他們擔心被某個對現實的典範（paradigm of reality）是B級電影和六點新聞的人所統治。很多人關心過度認同戰爭的人群、總統和文化，例如，把戰爭視為會出現在電視上的東西，或是把深刻的社會問題當作電影中的影像。在很多方面，由於各種原因，我們已經演變成一個與歷史徹底疏離異化的文化，而這使得我們非常容易隨時可能遭受根深蒂固的憂鬱襲擊。

　　我並不是說在關於憂鬱的經典文獻與研究中，對於更傳統元素的討論是無關緊要的。然而，我強烈地認為，除非我們能將這些分析放回對我們特殊文化的社會心理來理解，特別是我們的歷史匱乏，否則這些觀點都沒有什麼意義。缺乏歷史感使我們更加容易憂鬱。這會發生在個體身上嗎？是的。會發生在群體中嗎？是的。是否至關重要？當然。

▍法西斯主義

　　威廉・賴希（Wilhelm Reich）關於法西斯主義群眾心理學的著作此刻值得關注。法西斯主義最適合被理解成憂鬱的深刻形式，但這

並不是把它視作微不足道的。賴希在德國1930年代提出的重要問題是，何以在如此短的時間內，群眾的意識形態的反應、價值與態度，會如此根本、法西斯式地轉變？這是如何發生的？德國法西斯主義是如何發生的？這對我們來說是重要的問題，因為其具有明顯的社會政治原因。它也與個人的憂鬱深切相關，因為假如我們希望幫助任何有憂鬱的人，其中一個致使個人憂鬱而必須被關注的因素，就是為何這會「就這樣發生了」。即使面對巨大的失落，一個人是如何從相對穩定的「因應者」（coper），變得如此脫離現實？徹底的崩潰是如何發生的？

對於「何以如此發生」的研究，群體層次的研究比個體層次的研究更富有資訊，相較於顛倒過來，大眾心理學的研究比個體心理學的研究，還更能提供資訊。而佛洛伊德，甚至他最為基進的追隨者賴希，並沒有充分認識到這一點。他們相當相信大眾心理學最好由個體心靈模型來檢視，但是很清楚地，對我來說，是相反過來的。

這個被稱為納粹主義的群眾社會轉變是如何發生的？賴希給出了一個複雜且具有特徵性的答案，而我只在這裡摘要一下。他認為人們的特徵性構成中有三個層次：一個是法西斯主義的，意指我們所有人都有法西斯主義的能力，但我不接受這種模型。從我們在社會治療工作中看到的，我相信因為我們**正常**的社會互動是深深被異化且缺乏**歷史性連結感**的，以致於在資訊傳播與散布的實際過程中，即使是一個小小的改變也能夠在一夜之間創造整體的轉變。歷史感的缺乏讓我們

格外容易受到影響，這正是1920年代的德國文化和德國社會所面臨的處境。

▌應用

因此，當一個人來到我的治療室，我努力尋找的某個途徑，就是將這個處於痛苦（最可能是憂鬱）的人，帶入歷史之中——將她或他帶出社會、進入歷史。這個人會說：「我感到憂鬱。生活對我來說毫無意義，我不想繼續了，我什麼事都不在乎。」而我會說：「你怎麼知道？」——這並非是個認知的回應，即使你可能會這樣認為。「我怎麼知道？你是什麼意思？**這就是我的感受**。」「你怎麼知道你是這樣感受的？」「好吧，我感受如此是因為這就是我感受到的。我已經這樣持續好幾個月了，這就是我的感受。」「你怎麼知道你那樣感受？」人們通常會被激怒：「你是說我不是這樣感受的嗎？」「不，我不是這個意思。」「你是說我在騙你嗎？你到底是在說什麼？」「我只是單純地想問——你怎麼知道這是你的感受？誰告訴你的？你從哪兒學來的？你怎麼學會這樣說的？是什麼讓你認為你現在對我說的這個詞，是你想要表達的真正意思？你和其他人從這樣的說話方式又能得到什麼？我想要了解這種說話方式的歷史。我說的不僅僅是你的個人歷史，我所說的是『你』做為身處社會中的一個人，我想知道**那個**歷史。」隨著這個過程逐漸展開，我堅持我們同時也要了解我與

我的「正常病人」之間，這個被壓縮的具體歷史過程。

　　這個過程不能被定義為任何認知、情感和社會的過程。反之，它是一個**考察探詢**（investigating）的過程，探究是否在我們被過度決定的（overdetermined）社會認同感之外，還有另一種認同感。在我看來，這種被過度決定的社會認同感，是憂鬱狀態的根本來源。**但這與認為憂鬱有其社會根源並不是同一件事**。無可否認地，它確實有。而關鍵在於，我們情感組織的整個模式，包括它所謂的**正常**與**不正常**，都是經由超級**去歷史的**文化與社會中的類別、生活互動和社會角色，有效地被組織起來的。

　　如果我們將憂鬱視為**正常的**狀態，而非**不正常的**，那麼尋求憂鬱的**特殊性**根源，便意味著尋求整個社會經驗的歷史根源，而這個根源使我們在面對特定的歷史刺激（historical stimuli）時，變得容易受到影響，這是因為我們已經喪失了社會中的位置感而喪失認同感。

　　在《反伊底帕斯》（Anti-Oedipus）（一本很好的書，但我完全不同意其觀點）中，法國精神分析學家和哲學家伽塔利（Guattari）和德勒茲（Deleuze）說到，總的來說（原諒我的雙關語），佛洛伊德最大的貢獻在於他給了瘋子社會正當性（social validity）、一個社會的位置；佛洛伊德為瘋子做的是給他們一份社會契約，還說：「我們給了你個位置。你不是個惡人，你不是個魔鬼，你也不是超社會的（extra-societal）——你只不過是瘋了而已。而我們需要進入（「我們」是指精神分析師和病人）一份社會契約，這能夠讓你與社

會發生關係。擁有了這組關係，你可以更穩定地生活，無論這些互動中是否發生任何有意義的事，無論是一週中的五天、六天或七天。」伽塔利和德勒茲認為，能夠根本地令人療癒的是這份契約。我認為這大致上是對的。我覺得這份對適應不良的人的契約，是極其重要的。萊恩（R. D. Laing）曾經說過，關於精神分析的（psychoanalysis）的好消息是，大多數實踐它的人都不會按照它的理論來做，因為如果他們照做了，他們就會對人們帶來嚴重傷害，是契約發揮了好的作用。

現在，如果我們想超越這種靠自由契約控制其有效性的治療，那麼我們必須改變的不是憂鬱者**在社會中**或**和社會**的關係（not within or to society），而是**在歷史中**與**和歷史**的關係（within and to history）。我在這裡所做出的區分是，透過重組一個人與社會的關係來適應社會，與透過重組一個人（或一個群體、一個國家）與歷史的關係來適應歷史，兩者是不同的。歷史能夠治癒憂鬱（history cures depression）。

這是什麼意思呢？在過去十幾年來，我的同事洛伊絲‧霍爾茲曼和我都在研究此問題。三年前我們在一篇名為〈有關歷史的思想和語言〉（Thought and language about history）的文章中指出，在我們的文化中，思想和歷史都已經深深地被語言過度決定了。其他人也注意到了這一點。有些人，包括傑出的社會科學家（例如加州的帕羅奧圖溝通學派）竟然說出，事實上，我們應該只談論語言的使用，因為

語言的使用，是我們所有最能靠近思考和歷史的了。他們提到任何**直接**試圖觸及（reach）思想和歷史的嘗試都是失敗的（ill-fated），而對人類的存在、人際間的行為、主體經驗和生命的研究，最好透過對溝通的研究來完成。

那麼，嘗試觸及歷史，與嘗試理解被語言過度決定的社會病理學意識形態的侷限，便是密不可分的。「什麼是語言」和「什麼是語言的使用」的這些問題並不是抽象的，而是這些問題所涉及豐富與複雜現象的具體社會過程，包含發出聲音、銘刻文字、做成標記、將它們以某種方式放在一起，並形諸於口語表達等。這個非凡的社會過程是什麼？並且以如此方式出現的這個過程，要到什麼程度，才能被生命本身和歷史本身所識別？從很多方面來說，觸及歷史的過程，最好理解為有自我意識地創造新語言的過程——事實上，就是「**反語言**」（anti-language）的過程。很多人說，這是佛洛伊德的部分傳統。畢竟，在進行精神分析的過程中，不是有種創造新語言的感覺嗎？是的，但是這只是特意地設計將一個受限於社會的語言，轉換為另外一個受限於社會的語言而已。而我們在這裡所說的是語言（反語言）的創造，其特殊功能是用以觸及我們作為社會存在的歷史性（historicalness）。

當然，如你所知，我們此刻正處在歷史中。如果你允許我使用這個詞，存在於歷史中是我們的「自然」狀態；不自然的狀態、病理的狀態、不正常的狀態是存在於侷限的位置中，那就是社會。在我們特

定的社會和它特定的發展路徑中，這種根本的不正常被轉化爲憂鬱的人群。如果不去打破所有與社會相關聯的意識形態連結，憂鬱就不可能有解方。

▌歷史的現象學

　　讓我分享一些關於歷史現象學的想法來總結。在歷史中，我們不容易失落；在歷史中，我們無從失落（Nothing is lost here in history）。所有的事情都會消失在社會中，但不會消失在歷史中。事實上，在歷史中「失落」是什麼意思一點也不清楚。確切地說，在歷史中有個東西不同於失落，它在很大程度上使人類得以擺脫失落。我們在歷史中，擁有的是不斷地變化。發展。社會過程。成長。而不是失落。社會違背「歷史的熱力學³」（historical thermodynamics）的基本定律，它充滿了失落，徹徹底底的失落。在其社會規律中，它實際上允許全部物體的滅絕。它毀掉人類、毀掉產品，也毀掉它們相關的社會位置，因爲社會是被以特殊的方式組織，用來維持階級間、群體間與個體間某組特定的社會關係，並且它

---

3 譯註：熱力學是研究熱現象中物態轉變和能量轉換規律的學科，它著重研究物質的平衡狀態以及與準平衡態的物理、化學過程。此處「歷史的熱力學」是延伸上一句，以熱能不會憑空無謂消失的譬喻，對比在社會中充滿失落，因而違背「歷史的熱力學」基本定律。

以需要失落的方式來維持這些關係。我相信很多人，包括憂鬱症的專家，都認為失落如太陽升起一般自然，而且我們永遠不可能消滅失落。因此，他們總是在尋求的憂鬱解方是基於一個事實——失落是個天賜的、永恆的真理。失落永遠會存在，因此我們必須治療那些無法因應的人。但是如果能有一種對待憂鬱的方法，積極探討失落是否必須存在的議題，會是如何呢？如果能找到一種方法，透過將人們帶進沒有所謂失落的歷史中，來幫助人們、治癒人們，又會是如何呢？好吧，這可能聽來太過單純，但是我認為如果我們能消滅失落，我們就能消滅憂鬱。沒有失落，就沒有憂鬱。

一個人來到我的辦公室，說：「我感到沮喪、憂鬱、想死。」

「為什麼？」

「我經歷了很大的失落。」

「你怎麼知道？」

「我怎麼知道我有很大的失落？我失去了愛人，她死了。她走了。她離開了。這是很大的失落，你問我怎麼知道是什麼意思？」

「我理解這些所有的痛苦，我理解這個經驗，我也理解你的感受。我能感同身受，也感到同情。但是為何你堅持認為這是失落？」

「對我來說就是！」

「這怎麼會被視為失落？」

「對我來說它就是失落，是我的個人失落。」

「它也許是你的個人失落，但是這個失落的**概念**並不是屬於你個

人的。」這樣是否定了情緒反應的真實性嗎？一點也不。相反地，它是在講情緒性的組織（organization of emotionality），而情緒性的組織乃因「我們是誰」的社會定義，而被特殊地形塑。當它被提出來的時候，會回到定義本身的議題，到底為何我們要接受這些定義和分類的位置，而這個問題對於我們稱之為的「憂鬱」是一個根本的問題。

當一個人處於危機中，無論你是否想將其歸類為憂鬱，這個歷史的方法是非常有力量的。在很多方面，我們都必須挑戰被社會過度決定的情感認知的自我理解（self-understandings）。短期危機正常化治療（short term crisis normalization therapy）的最初始形式類似這樣：一個人走進來說：「所有一切都崩潰了。股票市場、我的家庭、世界，全部都崩潰了。」然後一個人盡可能用最大的聲音提起勇氣說：「你怎麼知道？誰讓你這樣相信的？在哪發生的？什麼給了你這種想法？你到底在說什麼？」作為一個社會治療師，你會冒著病人將你當作瘋子的風險。但是這個問題是非常基本，也是非常重要的問題。「你怎麼知道？你怎麼知道你處於危機中？你怎麼知道你無法勝任？你怎麼知道你無法因應？」這並不是用一種拍肩鼓勵的形式來說──「你真的能做到的，孩子。」或許你無法做到；事實上，在危機治療中的假設就是你無法做到。但是問題是，你怎麼知道？你為何這樣想？你的情緒反應為何如此？當一個人處於危機中時，你作為一名社會治療師必須要能直接質疑情緒性的組織，因為如果你不這樣做的

話，你將會把他們留在一個有可能永遠被困住的狀態，就是他們不再有因應的能力，不再有任何意義感，例如，我們所認定的社會認同存在，完全被摧毀的經驗。治癒的解方並不是幫助人們重新定位或者適應，而是尋找一個新的地方。而那個地方的名字，就是歷史。

在憂鬱治療的傳統方法中，我發現各種生物化學的方法頗引人注目。我希望你們不要被嚇到，從試圖定義憂鬱的制高點來看，它們是最不做作的。科因文集中的作者們至少能夠說，他們所做的只是發現能採取處理症狀的技術。有人也許不喜歡他們；而我自己對他們也有很多嚴肅的質疑。但是，他們至少承認我們不能把「我們幫助人們的能力」與「找出問題的根源或原因」兩者混為一談。在一篇相當有洞見的文章中（在科因的文集裡），它指出阿斯匹靈（Aspirin）對簡單頭痛的有效性，絕不能被視為阿斯匹靈的缺乏是致使頭痛的原因。我認為這個洞見不僅對生物醫學方法重要，對所有方法都重要。今晚我所談論的所有事情並不是指我們應該有正確的定義、因果分析、意識形態的位置，或者對憂鬱的理解，別把我當作定義販子。事實上，我說的是，堅持一個定義性的典範是有問題的。我們並不是指「歷史的阿斯匹靈」（如果你願意這麼說的話），是給出一個憂鬱的因果說明。我們要說的是，我們已經發現了一種非常有效的阿斯匹靈——在歷史中，我們稱之為短期危機正常化取徑（short term crisis normalization approach）。

第五章
美國的恐慌[1]

索倫・齊克果（Soren Kierkegaard）在1844年發現了「焦慮」。這一發現被呈現在他的一本小書《恐懼的概念》（The concept of Dread）中。100年後，這本書被譯成英文，成為現代存在主義（existentialism）的經典。顯然在齊克果之前，焦慮就存在，焦慮症在歷史中也屢見不鮮。不過，齊克果是第一個把焦慮的性質描寫為一種模糊、彌漫的不安，它與恐懼不同，在焦慮中沒有顯而易見的危險，它無處不在，無法遁逃。

唐納德・古德溫（Donald Goodwin)《焦慮》

有人可能會嘲笑焦慮是在1844年被發現的這個說法。我告訴你們更奇怪的說法，焦慮之所以在1844年被發現，是因為它在1843年之前還不存在。齊克果只是在它剛剛發生時很快注意到了而已。如你

1　〈美國的恐慌〉是1988年12月2日東邊研究中心為短期心理治療所進行的年度演講。首度發表於《實踐：政治、經濟、心理學社會學與文化期刊》（1989年春天）第六卷第三期與第七卷第一期。

所見，焦慮是現代工業社會的產物。當然，在1843年之前，人們是有焦慮的，只是焦慮作為普遍的社會經驗是一種現代現象。

古德溫說：與恐懼不同，關於焦慮，沒有什麼優點可說。恐懼具有一定的效用，一種適應的功能，換言之，它使我們得以遠離傷害人的危險。但古德溫說焦慮不具社會性的彌補或適應的特徵。古德溫提到，有人認為一定程度的焦慮是有益的，創作者有時會說如果沒有焦慮，他們沒辦法寫作、歌唱或跳舞等，但即便如此，古德溫和許多其他學者仍主張焦慮不是一件好事，應該盡我們所能去擺脫它。

我非常不同意古德溫的說法，我相信焦慮是一種適應的情緒。從歷史上來講，焦慮之所以這麼晚才出現，是因為它基本上是一種面對異化時，情緒或態度的適應。異化是晚近時期才出現的，它以一種歷史的事實進入人的經驗中——不只是私人的主觀回應——是在一個特定的歷史節點上，生產的社會過程在質和量上到達與被生產的產品分離的程度，即為了交換的生產成為霸權式的生產方式。

19世紀中葉之前，人類生產基本上是為了使用，而在其後的50年，全球工業發生了根本的改變。世界越來越被生產所主導，這樣的生產不是為了我們的需要，更準確地說，生產不是為了我們人類的需要，而是為了製造商品、生產是為了買賣和交換。焦慮作為一種情緒／態度的適應，是為了回應異化這個社會－歷史現象，反過來說，它也是整個商品化生產主導的社會結果。

由齊克果建立的焦慮典範，是一種害怕陷入極端的恐懼，這個

定義後來被收入到《精神疾病診斷與統計手冊》第三版（DSM-III）中。具體來說，這是一種最終毫無對象（objectless）的恐懼。它是一種對於某個無以名狀或者甚至不足以名狀的事物的恐懼、戰慄、心悸、盜汗，隨便你喜歡用哪個詞。那不是你走過懸崖邊害怕跌下去的那種恐懼，也不是廚櫃上的煎鍋快掉下來打到頭的那種恐懼，不是這些客觀恐懼，前者是對客觀的實際或者潛在事物的恐懼；而焦慮是沒有對象的恐懼。隨著意識型態、社會、文化以及經濟轉往異化的生產模式（或說商品化的生產），情緒、態度和引起這些情緒或態度的對象（或者缺乏對象）之間形成一種新的關係，而焦慮此時便作為一種主觀上適應這種新關係的情緒和態度而出現。

這樣來說吧：社會中的生產主要是為了使用，許多恐懼是有對象基礎（object-based）的。古德溫已正確地指出前工業、前焦慮時代（最準確地說是前商品化時代）是非常恐怖的——就某部分而言甚至比工業資本主義的生活還要恐怖。這種由恐懼主宰的主要文化典範就是宗教。它描繪了個人與上帝之間的關係。在前異化社會中最典型的恐懼就是一個人被神在一瞬間徹底擊倒。在這種典型的恐懼中，它可以被理解為由一個可指認的對象對個人造成嚴重與可怕的影響。

在社會文化上，從擬人化的宗教／神學的世界觀到商品化世界觀的逐步過渡，深刻地轉變了情緒和態度。「神」現在更微妙而隱晦地藏身於每天日常生活中的活動或一般物品中。神變成了拜物教的（用馬克思的話說）商品，不再是「高高在上」或徹底有別於其生產

者,而是由我們作為生產者所持續參與的生產中的某些東西。費爾巴哈(Feuerhach)談到一個意識形態上的矛盾,由神職人員製造(創造)的神完全與其創造者(事實上生產出祂的那些人)分離。馬克思則談到意識形態(與一個社會)的矛盾,生產階級持續地透過與他們疏離的勞動,創造了一個禁錮自己的社會與意識形態的力量。神不再僅是具體的,祂被商品化成與人類生活的關係,越來越呈現金錢與利潤導向。

在這樣的世界裡,比起前資本主義時代,我們能夠辨認所處困境的源頭在典範上不再明顯。因為在前異化社會中的所有痛苦與恐怖——應該不會有人讚美它——恐懼、痛苦、顫慄與恐怖的來源(至少來源的名義是上帝)至少是相對明白的。而始於(可以這麼說)「1843年三月中旬」的轉變使得我們的情緒與姿態的反應來源,也就是導致我們恐懼的原因,一下子變得無形。並且,這無形的來源正是我們自己持續的社會活動的產物——被組織和異化的勞動力。神並沒有被謀殺,它只是被倒過來並持續地從一條生產線上被生產出來。我認為,浮現於19世紀下半葉正式進入20世紀初的焦慮,是對人類工業組織的全面性轉變的情緒和態度上的適應。在一個由商品拜物教所統治的世界中,的確需要有一種情緒和態度來適應沒有對象的恐懼。它的名字就叫焦慮。

▌恐慌的時代

　　我們這個世紀是很多東西，有些人，像W.H.奧登（W. H. Auden）稱之為焦慮的時代。同樣地，佛洛伊德學派，也是很多東西，它毫無疑問幫了很多人。但坦白說，從社會—歷史角度來看，它是一種辯護、一種合理化。因為它未能指出焦慮的歷史性成因——更別說其他的病理狀態了，反而它為焦慮疾患提供了一種過度精神性的合理化解釋。但20世紀的發展不止帶來了焦慮，包括佛洛伊德學派在內的科學，已經越來越不能應對因瘋狂的商品化而帶來的情緒、社會和文化上的危機。

　　從19世紀後半葉到20世紀，焦慮還能有效運作，然而當資本主義所代表的商品化體制與社會異化走上某種非常可怕的道路之時，它已不能成為一種社會－適應機制了。在20世紀期間，異化、焦慮與商品化啟動了它們自己（商品化被商品化、異化被異化、焦慮製造焦慮），出現了前法西斯和無法進步的資本主義。在前法西斯時代裡，無論外在還是內在，焦慮都越來越不能發揮適應功能。為什麼？因為當資本主義生產方式的最極致表現開始顯露它們自己，當前法西斯資本主義或不進步的資本主義佔據統治地位時，焦慮——無對象的恐懼，越來越無法扮演它的適應角色。正是因為前法西斯的客觀與恐怖的現實可以被清楚地辨識為情緒和態度的反應，這一切如此明顯，所以這種為了幫助人們適應無對象的恐懼的機制不再具有適應性。

　　當資本主義（同時作爲一個生產體制與意識形態）讓位給前法西斯主義（同時作爲「資本主義的」生產體制和保守的意識型態）時，我們這個「焦慮的時代」得出一種可怕和令人恐慌的結論：前資本主義時代的客觀的恐懼又回來纏住我們——這是在封建時代無論是質或量上都無法想像的，是在經過幾百年的異化、充滿焦慮的資本主義進步之後，所帶來的毀滅性能力而產生的。而且，前資本主義時期的自然災害和失序，與人類在全世界製造災難的能力相比相形見絀，這在12世紀畏懼神的世界裡是根本無法想像的。客觀上威脅著我們的不只是核能大屠殺而已。地球環境的破壞、大規模與（以現有手段）看似無法改變的貧窮與疾病、主要由當權者所爲的暴力導致無權者強烈的絕望、在毒品主導的國際社會環境中顯現的反人道價值、政治上的腐敗與墮落使得連馬基維利[2]都看起來像個廉潔先生——這些讓某些曾經是無神論的當權者（如資本主義者和共產主義者）開始重新相信神。同時，不論是中產階級還是勞動階級，其焦慮的版本都無法適應美好往昔的資本主義／共產主義，世界上多數人變得越來越恐慌！

　　中產階級——即幫助人的階級，以及其「助人專業」的先鋒隊——總是與歷史的階級動力脫節，他們向來尋求合理化荒謬的事，尋

2　譯註：馬基維利（1469-1527），文藝復興時代的政治學家。其知名政治學著作
　　《君王論》（Il Principe）認爲理想的君王，所作所爲，應以穩固國家利益與統
　　治權力爲前提。因此，馬基維利往往成爲爲達政治目的，不擇手段、違背道德原
　　則的代表者。

求更新或者改良焦慮的典範，甚至讓焦慮讓位給恐慌。19世紀誕生的有關恐懼、顫慄與焦慮的哲學與心理學，在20世紀轉變成關於絕望的理論，也就是眾所周知的當代存在主義。

▊薛西弗斯的任務，薛西弗斯的迷思

　　20世紀的存在主義者仍然是齊克果的追隨者，但他們已經覺察到前法西斯的興起（如果不是起因的話），他們認為人類在這個悲慘世界中，所能做的就是做出「存在」的選擇。現代存在的男女象徵，不再是受壓迫的、突然無神（Godless）的粗人。而是在卡謬的《薛西弗斯的神話》（Myth of Sisyphus）中可看到可悲的「行動者」。薛西弗斯推著大石上到山頂，但每次大石一被推到山頂，卻又再滾回山腳下。於是薛西弗斯只好走下山，然後……再重新推石頭上山。而根據存在主義者的說法，其中存在唯一可得的「解方」。在後工業社會中，無法適應的適應不再是焦慮而是絕望。唯一的解方和唯一的自由就是存在的自由。本質——存在的理由，一種我們可能追求的理想，或者甚至是焦慮——在20世紀末存在主義思想中，本質被「只是存在的理想化」所取代了。

　　選擇存在而超越本質意味著什麼呢？所有這類哲學思辨要如何對待精神疾病診斷與統計手冊，或如何對待那些有焦慮疾患而向我們尋求協助的人？好問題。在20世紀末的社會，基本的治療模式是存在

主義式的。我這樣說是什麼意思呢？不論治療是化學的、自我心理學式的、精神分析或是其他，正統治療的典範都是存在主義式的。它根植於一種信念：在當代社會，一個人所能做的空泛選擇就是存在。一如因果概念淡出物理學領域，治癒的概念也就淡出心理學領域。在19世紀與20世紀初有個核心的概念，就是認為有某種東西類似完全康復，或者有可能發展成一個「健康」的人，這是一種進步的可能，期待更美好的世界和／或更美好的人，所有這類朝向進步的概念在現在都遭到了壓抑、壓制，然後走上了生存主義者和保險公司設計的存在典範。所以這種時候薛西弗斯聽起來就會有一點怪異了，人們（越來越多的人們）依據當代各種精神疾患而服藥，就像是薛西弗斯滾動岩石一般。如果你覺得薛西弗斯上山下山的旅程，比起那些可憐的個案（不論是工人階級或是中產階級）──長久地用藥，不論服用健康的（合法的）或是不健康的（非法的）藥──有什麼根本上的不同，或者更不具存在主義色彩，那我認為你是在自欺欺人。那根本上就是一種存在主義模式的治療。以精神疾病診斷與統計手冊為基礎的心理異常症狀學分類系統，再加上生化治療，簡直就是把焦慮、憂鬱、恐懼等等都商品化了。在這一點上，古德溫和我都是同意的。

　　從本質轉向存在，加上我認為的「選擇的幻覺」，這種絕望，在某種程度上被證明是對極端的後焦慮症狀（如恐慌）的成功解方，而這是對前法西斯的反應。你看，我們已不再活在焦慮的時代中；我們迅速進入了一個恐慌時代（Age of panic）。這種恐慌的社會基礎是

什麼呢？恐慌意味著什麼？現在我們是一個幾乎無法適應於瘋狂異化的客觀現實的物種。焦慮不再有用，與焦慮相反的恐慌，並不是個對異化的商品社會的主體適應。它反而是最痛苦的人類狀態，那就是無論在個體還是集體層面，人類都無法適應與我們的需求相應的這個客觀上不正常的系統。想想活在這樣一個客觀條件完全與人類發展，與人類存在相去甚遠的世界中，除了絕望（其終極形式就是選擇存在）之外，沒有任何主體適應機制來應對這種處境。結果就是不再焦慮，取而代之的是絕望和／或恐慌。

　　在一開頭我提到，一些人認爲焦慮並沒有什麼好處。我並不同意這種說法，但我同意恐慌的確是一無是處。恐慌並沒有適應功能，它甚至是人類在主體歷史上適應機制徹底失敗的歷史時刻的名字。這終將是一個情緒不安的世界。儘管邁克‧杜卡基斯（Michael Dukakis）和喬治‧布希（George Bush）在1988年提到過一些嚴肅而根本的議題。但那些議題卻不能只是嘴上說說。如果我們眞的想嚴肅地討論美國的犯罪問題，那我們必須具體討論那些造成犯罪的原因——美國的經濟、社會、大眾心理的狀態。美國社會被建構爲一個生產犯罪的社會。絕望生產犯罪。

█ 治療方式作爲社會政策的表達

治療方式始終都是社會政策的表達。我不在乎我們是否有個人實務，我也不在乎我們是不是從來不看報紙或電視——我們的治療方式的確是社會政策的表達。而現在主導正統心理治療形式的社會政策論述的哲學基礎，就是有效的控制和生存的存在主義式政策。

過去20年，各式各樣嘗試處理人們與藥物有關的問題時，我發現有個很諷刺的現象是，這些典型的反毒計畫的措辭中充滿了「選擇」。他們說：「你可以說不。」好吧，或許南茜・雷根可以說不（我可以想像她至少有一次應該說不，但卻沒說）。但對這個城市或這個國家裡的大多數人民來說，選擇說不，不是一個顯而易見的選項。「只要說不」聽起來非常高尚，但是它意味著什麼，或者甚至有沒有「說不」的可能，都不是那麼明確。

從哲學上講，我並不喜歡本質。儘管如此，我仍然對於存在主義把本質排除有疑慮，它就像是一個經典案例：倒洗澡水的同時把嬰兒也倒掉了。因為在倒掉本質時，基本上也毀掉了歷史。你看，眞正的選擇，那種給人帶來力量的或具社會治療性的選擇——並不是介於存在與本質之間，而是在薛西弗斯式的絕望模式與社會控制，以及在人們啟動力量（empowerment）的模式中選擇。

什麼是社會治療的方法呢？人們來到診所，用各種方式向我們要「藥」。有時候他們不會說他們是在尋求「藥」，有時候他們要的

「藥」不是「藥」。人們會說：「給我個解方吧！給我些什麼，我需要被修好，我不在乎是口語談話，還是化學藥物，我想做的就是繼續存在。我選擇存在，我選擇生存。」社會治療的取徑拒絕對完全合理的請求讓步。事實上，我們說的是處理以前法西斯為基礎的恐慌的方法，就是去創造一種新的焦慮。我們為了要有能力去適應，必須集體地工作來創造焦慮。焦慮有適應功能，而恐慌則無。有人可能會問：「你是在說，你要幫助人們創造焦慮，好讓他們有能力適應這個社會嗎？」不，我們不能適應現在這個社會。的確，恐慌是一個非常主體的跡象，顯示焦慮已不再具有適應功能正是因為當前的社會狀態！我們幫助人們創造一種新的焦慮，好讓他們可以適應的不是社會，而是歷史，而且是直接適應歷史。隨之而來的議題便是生活在不適應的社會中無法維持生命，生活在歷史中極度地產生焦慮，而我們必須集體地組織那樣著焦慮，如此方能讓人在歷史背景中具有適應功能。

▌處方：歷史

　　人們來到診所說：「你可以幫助我適應嗎？我心悸冒汗，所以我查了《精神疾病診斷與統計手冊》——我有恐慌症！你有什麼辦法對付恐慌症嗎？」

　　「我們這裡製造焦慮。」

　　「你們製造焦慮？」

「是的，我們一起共同製造焦慮，使人們能夠適應當代社會可能適應的焦慮。」

不要抽象地想這件事，請具體地想它。讓我們回溯一個非常不可思議的領導者曾做出的絕妙的陳述。馬丁・路德・金恩博士說：「現在，心理學家有個最愛的詞叫適應不良（maladjusted）。我將永遠不會適應私刑暴徒、種族隔離、經濟不平等、軍國主義的瘋狂與適得其反的身體暴力。世界的救贖就在於適應不良的人。」

這是一個既道德又科學的周全立場。我們現在面對的選項──而且這是心理衛生的關鍵議題──意味著去適應一個我們無法適應的社會，進一步而言，適應它極有可能意味著採取一種與大多數人認為的人類生活相對立的道德立場。

所以面對這個極其兩難的境地，我們的選擇是什麼呢？我們要試著去適應或協助其他人去適應這個腐爛又病態的社會嗎？（如果你不相信現在社會是這個樣子，那就另當別論）或者我們要繼續保持絕望的恐慌和不適應任何的一切嗎？這些就是我們的選擇。社會治療的取徑是去幫助各式各樣的人們，不同階級、種族背景的、異性戀、同性戀、不同性別的人們，去創造必要的焦慮以適應歷史，繞過社會。當然，繞道並不是逃離。不是逃離它！其實是社會已經逃離和拋棄了我們！我們也不是在鼓吹我們全都跑到佛蒙特州（Vermont）去採集楓

糖或甚至投票給社會主義者[3]！相反，重點是要儘可能去理解造成我們情緒疾患的根源在於，我們適應的主體性裝備與我們文化的客觀條件之間失功能的關係。

這是否否認了精神疾患的生理學因素呢？不，一點兒也不。它否認了行為或心理動力嗎？不，一點兒也不。它並沒有否認上述任何一點。它僅僅說明了所有那些特徵都必須放置在人類情緒與病理學的社會文化面向之中，這些其他元素都被當前我們的文化有效地組織與規範著。

我想跟各位分享一個對我非常重要的東西作為結束，這是一首由瓜地馬拉的政治革命家、詩人奧托‧勒內‧卡斯提洛（Otto Rene Castillo）所創作的詩。當我在準備這次講演時，這首詩再次浮現於我腦海中。我打算做一件很褻瀆美學的事，我想改這首詩中的一個字。我想這首詩的作者，這位在1967年被法西斯謀殺的瓜地馬拉革命家，應該不會反對我這麼做。這首詩的標題，如卡斯提洛所寫《去政治的知識分子》。我想在這次朗誦中把標題改成《去政治的心理學家》。它是這樣寫的：

3　譯註：佛蒙特州以盛產楓糖漿聞名。此處所指的社會主義者應為伯尼‧桑德斯（Bernie Sanders），他曾於1981年到1989年之間，擔任佛蒙特州柏靈頓市的市長。

一日

那些在我國家中

去政治的心理學家

將會被最質樸的人審問。

他們會被問

他們做了什麼

當他們的國家慢慢死去，

猶如甜美的火苗，

微小而孤獨。

沒有人詢問

他們的衣著，

午餐後的酣睡，

沒有人想知道

關於他們以「空泛的想法」進行的貧瘠戰鬥

沒有人將關心

他們高等的財經學問

他們不會被問到希臘神話，

或者關注他們的自我厭惡

當他們中的某個人死去

懦夫的死亡。

他們不會被問到

那荒謬的辯解，

誕生於漫天大謊的陰影。

那一天

質樸的人將會到來。

在那些去政治的心理學家的書與詩中

沒有留給他們的位置

但每日供給他們麵包和牛奶，

玉米餅和雞蛋，

爲他們縫補衣裳，

爲他們駕駛汽車，

照料他們的狗和花園

爲他們工作，

而他們將問道：

「當窮人受苦時，當他們的溫柔與生命已耗損殆盡時，你做了什
　　麼？」

我甜蜜國家

去政治的心理學家，

你將無能回答。

沉默的禿鷹

吞食你的勇氣

你的悲慘

啄食你的靈魂。

而你將在羞愧中沉默。

　　我讀這首詩並不是要攻擊我助人專業的同事們，而是堅持在如心理學這樣的偽科學或神話中，中立是不存在的。它徹頭徹尾是道德的、政治的與社會的。而依我之見，要求否認這個事實的治療方法不是心理學，而是赤裸裸的社會壓迫。我分享這首詩，因為它對我和其他許多人而言太重要了。

　　社會治療一點兒也不深奧難懂。事實上，它只不過是一種組織的反抗，讓我們文化和社會中的那些壓迫性的、前法西斯式的社會現實，從提供他人幫助的理論與實踐中剝離出來。它只不過是一小群人，不論他們在醫院、學校、私人辦公室或社群任何地方，秉持這個相同的觀點與人發生關聯。這就是社會治療的「本質」。更重要的是，這就是社會治療的歷史和實踐。

第六章

成癮的迷思[1]

對於這個演講我有點防衛，讓我告訴你們為什麼。

我演講的這些講題，是由短期心理治療東邊研究中心的工作人員想到的，通常是他們認為由我來談是重要的主題，並在這些熱門話題加上一些社會治療的觀點。因此，今年研究中心的主任休‧波爾克（Hugh Polk）博士來找我說：「今年的熱門主題是成癮。很多補助經費進入成癮領域的研究，每個人都寫關於它的文章——就是它了。」

很快地，波爾克博士和培訓主任貝蒂‧布朗（Bette Braun）指出一系列文獻的方向，我開始進行研究。但是很快我就意識到有問題——這就是為何我今晚感到有點防衛。

兩年前，我的一場關於憂鬱的演講——很明顯，兩年前憂鬱是熱門話題，在我讀了很多文獻後我看到，雖然我不同意大多數文獻關於

---

1 〈成癮的迷思〉（原題為〈成癮的政治與心理學〉），是1990年4月27日，於短期心理治療東邊研究中心舉辦的年度講座，並首度刊登在《實踐：心理學和政治經濟學雜誌》（1991）的第八卷第一期；〈對成癮的回應〉也於同期刊登。

憂鬱的說法，而我身為社會治療理論家，也提出了一些批判的觀點。儘管我對關於憂鬱的傳統理論與態度有很多批判，但是在盡可能讀了很多文獻後，我最終還是相信了有憂鬱這種東西，他們成功了！

去年我被告知熱門的話題是恐慌。我非常仔細地讀遍所有文獻，並對很多關於恐慌和與其相關的焦慮的立場有很嚴厲的批判。對此主題，我進行了一個非常基進的演講——我稱它為「美國的恐慌」。但是至少當我閱讀完所有文獻之後，我仍然相信有恐慌和焦慮這種東西。因此當人們來聽我演講的時候，我沒有感到那麼糟糕，因為他們有所收獲了！

那今年的問題來了：我讀了一大疊書籍和學術文章、我看了影片、我也讀了社會工作者、令人尊敬的心理學家和傑出的精神科醫師的文章。然後奇怪的事就發生了：**我讀得越多，我就越相信根本沒有「成癮」這回事。**

我注意到屋子裡的沉默！「什麼！？沒有成癮這回事？」你對自己小聲嘀咕。現在，我知道我所提出的是一個非常困難的立場。我知道南茜‧雷根（Nancy Reagan）曾說過有成癮這種回事，而我和你們所有人也都知道，成癮產業已經賺了數十億美元。我知道這個詞到處都是，我也知道很多人，包括我們的年輕人、我們社群中的人，被這個詞**嚴重地**標籤、汙名、印記，讓他們自己也相信成癮了。但是你看，我不認為這就代表有成癮這回事。這就是為何，當我沉思今晚演講的其他講題名稱時，一個縈繞在我腦海中的（我已經對替事情想名

字成癮了！）——就是「成癮的迷思或者美國對迷思的成癮」。

從迷思的角度，我想談談這個成癮的社會是如何深刻地對迷思上癮。看看臺上寫在橫幅上的大字——成癮。在哲學的語言中，這個大字什麼都沒說。我認為它的**破壞**是深遠的，但是它確實什麼都沒說。讓我告訴你們為何我這樣想，以及為何澄清這一點與這樣聲明是重要的。

▌成癮產業的誕生

1968年，我放棄了在大學教哲學，或者說，是大學教職放棄了我。我給我所有的學生A的成績，因為我不想將年輕人送到越南戰場成為一些人的炮灰，這些人由於虛構的原因而進行各種戰爭。我們知道真正的原因——但是他們卻拿出虛構的原因。因此，這些年輕人會來到我的課堂，然後我會說：「好，讓我開門見山。每個人都得A，無論你來或離開，或留下；或者寫，或者不寫，全部都會得A。坦白說，我不在意，我會給在座的每位A。現在如果你們想要討論任何哲學話題，我們可以這樣做；如果你不想，那也沒問題。」

好吧，我這樣做並沒有在任何一所學校維持很久，這你們很能想像。我在整個國家都被解雇了——我想最多的時候，我一年去了七所學校。我最終在1968年離開了。當然我不知道要做什麼——我以為我想成為一個組織者，雖然我根本不太知道這是什麼意思。因此在

1968年的時候我做了很多人都做過的事——我去了很多集會，參加會議，我試圖尋找身爲一個哲學博士，除了不在學校教書還能做什麼。當然我破產了，但是我人生中很多時候都處於破產的狀態；這對我來說並不稀奇，我知道怎麼破產。

但是當你破產了，你終究必須找工作來賺錢，然後你就能再次破產。1970年初，我在報紙上找工作，看到報紙上面有一則廣告（我想應該是紐約時報）——招聘「藥物復健諮商師（drug rehabilitation counselor）」。看起來像是我應該去申請的。紐約州有一個藥物復健諮商師的考試，我參加了那個考試並成績優異地通過。我得了非常高分，但既然我對藥物復健的世界一無所知，我已經知道這個領域有點可疑了！我被一個叫做藥物成癮控制委員會（Narcotics Addiction Control Commission）的單位雇用，是由洛克菲勒藥物方案所成立的，他們安排我跨越東河（East River）到皇后區復健中心（Queensboro Rehabilitation Center）擔任藥物復健諮商師。

然而，當我到達那裡時，我發現皇后區復健中心實際上是一個監獄。他們不**稱**它爲監獄，但它的確就是。人們可以住在那裡，是透過認罪以求輕判，而參加這個九個月的方案，而不是花兩到三年的時間蹲監獄。但是皇后區復健中心是一個監獄——它是一個被鎖起來的監獄。它配備六乘以八大小的拘禁室和警衛的毆打。簡言之，所有監獄有的它都有，因爲它**就是**一個監獄。

在這個監獄的脈絡中，他們有一種委婉的稱呼是「治療方案」。這是就在美沙酮（methadone）引進之前，而他們仍然在玩1960年代的概念，如「復健」。我仍舊非常清晰地記得一開始剛來的幾天。第一天我懷著對新工作的忐忑不安和擔心到達，不用提在監獄環境中的怪異和壓迫，更別提我對藥物復健的一無所知了！我被送到五樓，並被介紹給50名非裔美國人、拉丁美洲人和白人的工人階級年輕男人，他們坐在一間大的活動室裡。警衛們開始大吼大叫：「好啦，集合！新社工來了（哈！哈！）」然後他們對我說：「這些是你的人，復健他們吧！」

然後我們都坐下，這些人開始檢視我，這是非常理所當然的事。所有的事都發生得非常快。事實上他們甚至沒有跟我講話，他們只是互相談論他們的共同經驗——但顯而易見地，他們顯然是在談論我。一個人不需要任何訓練也能察覺，當你自己被談論的時候你會知道。

一段相當短的時間後，我發現一個非常高、看起來很有力的年輕人，顯然是他們的領導——之後他成為我非常要好的朋友，但後來在紐約街頭被殺了。在大約五或十分鐘後，我對他說話。他的名字叫雷納德。我說：「雷納德，大家都好嗎？」然後他回答：「我們都很好。」

「你確定嗎？」我說。

「是的。」雷納德說。「我們都很好。」

「好吧，我聽到你說的了。」我回答。「但是，你知道你們是在

監獄吧。」

「是的，我們知道。」

「你知道假如你們想要逃出這個地方，你們沒走到三步，他們就會用那裡的球棒打爛你的頭吧？」

「喔，是呀。」

「你知道你會一次又一次地被關進這裡，因為這裡的返回率是97%，那麼你所看到的是一輩子被關在這個地方，若你張開你的嘴，就會被塞進六乘以八的拘禁室裡關禁閉；若你試圖離開這裡，就會被打爛頭，不管做什麼都會帶著遭國家報復的恐懼……你跟我說一切都很好，**到底**什麼鬼意思？這一點都不好啊！」

在接下來的八週，我們組織了工人和居住者的抗議行動。我們去了奧爾巴尼（Albany），我們去市區到百老匯，我們上了新聞，我們嘗試各種行動揭露這個地方到底發生了什麼，因為它是一所監獄、一種貪汙腐敗，但卻偽裝成一間復健中心。它完全是徹頭徹尾的騙子！然而我們失敗了——美沙酮和整個成癮的現象仍舊大行其道。美國社會問題的醫療化[2]已經開始了。19世紀對成癮理解為某種道德墮

---

2 成癮的醫療模式是一項最近的概念，其發展與將醫療模式應用到更廣泛的現象，包括過去被認為是道德的、宗教的或超自然的現象同時進行。哈利‧萊文（Harry G. Levine）用酒精成癮做了個案研究，追溯當前疾病模式的發展，是清教徒和節制運動的道德墮落模式的接續（The discovery of addiction: Changing conceptions of habitual drunkenness in America. *Journal of Substance Abuse Treatment*, vol. 2, 1985, pp. 41-57）。引用傅柯（M. Foucault）和羅思曼（D. J. Rothman）有

落已經一去不復返，上癮的人已經不再被視爲邪惡的人；這是20世紀的一大進步！現在我們要引進醫療模式來掩蓋社會問題的現實。

美沙酮正要大行其道，成癮亦如是。你看，這個親愛的兄弟雷納德的故事，眞實意義在於，那層樓的每個人已經迅速變得對在治療遊戲中該做的「上癮了」。這個遊戲如同其他遊戲般，很快就被學會。

關精神錯亂的醫療化觀點，萊文提到醫療模式的應用是一種趨勢，「……瘋狂的醫療模式，在18世紀末和19世紀初首先在歐洲和美國被建立，然而事實上總體而言，偏差（deviance）的醫療模式是中產階級世界觀的一部分。」（第52頁）（參見M. Foucault *Madness and civilization: A history of insanity in the age of reason*, New York: Vintage, 1975；D. J. Rothman T*he discovery of the asylum: Social order and disorder in the new republic*, Boston: Little Brown, 1971）。克雷格・麥克安德魯（Craig MacAndrew）關於某些經常喝醉酒的人是患有酗酒疾病的觀念，更進一步說明，疾病模式是一種社會的而非科學的眞實，「……正式地宣稱『酗酒是一種疾病』，不管宣稱者是在做什麼，他們並不是在宣布一個事實的發現。」，以及「這個最新的醫療命名事業的成功，是一項社會歷史的達成（attainment），而非是科學的成就（achievement）。」（pp. 455-456）。參見S.C. Plog and R. Edgerton, *Changing perspectives in mental illness*, New York: Holt Rinehart Winston, 1969, pp. 483-501；另參見S. Peele, *The dieasing of America: How the addiction industry captured our soul*, Lexington. Mass.: Lexington Books, 1989。
然而，「疾病」這個稱呼仍留有一些20世紀前固有的道德判斷概念。霍華德・J・薛弗（Howard J. Shaffer）敏銳地指出：「當代成癮的疾病模式，可以說是一種隱喻標籤的道德模式。」（p.42）醫學界則採取兩面說詞，一方面說成癮者有無法控制的不幸疾病；另一方面社會對成癮的觀感認爲他們是虛弱的、不美觀的與雜亂，且需要遠離的。（參見The epistemology of addictive disease: The Lincoln-Douglas debate. *Journal of Substance Abuse Treatment*, vol. 4, 1987, pp. 103-113）

但那不是成癮！那只是人們學習在他們的處境中必須要採取某些動作，來「恰當地」回應特定現實所給予的社會壓迫！

▊ 成癮的美國

成癮產業是一筆大生意！我並不是在編造！看看我帶來的這一疊書！這個作者，一個有博士學位的科學家說的，不是我說的。我可以引用他們的話來告訴你們，博士們和許多人都說同樣一件事：這是一個龐大的數十億美元的生意！這是一個成癮的**產業**！這是證據**確鑿**的！當我發現這個領域有學問的人和專家們，有多少人知道根本沒有成癮[3]這回事，我感到很**震驚**。我以為我是個怪人！但是卻發現每個

---

3 斯坦頓・皮爾（Stanton Peel）收集了全面的相關文獻回顧，反駁了所謂成癮的化學生物因果連結。這些證據包含有充分證明的個案，他們在停用鴉片之後，沒有出現戒斷症狀：在社會環境改變時突然停用鴉片，沒有任何復健、治療，沒有令人痛苦的戒斷症狀，也沒有從一種毒品（如鴉片）轉換到另一種毒品（如安非他命），（參見Redefining addiction. International Journal of Health Sciences, vol. 7, 1977, pp. 103-124; 與Love and addiction, New York: Signet, 1975, see esp. pp. 19-48.）。諾曼・津伯格（Norman E. Zinberg）引用他與其他人在整個1970年代對藥物使用群體的研究，他們發現，這些使用成癮性藥物的人，並沒有出現成癮的典型症狀。這些被世界衛生組織所定義的症狀，包括：(1)不斷有衝動不擇手段獲取藥物的；(2)用藥劑量有增加傾向；(3)心理和生理的依賴；(4)對個人和社會有害的影響（Zinberg, p. 29），（Drug, set, and setting, New Haven: Yale University Press, 1984, esp. pp. 19-45）。能夠以有節制的、非強制性的（non-compulsive）方式使用「成癮性藥物」的大量人口，僅是這些人的存在本身，就減輕了成癮的概

人都知道這是一個騙局、謊言。而令我震驚的是，儘管人們知道這是一個騙局，但我們在一般日常生活中卻不知道。這是一個**在美國當代被保守得非常好的祕密**——**「根本沒有成癮這回事」**是個被保守得很好的祕密。

　　當我在閱讀成癮文獻大約第10天的時候，我讀到了紐約時報的一本暢銷書，這本書的題目是《當社會成為一個成癮者》[4]，它的主題是每個人都是對一些事上癮的！你對藥物、對愛上癮——人們說有人甚至對某事成癮的人上癮。在我看過的所有書中，我沒有發現有任何一本寫人們對於金錢上癮的書。但是其他所有的都被提到了！他

念，至少在那些特定藥物而言。最為人知曉有節制的藥物使用者就是醫生。皮爾（1975，pp. 26-27）也引用有節制使用海洛因的中產階級專業人士的研究，他從當前數字預估，每一百位醫生就有一位是有節制的藥物使用者。津伯格認為藥物（生物化學實體）、設定（使用者的心理特質）、背景（社會背景——社會期待的整體動力以及社會對於用藥、停藥與戒斷經驗的形塑），三者構成了一個三面向的互動系統，決定了用藥者的特定「樣子」。加州大學聖塔芭芭拉分校的哲學教授赫伯特・芬加雷特（Herbert Fingarette）是世界衛生組織酒藥癮領域的顧問，他認為「關於酗酒的疾病概念，不僅在當前科學沒有任何基礎，它也從未有科學的證實。」以及「現在科學家之間有個共識，就是酗酒並沒有任何一個成因有被科學地證明為成立（不管是生理或者其他）。」並且他也說：「把酗酒疾病化的模式是有害的迷思」，且是「一筆大生意」。（參見Alcoholism: The mythical disease, originally published in The Public Interest, 1988, reprinted in Utne Reader, Nov. / Dec. 1988, pp. 64-69；或者參見J. W. Coleman, The myth of addiction. Journal of Drug Issues, vol.2, Spring,1976, pp. 135-141）

4　Schaef, A. W. (1987) *When society becomes an addict*. New York: Harper and Row.

們找到四千萬人有這個特殊的成癮、三千萬人這種、七千萬人那種、九千萬人其他類型，加起來的數字是整個美國人口的三倍！

我在《物質濫用治療雜誌》上看到的一個有趣條目。一位名為霍華德・薛弗（Howard Shaffer）的人做了一個「80項疾病評量頻率列表」[5]（Frequency of Disease Ratings for the Complete 80 Item List）。他想知道在這個列表中，取樣的人們會認為什麼是疾病、什麼是成癮。這個列表包括了各種各樣奇怪的事情。例如，它不僅包括哮喘、麻疹和肌肉萎縮，也包括慢跑、立體派[6]、道家與新陳代謝等所有事情。立體派占4.2%！是的，4.2%的人認為立體派是疾病（我認為我實際上可能是他們其中的一個，但這是另外一個話題）。肌肉萎縮位於第一位，占取樣的94.8%。

有趣的一點是：35.4%的人認為種族歧視是病。我覺得這相當有趣，因為它顯示了美國醫療化是多麼有效。如果這個測試具有任何效度的話，它說明每三個美國人中就有一個不再認為種族歧視是一個根本的社會問題，而是將之視為疾病，等同於肺炎和心臟病。這對不用採取必要對策來應對種族歧視的社會**腐敗**，是多麼方便的一個理論根

---

5 Shaffer, H. J. (1987) The epistemology of addictive disease: The Lincoln-Douglas debate. *Journal of Substance Abuse Treatment*, vol. 4, p.106.

6 譯註：立體派是前衛藝術運動的一個流派，給20世紀初期的歐洲繪畫與雕塑帶來革命。立體派的藝術家追求碎裂、解析、重新組合的形式，形成分離的畫面——以許多組合的碎片形態為藝術家們所要展現的目標。

據！

還有另外一個：22%的人認為女同性戀是病！33.3 %的人認為同性戀是病。過去20年的歷史非常生動地反映了政治、社會和社群的領導，並沒有意願面對美國危機困難的現實難題，反而是渴望尋求一種意識形態的解決方法，來處理艱困、物質性的人類難題。

我非常尊敬的一名基進理論家西維爾·羅特奇（Sylvere Lotringer）[7]多年前曾說過：「人不是治癒精神官能症（我們可以用成癮、文盲或者貧窮來代替）；人是要改變不能沒有它的社會。」[8]在過去20年來的很多場合，我總是被要求談談美國的教育，而無可避免地在演講開頭，人們常被我的語出驚人嚇到。我指出**從那些負責的人的角度來看，教育系統運行良好。事實上，它是完全成功的**。他們不會再有更成功的系統了！當外面沒有其他的教育方案繼續培訓、沒有工作提供的時候，他們就無法讓前途光明的年輕人準備去上大學或者進入勞力市場了。

美國的文盲每天都在飛速增加，然而世界仍有社會——的確是一些非常窮的社會——能夠在**一夜之間**治癒文盲。那麼，為何這個國家不能治愈文盲、貧窮、成癮或者精神疾病？答案是，對那些擁有社會

---

7 譯註：文學批評家和文化理論家，他因將法國理論整合到美國的文學、文化和前衛建築運動而聞名。

8 Lotringer, S (1977) Libido unbound: The politics of "schizophrenia". *semiotexte*, vol. 2, no. 3

控制權力的人來說——那些運作這個社會的**活生生的人**——沒有什麼特別理由需要這麼做！

　　這裡有一則緝毒帝皇（drug czar）威廉・班內特[9]（William Bennett）出現在奧蘭多記者會上的新聞，他是運作這個國家的人之一。記者問道：「班內特先生，你提到更強大的國家，但是我們內城地區[10]（inner city）的學校、醫院、診所和教堂卻比以前更衰退了，那麼我們該如何解決這些社區的問題呢？」而這位徹底反動的美國緝毒帝皇回答道：「如果這些機構在衰退，那我們應該把孩子送走，送出社區、離開家庭，把他們放進特殊的方案中。」所以他就假裝成一個看顧遭受不當對待的孩子的人道主義者，但是那些被不當對待的家庭和社區呢？這就是美國的緝毒帝皇！這就是美國的社會政策專家！

　　美國教育體制的失敗、藥物方案的失敗、社區健康方案的失敗，都不是自然的災害。紐約的很多人都會記得，當他們決定將所有人移出精神醫療機構放進社區中的時候。這個決定恰恰就是現在眾所周

---

9 譯註：威廉・班內特在雷根與布希時代，任職於國家藥物控制政策辦公室主任（Director of the Office of National Drug Control Policy）與教育部長（United States Secretary of Education）等。在紐曼演講的這個時間點，威廉・班內特是藥物控制政策辦公室主任。緝毒帝皇的原文做「drug czar」，其中czar是沙皇、皇帝、獨裁者的意思，紐曼用drug czar是在諷刺班內特。

10 譯註：內城地區（inner city）在美國語境脈絡，指的是市中心地區居住較為貧窮或較多社會問題群體的地區。

知的「無家可歸問題」的來源。在此之前難道沒有無家可歸的人嗎？
是，有的。但是之前它從來不是國家政策，而是一個**問題**。當負責的
人關掉這些機構，並將這些人帶進社區，卻拒絕以任何認真的形式資
助社區支持方案，所以在紐約市，無家可歸就被製造成一個社會政
策。現在人們透過傳達我們應該關注無家可歸問題，來賺大錢、講大
話，而其中一些正是一開始製造混亂的人。這是一個騙局、欺騙、謊
言。最糟糕的是，人們正為此而受苦並死去。有一些人，如班內特
和他的民主黨的朋友們，會說這是個「疾病」、「流行病」與「危
機」。不！**你**才是疾病！你才是流行病！

　　當我走上來這裡時，我一邊想著對將要談論的這個主題感到多
麼防衛，我開始想到1960年代，如湯瑪士・薩斯（Thomas Szasz）
曾在1960年代說：「真的沒有所謂的精神疾病。」[11]薩斯認為這
些術語很大程度上是被捏造出來的，因為保險公司需要它們。他
說根本沒有能認定精神分裂症、憂鬱症或者其他疾病的科學標準
（criteria）。

　　由於種種原因，人本主義（humanistic）的傳統失去了。而我曾
經是這個傳統的一部分，但我並不完全贊同薩斯的觀點。「聽著，我
認為你的觀點是有缺點的。雖然你所說的有很大優點，但事實是有人

---

11 Szasz, T. S. (1974). *The myth of mental illness: Foundations of a theory of personal conduct.* (revised edition). New York: Harper and Row.

的確心理病了，且否認這件事是有問題的。」我記得在一個演講中，薩斯認爲用來認定一個人是否有精神疾病的標準，簡直可以適用於任何人，因此它對精神疾病的特徵是並無任何區分力。而我想：「湯瑪斯，這個推理有點問題，因爲如果每個人都得了癌症，我們因此無法區分誰得了、誰沒有得，並不代表沒有人得癌症。」

雖然我不完全同意薩斯，但是總體上，我們和那時的很多人是同路人。我們認爲對於這個國家的人們所面對的問題，必須有一種政治性、治療性和社群取向的解決方法。我們站出來並指出每個人都知道的——美國歷史上唯一一個最有效的藥物復健方案，是黑豹黨[12]（Black Panther Party）幾乎在一夜之間實行的。黑豹黨和青年貴族[13]（Young Lords）治癒藥物使用者的比率，高過全世界上的任何人。當你想到數十億美元的復健產業，你是否了解實際上被治癒的人有多少？你們知道今天他們宣稱治癒率是6-8%嗎？而且他們總是在撒謊——這還是誇大的數字。人們根本沒有被治癒！戒酒無名會（Alcoholics Anonymous）在美國社會政治生活已經變得富有影響力，而他們自己也承認，**並沒有治癒很多人**！它影響了**很多人**；的

---

12 譯註：黑豹黨於1966-1982年間存在，是由非裔美國人組成的黑人民族主義和社會主義政黨，其宗旨主要爲促進美國黑人的民權。

13 譯註：青年貴族原本是芝加哥的一個在地幫派，後來成爲一個公民和人權組織，該組織的目標是爭取波多黎各、拉美裔人和被殖民的人民所在鄰里的充權與自決。

確，12步驟方案[14]（12-step program）是個最新的成癮之一[15]。

█ 作爲社會控制的迷思

順便說一下，我並不是說人們並沒有從這些方案中得到幫助。我也不是說藥物和酒精並沒有極大的潛在危害與破壞性。不，這些是真實的問題、非常嚴重的問題。**而且我們經不起這種欺騙和迷思的解釋**！我曾經研究的領域之一是科學史，它**充斥著**創造迷思性的解釋，並以社會壓迫的方式運作，而這種方式是迴避看到人類問題的真實社會原因，這在衰敗進步國家的社會特別真實。就像當時希臘文明開始衰敗，他們就開始增加希臘神明的活動。在希臘全盛時期，希臘眾神坐在那裡無所事事，他們只是出去閒逛，而且一切都很好。但是，當希臘開始衰敗，眾神就忙了起來。如果人間發生了什麼事，人們會說：「哎呀！我想這是因爲朱比特（Jupiter）和朱諾在山上那邊打架了。」祂們必須爲發生在山下這裡的事負責。

---

14 譯註：12步驟方案（12-step program）是由戒酒無名會發起的工作方法，後來被廣泛地應用在物質濫用、強迫症、賭博、暴食等問題，透過12個步驟逐步克服問題行爲。

15 參見E. Herman, The twelve-step program: Cure or cover? *Out/Look: National Lesbian and Gay Quarterly*, Summer, 1988; L. Collett, Step by step: A skeptic's encounter with the twelve step program. *Mother Jones*, July/August 1988; both reprinted in *Utne Reader*, Nov./Dec. 1988, pp. 52- 63 and pp. 69-76, respectively.

因此，當權者創造迷思來進行社會控制，是具有悠久歷史的。成癮？雖然沒有成癮這回事，但是它是一個非常好的談論話題。

我知道有些人會說，就政治而言，這些是非常有趣的，但是科學的證據是什麼？簡而言之：世界上並沒有任何研究提供系統性的、確鑿的證據指出有生理化學成癮（physio-chemical addiction）這回事[16]。除了以下事實外，其他並沒有任何確鑿的證據。事實上，社會環境始終是人們能否相對於所謂的鴉片藥物（或其他成癮物質），改變其習慣的關鍵（如果不是關鍵決定因素的話）。這就是確鑿的**科學**證據。

關於成癮，尤其是藥物成癮，兩個屢次被強調的主要特徵，也是經典特徵是：(1)停用時會有某種強烈的反應，一般被認定為戒斷反應；(2)為了獲得相同的反應就必須用量更多。但是到處都有證據證明，很多人（不只是一小群人而是很高的比例），只是簡單的停止就能戒掉硬性藥物[17]，而沒有任何戒斷症狀。每一篇主要的文章，包

---

16 參見註解3。

17 最明顯的例子是在1970年代初，在越南戰爭中的美國退伍軍人，儘管他們在海外是「慣常的」海洛因使用者，但他們返回美國就戒掉了鴉片的使用，其成功率比正式的藥物治療計畫所顯示的成功率還要高，後者大多涉及美沙酮。參見S. Peele, A moral view of addiction: How people's values determine whether they become and remain addicts, in S. Peele (ed.), *Visions of addiction: Major contemporary perspectives on addiction and alcoholism*, Lexington, Mass.: Lexington Books, 1988, pp. 201-233 and 221-222; N.E. Zinberg, *Drug, set, and setting*, New Haven: Yale University Press, 1984, pp.12-14.

括那些持相反立場的人寫的文章都承認，就統計研究分析而言，人們戒掉藥物的一個最常見的方式就是，人們說：「我就只是停了。」那些因為自己決定停止而戒掉的人有較高的成功率，其成功率比整個世界上任何其他方法還來得高。

　　成癮是一個成功的產業，這一想法是迷思。它是個**賺錢的產業**！它是個失敗的產業！戒酒無名會並不是個成功的方案，但至今它已大行其道並具有重大的政治影響力。國家酒癮委員會（The National Council on Alcoholism）是給予酗酒者幫助和建議的人們的重要聯盟，但直到1982年，它仍以美國烈酒產業作為其主要支持來源[18]，烈酒產業當然會支持戒酒無名會。戒酒無名會說酗酒是疾病，只有相對少數的人才會有。

▌耗錢又無意義的成癮產業

　　最後，我與南茜‧雷根有個相同立場。她說，「只要說不（Just say no）」。「只要說不」是什麼意思？我的意思是，如果你能只說「不」的話，那它就不是成癮了，對吧？成癮的迷思裡充滿了各種這樣的矛盾。**整個就是一個龐大耗費公帑又無意義的事。它是被編造的！**我就在那個像監獄的皇后區復健中心，當他們決定要採取行動，

---

[18] Fingarette, H. (1988) Alcoholism: The mythical disease, originally published in *The Public Interest*, reprinted in *Utne Reader*, Nov./Dec. 1988, pp. 64-69, esp. p.66

當他們認為給這個國家引進一個主要的社會控制產業，是有利可圖、必要的且有可能的時候，因為這是個非常深刻的「變革時代[19]」（the times they were a changin'）。

他們相當輕鬆地在華盛頓和主要的大學（如哥倫比亞大學），談論著這個社會有多少長期貧困的人們。長期貧困是什麼意思？我覺得如果這有什麼意義的話，想必是指對貧窮的人們束手無策——而這是由於這個國家長期以來的領導者造成的。而且現在他們引進各種術語、模式和典範，作為他們沒有對此做任何事的正當理由。你看，把貧窮或者無家可歸稱為成癮，而成癮的意思是——對此束手無策。這是他們說的。這是一種反動的與反應式（reactive）的模式，很多人已經知道它是一個騙局，但是它卻帶有可信度地仍被呈現給美國公眾，為投入數十億的納稅錢的這些方案辯護，但卻是徹底失敗的；數不清的錢被賺取和洗錢，而這是為羅納德‧雷根和喬治‧布希辯護。

所以，不是的。恐怕安‧威爾遜‧沙夫[20]（Ann Wilson

---

[19] 譯註：這裡紐曼是取自巴布‧迪倫名曲〈The Times They Are A-Changin'〉的意義延伸，原創歌曲寫於1964年，成為了60年代的一首國歌。它充滿了樂觀主義，認為世界正在變得更好，種族主義、貧窮和戰爭可以被終結等等。但是用在此處帶有諷刺意味，在弗雷得引用的脈絡中，當時時代正在變糟、在倒退。弗雷德大約1970年左右去皇后區復健中心，那時成癮產業剛剛興起、美沙酮正快要引進，此處翻作變革是指深刻、深遠的轉變。（此譯註特別感謝丹‧弗里德曼與洛伊絲‧霍爾茲曼的協助）

[20] 譯註：安‧威爾遜‧沙夫（Ann Wilson Schaef）是註四《當社會成為一個成癮者》的作者，為美國臨床心理學家及作家。

Schaef）說社會是成癮的是錯的。我認為當她說成癮的社會時，我們要嘛是接受沒救了的事實，或者**愚蠢地**認為能夠使用醫療的觀點來治癒。社會並沒有成癮，社會只是庸俗的、種族歧視的、壓迫的和毀滅性的。它沒有人性、沒有關愛，它製造錯誤教育的政策，製造無法回應人們需要的政策。它包含了所有這些，但是社會並沒有成癮。

因此，今晚我決定在這個關鍵時刻重提1960年代末與1970年代初未完成的戰鬥。萊諾拉・富拉尼博士、拉斐爾・門德斯博士（Dr. Rafael Mendez）、艾爾・夏普頓牧師（Reverend Al Sharpton）、與全國的年輕的人們，都開始用嶄新的方式，重新提起一些老議題。這些老議題是1960年代曾參與其中的我們所記得的，但現在再重提已經不同於1960年代了，因為是不同的人在我們歷史的不同階段，以不同的方式重提它們，並做出不同的聲明。對於那些站出來的人、對於站出來的黑人和拉丁美洲的年輕人，他們誠實地、堅信地說「沒有正義，就沒有和平」是有智慧的。這是口號，它是有意義的──沒有正義，就沒有和平。沒有成癮。我們不會買單的。不要再愚弄我們了、不要再餵給我們這種東西並期望我們會相信。我們也不會進入那些細瑣的小爭論。我們在說的是，**殺戮必須停止**，藥物必須停止。而且我們不會用「這都是因為成癮」的荒謬解釋來停止藥物，因為我們知道這都是怎麼回事！我們知道是誰將藥物放入我們社群中的！我們也知道誰從中受益！我們知道它從何而來，世界各地的人每天都賺進數十億元，並透過這個國家的大銀行來洗錢！就在幾天前有篇報導，

是關於這個城市的大銀行，以及他們在洗藥物的黑錢扮演的角色。這就是為何沒有關於金錢成癮的書，因為如果有一本這樣的書，它就會直指核心了！

我們的孩子沒有成癮，他們不壞，也不是罪惡的，他們只是正在被謀殺。而且我們的孩子正在教我們一些我們必須學習的東西。我們當中的一些人曾驕傲地嘗試介紹過去發生的，和那些嘗試失敗的，必須向他們學習，如今他們正帶領方向並以激揚的語言，克服所有的廢話——沒有正義，就沒有和平！再也不要那些空洞的詞彙、再也不要那些欺騙的科學。不，我們不能將成癮作為你致命行徑的說明。不，並不是我對身為窮人上癮，而是你是一個骯髒的有錢怪物！

我非常高興能夠待得夠久，足以看到這些戰鬥被他們重新組織和重新發展，他們來自於我們的工人階級社群、我們的非裔美國人、我們的波多黎各人、我們的墨西哥裔美國人、我們的亞裔美國人和我們的美國原住民社群。我們的社群開始提出這個議題，我認為全世界的人們也正在提出關於迷思的議題——從東歐和天安門廣場，到中美洲、東南亞和非洲，人們正在抗議：我們再也承受不起這些迷思了！我們正在被謀殺！

消滅成癮是好的。我向你們提出一個政治號召。我們必須消滅成癮，因為這是一個正在殺死我們的謊言。我們必須消滅所有那些在傳統上被用來毀掉我們的神祕事物、迷思與合理化。因此，帶著適度的防衛，我希望你們不要因為我用這些時間並邀請大家來這裡聽我談論

不存在的事情，而對我感到不舒服。

▌對成癮的回應

　　為了回應紐曼對成癮產業及其消費者的挑釁造成的極大迴響，《實踐：心理學和政治經濟學雜誌》規劃了一個專門有關成癮（更準確地說是反成癮）的社論專欄。社論專欄將紐曼的演講稿發給社工、藥物復健工作者、前「吸毒者」、研究與臨床心理學家和精神科醫師。《實踐》（第八卷，第一期）刊登了19篇回應，再加上紐曼本來的演講稿和他對「回應」的回應。

　　如同紐曼在他「對成癮的回應」中開門見山地說到，在形成這一期《實踐》時，某種罕見的東西被生產出來——就是一個關於人們談論人們，熱情且真實的對話。回應來自各種各樣的人，包括那些紐曼特別談到的人：紐約州立大學奧爾巴尼分校的心理學教授傑姆斯·曼庫索（James Mancuso）；哈佛醫學院心理學助理教授霍華德·薛弗（Howard Shaffer）；紐約州立大學雪城醫學中心的朗·利夫博士（Dr. Ron Leifer）；愛荷華市家庭服務全國資源中心副主任溫蒂·德特爾鮑姆（Wendy Deutelbaum）；波士頓迪莫克社區衛生中心的迪莫克戒毒單位的醫療助理道格·米蘭達（Doug Miranda），他曾是黑豹黨成員，目前是新聯盟黨（New Alliance Party）的組織者；還有阿布卡瑞·沙巴茲（Abukarriem Shabazz），他是「階段：小

豬回來」（Phase: Piggy Back）的執行長，這是23年前他幫助成立以哈林為基地的戒毒及物質濫用公司。以下是紐曼對這些回應的回應。

我深深感激你們對我「成癮的迷思」演講／文章，所有富有洞見和熱情的回應。在我看來，能夠有這個關於成癮與迷思，以及其他相關的內容的對話（如同你們縝密的評論所指出），是非常及時並富有正面意義的。進一步說，它鼓勵人們從各種歷史和不同的觀點，如多元化地來看待這些事情。依我所見，我們所有人真正在談論的是人。也就是說，我們是**一群人來一起討論人**；關於我們是誰、我們是什麼，我們如何被理解、對待和解釋；關於我們如何生活，是否要活、何時活、在哪活等。我認為這是相當重要的：一群人開始有自我意識地談論人們。我認為，正是這個活動──人們談論我們是誰與我們是什麼（希望與此相關的，積極地學習和發展），正是這種自我與集體定義的集體性活動，必須面對日漸階層化、強加於我們的定義（是的，我稱其為新法西斯主義），這是當代國際社會鎮壓的里程碑──喬治·布希的新世界秩序。帶著增強和擴大這個「人們一起討論人」活動的精神，讓我儘可能誠實與簡潔地分享我對你們回應的具體回應。

曼庫索教授說成癮不是一個迷思，它並不是不真實的。更確切來說，它是一個真實的建構，以複雜的方式與其他建構的網絡互相關聯，把這些建構放在一起，就形成認同，即使是**老鼠也需要一個有效**

的認同。在建構他立場的過程中，他將**成癮**和**糖尿病**進行類比。他說，兩個都是建構的，對於**使用**他們的人來說是真實的。但是這種建構（無論它們是什麼）被不同人以不同方式**使用**，而一些**使用者**又有能力將**他們的使用**強加於其他人，而且還經常這樣做，這不是有問題嗎？在傳統公立學校的孩子，可能會建構各種各樣心理（和身體）的實體（包含她或他的認同與／或客體認同），但是老師、校長、學校心理師有權力堅持他們的**使用**才是正確的——以及由此產生的一切。老師也許能夠豁達地**超越**，但是孩子通常沒什麼資源。對所謂的「成癮者」，也是一樣的。我們並不是生活在一個建構主義的基進民主社會中，每個人出生都至少有同等機會進行自我與客體認同。我們是生活在一個頭重腳輕（top heavy）、白人至上主義、父權專制的社會，甚至連想像、欲望、觀念等都是被官方的體制所定義的。

然而，成癮和糖尿病的類比，即便**從**建構主義者的觀點來看，還是有問題的。（順便說一句，我希望薛弗教授能夠看到這些對曼庫索教授評論的觀察，他正確指出我不是一個建構主義者，**更何況是**現實主義者（realist）。如果「標籤」在這裡有任何用處的話，我實際上是一個「跟隨」卡爾‧馬克思和列夫‧維高斯基的臨床實務者，維高斯基是蘇聯方法論者和心理學家、**革命性活動**的實踐者與理論家，他不相信靜態、病態和階層的認識論分類，諸如**現實主義、工具主義和建構主義**，有任何進步的人類價值。稍後再補充。）

再繼續講**成癮**和**糖尿病**。在我看來，對「成癮」和「糖尿病」，

有點臨床的後維根斯坦（post-Wittgensteinian）日常語言分析（這些**被使用**的字詞分析），揭露了這兩者之間非常重要且與我們的對話很**有關**的差異。讓我們暫且同意成癮者和糖尿病患者是建構，也暫時擱置作為這些標籤的使用者，無論是成癮者或糖尿病患者的建構，並不與作為標籤使用者的醫生、教授、老師、法官、警察等，處於相同階層的社會位置。但是即使**總體都是建構**，**成癮**和**糖尿病**在使用上是完全不同的，也不具有相似性。就糖尿病這個標籤來說，在我們的文化中，其主要功能在於分類（classificatory）；而成癮這個標籤，其主要功能在於解釋（explanatory）。

西方文明（談論著搞破壞的迷思！）在**分類**和**解釋**上，有著冗長乏味的歷史，並且可以確定的是，它們之間永遠有複雜和多樣的相互關聯性。然而，自前蘇格拉底時代到現在，我認為區分以下兩者是有幫助的，舉例來說：聲稱土地、水、空氣和火是**組成**世界的元素（一般基於恩培多克勒（Empedocles）的分類性分析），以及赫拉克利特（Heraclitean）認為世界要**被理解為**所有事物（無論怎樣被分類）都是**處於一種持續不斷變化的狀態**（解釋性的分析）。

糖尿病屬於傳統現代醫學採用的複雜分類系統。我對**整個**醫學系統的相對效度仍然持有很大的質疑。的確，我認為它是迷思的更甚於科學的（取這個詞的正面意義）。但是迷思終究是迷思。「**分類的迷思**」與「**解釋性的迷思**」很值得區分開來，因為極其重要地，**消除迷思的革命性活動**，非常需要我們看到迷思運作的不同方式。

然而成癮，很大程度上來說，並不是在分類。它的功能在於解釋**為何**某人有用藥物或酒精的「習慣」，但實際上它什麼都沒解釋。它只是用偽解釋性的語言（pseudo-explanatory language）不斷地重述，某人有使用藥物或者酒精的「習慣」，或者更確切地說，某人使用藥物和酒精足以在現在的文化中，造成生理、心理、法律或社會的問題。成癮不能解釋什麼。這與偽科學的中世紀「解釋」非常類似，它認為葡萄酒有**催眠力**（dormative power），但結果證明只是當人喝了一定量的葡萄酒就會睡著。如果你正在駕駛（或者乘坐）牛車，很值得知道這一點！但是催眠力並沒有解釋什麼、沒有添加些什麼、沒有說些什麼，它只是一個迷思。成癮，如同**催眠力**和其他當代社會中那些經過**心理解釋**的，實際上只是在西方科學主宰的意識形態的時代裡，試圖賦予「科學」可信度的嘗試，從而控制金錢的投注（包含公共和私人資金）。但是無論你怎麼看西方數學、物理和化學科學（我對此有頗多懷疑），所謂的西方社會科學卻讓《回到未來》（第一、二、三集）看起來像是鐵錚錚的事實。

湯瑪士・薩斯在精神疾病上教導我們許多，他在1960年代《精神疾病的迷思》一書中，非常明白地闡述了所謂的「變態心理學」（有時被稱為《精神疾病診斷與統計手冊（DSM-III）》）的分類網絡——尤其是精神分裂症的分類，是與保險公司、警察局、法院、精神病院和監獄的需要有關，但實質上卻沒有對於人的情緒性和痛苦，有任何有效的科學分析（更別說同情了）。但是薩斯主要關注的（也

是非常有效的一個），是**精神疾病的分類迷思**。而我在過去25年來（像你們之中的很多人一樣）所持續敦促的，不管是從理論上或更重要的實務上，就是對「**心理學的迷思**」進行更細緻的檢視。因爲在我看來，心理學的僞科學解釋模式，比心理學迷思式的分類系統更加危險並且有害（成癮只是迷思的心理學解釋概念延伸家族的其中一員罷了）。

心理學以現代的世俗宗教運作，很大程度它並**不創造神**（神只是**因爲他們被相信就存在的建構**──「我思故它是」是個與笛卡爾同樣怪異的「**我思**[21]（cogito）」的現代唯心論者的怪異變形），但是卻創造如**成癮**之類的僞解釋性概念，爲了拿到補助、得到病人或者兩者都要的**需要**。我擔心的不是這麼多風起雲湧式地引進（「發現」）新疾病或者心理問題（暴食、厭食、注意力缺乏、廣泛性發展障礙，甚至是「成癮」，當它以分類的方式**被使用**），我擔心的是假裝心理學是一個解釋模式，能夠理解這些真實的人類問題（不管你怎麼稱呼它們），並且由此來幫助有這些問題的人，而不是簡單地對過度膨脹的商品化社會中，已經負擔沉重的消費者，再進一步進行分類和貼標籤。但是心理學不僅僅能賺大錢，它是對人類的貪婪賦予歷史意識形

---

21 譯註：此爲法國哲學家笛卡爾名言「我思故我在」（Cogito, ergo sum）的前半，紐曼對這句話的分析與批判，詳見Newman, F. (1999) A Therapeutic Deconstruction of the Illusion of Self, In Lois Holzman (ed.), *Performing Psychology: A Postmodern Culture of the Mind*. Routledge. pp.111-32.

態的**合理化**，譬如，**為了**賺大錢。侯賽因‧阿卜杜拉希‧布汗在他的重要著作《法蘭茲‧法農和壓迫心理學》指出了這一點：

從14世紀到現在，歐洲人及其後代已經在全世界開始展開前所未有的暴力與自我擴張的使命。與此同時，學術圈也興起了一場關於人類處境的辯論。一個被稱爲「心理學」的學門在16世紀出現，即使這個新學門可以追溯到古代文明，但路德（Luther）的朋友菲力浦‧梅蘭希通（Philipp Melanchthon）創造了這個詞，後來這個新學門開始在社會的各個方面開花結果。它發展了自己的概念，擁有眾多追隨者，發展自己的傳統，贏得一定程度的尊重，並小心翼翼地劃定了自己的領土。隨著歐洲征服了世界的大部分地區，歐洲人作爲人類唯一的光榮模範，心理學也成爲人類經驗的強大專業和科學權威者。

心理學當然不是產生在與歐洲征服及其暴力歷史無關的社會眞空中。從開始到現在，這個學門就已經深陷於這個征服和暴力的歷史中，而這一事實往往未被正視且容易被迴避。然而，對於一個以揭露那些被壓抑的，並致力於大量研究而著稱的學科來說，這樣忽視和閃避人類歷史和心理學家在那段歷史中的角色，是令人深感不解的。（1985, p.37）

在即將出版的《列夫・維高斯基：革命的科學家[22]》（Lev Vygotsky: Revolutionary Scientist）一書中，洛伊絲・霍爾茲曼和我也強調了這個議題：

在現代，對物理現象的理解，不再需要在解釋中隱含或顯露道德（意識形態的）與／或經濟（政治的）的說明，只有在前封建時代和封建時代，亞里斯多德學派和學院派的物理科學才需這麼做。直到資產階級對可量化、可測量並具體存在於地球上的知識需求漸增，這種需要才被革命性地克服，並且加上哥白尼、伽利略等其他人基進的發現，自然科學才被數學化和科技化，從而完全從目的論和上帝的封建侷限中解放出來。時至今日，（所謂的）社會科學仍然受到自然神論教條的束縛，從歷史上說，主要是因為這些偽科學只不過是主流（和假的）意識形態（政治、法律、文化和道德等）的奴僕，因為主流意識形態一方面需要問責性（accountability）與責任（例如：法律必須知道**特別**是發生了什麼，與**特別**是誰做的）；另一方面又避開革命性活動（這個概念本身，和尤其是它的實踐）。因此，馬克思從理論上堅持認為**革命性**的實踐是「*先知石*」（peep stone），需要理解日常的辯證性實踐—批判活動——人們改變正在改變他們的環境，也就

---

22 譯註：此書由弗雷德・紐曼與洛伊絲・霍爾茲曼合著，第一版已於1993年由羅德里奇出版。

是活動，而維高斯基用**工具暨結果**的心理學實踐，更進一步推進了活動的概念，但是卻仍然被視爲不易理解的，而不是與20世紀伽利略具革命性的《關於兩門新科學的對話》類似。

維高斯基卓越的方法論發現（參見例如，**社會中的心智**（Mind in Society））和法農批判心理學是歐洲中心主義（Eurocentric）、白人至上、男性主導的社會壓迫與剝削的工具，對於創造非迷思的心理學是基本的。維高斯基著作的基礎，是認識到**活動**才是心理學**適當**的研究對象──不是行爲、不是意識，也不是現實、工具與建構，而是**工具暨結果活動**（歷史）。但什麼是活動？對馬克思、維高斯基和法農來說，活動是人類透過創造歷史來集體改變社會。在社會中，我們受困於所適應的社會角色階層中（不管適應地好或不好），有時候是被以自我強迫（self-coercive）的建構所適應。唯有在歷史中才有活動。沒錯，更準確地來說，歷史就是活動，是革命性的活動；人們集體性的活動（以各種群體的形式），**透過他們的活動**來挑戰社會角色，並**為他們自己創造**一種適合於**人類持續發展**的環境。維高斯基將這種環境稱爲「近側發展區間」（Zone of Proximal Development, ZPD）；社會治療師稱其爲**治療性社群**；沙巴茲稱之爲「階段：小豬回來」；溫蒂‧德特爾鮑姆稱之爲處理「**社會壓迫**」的家族治療；道格‧米蘭達稱之爲黑豹黨（在**社會**的執法部門摧毀它之前）；馬克思和法農稱之爲革命。

因此，利夫博士，你現在可以看到，你堅持我「**承認**」「**社會治療是政治行動而不是仁慈治療**」根本沒有說服力。事實上，社會治療不僅僅是「**政治行動**」——它完全就是**革命性活動**。因為在我看來，只有當人們涉身投入到歷史的**革命性活動**，而不是**被社會過度決定的行為**中時，他們才有可能持續發展，並且只有持續性的人類發展（援用維高斯基有名的理論，發展是由學習所帶動，並非獨立於學習），才能夠「治癒」個人、團體、社群和人類。

讓我在此有限的空間儘可能闡述清楚。依我看，人們不會**建構我們自己的認同**。然而，人們可以集體地（即社會地）投身於歷史的革命性活動中（當然，這與「搞革命」不必然是同一件事），由此創造新的環境來引發或**重新點燃**發展，讓人們至少能夠部分地，從被過度決定的、適應性的社會限制中解放出來。馬丁·路德·金恩博士很有說服力地強調了適應這件事：

現在，心理學家有一個最愛的詞叫適應不良（maladjusted）。今天我告訴你們，在我們的社會系統中，我非常自豪地對一些東西適應不良。我將永遠不會適應私刑暴徒、種族隔離、經濟不平等、「軍國主義的瘋狂」，與適得其反的身體暴力。世界的救贖就在於適應不良的人。（Oates, 1982, p.99）

建構的構成，或建構的網絡可能會產生認同，但在我看來，這只

不過是另一種用自我破壞的方式來適應不值得適應的社會。雖然它看起來像是對我們壓迫的社會秩序的平等主義式回應——按照自己方式做事的一種方式——但事實上，仍是另一種歐洲中心主義的心理學迷思。因爲我們是在社會環境中「建構」（建構主義的假設也是在社會環境中），而這對我們心理的「建構」有過度決定的作用，就像是在造橋時，可得的建造材料會決定橋梁一樣。阿卜杜拉希·布汗在他關於法農的傑出著作中，暴露了笛卡兒和新笛卡兒的結構主義的假設：

我們認爲，心理學不均衡和有侷限地發展，本質的原因是其基本假設、調查方法和經驗資料的來源，都具有唯我論的特徵。唯我論認爲只有「自我」存在，或者只有「自我」能夠被證明存在。主流心理學便是建立於此，並充滿以下觀點：(1)歐美的世界觀是唯一或者最好的世界觀；(2)實證主義或者新實證主義是唯一或最好的科學研究方法；(3)白人、中產的男性經驗是世界上唯一或最正當的經驗。我將第一個稱爲假設上的唯我論，第二個稱爲方法上的唯我論，第三個稱爲經驗上的唯我論。這三種類型的唯我論互相滲透、互相影響，一起構成了歐洲中心主義心理學的基礎。（1985, pp.64-65）

爲了發展新的材料和假設，我們必須透過活動而不是心理控制，來革命性地重組產生它們的歷史環境。做到這一點，就要投入雖然普通但卻獨特的人類活動，革命性的活動中。

　　我的同事沙巴茲，這些年來在哈林區的「階段：小豬回來」裡做了非常出色的工作，他也不同意我，他認為成癮是真實的。為了支持這一說法，他告訴我們很多關於戒掉的藥物，與使用戒掉的藥物對「戒斷症狀」的影響，而我完全同意他所說的。但是請注意，在他精采的陳述中，他並沒有使用成癮——的確，他大部分都沒有使用這個詞。當然，藥物尤其是海洛因，不管戒與／或不戒，都會對我們的身體有害，嚴重的時候還會致死。而且停止用藥的生理／心理經驗（所謂的**戒斷症狀**），也會隨著不同的社會、化學和心理因素而變化。對於是否有「戒斷」或什麼是「戒斷」，仍有很多歧異，但我們把這個爭論留給別人。我認為根本沒有成癮這回事，並不是否認使用藥物或者停止用藥是相當真實的恐怖。事實上，要透過消除歐洲中心主義心理學偽解釋的偽裝，來更清楚地關注這個現實的恐怖，這個偽解釋才真正是**成癮**。很大程度上，我們必須揭穿歐美國族主義式的**愛國主義**言論，以了解過去幾百年的真正戰爭是什麼，因此，我們必須克服我**們表面上看似對成癮的依賴**，才能了解藥物使用和濫用到底是什麼。沙巴茲，一個黑人工人階級的英雄，解釋了很多，也幫助了很多人；而**成癮**，一個白人中產階級的騙子，沒有解釋什麼，也沒有幫助任何人。

第七章

在沒有避風港的世界中——「社群」是「心」[1]

我一直期待談這個主題，但這本身就是個問題。當我越期待談它時，我就越陷入其中；我思考它，並在半夜醒來，想法就變得越來越多，導致我最後就會說太多，然後根本沒人知道我到底在說什麼。所以，我決定做些調整。我請我最好的朋友和優秀的同事萊諾拉‧富拉尼博士一起上臺坐在這裡，這樣她可以不時提醒我：「弗雷德，沒有人知道你到底在說什麼。」然後，當結束的時候，我邀請你們**所有人**告訴我不清楚的地方。但還是要請大家忍耐一下這樣紛亂的思考，我非常渴望能夠將這些想法與你們分享。

1970年代有一篇很不尋常的文章值得在這裡談一下。事實上，對那些出現在學術期刊或報紙或其他任何地方的文章，我一向不是很信任。我成長於工人階級家庭，後來拿到博士學位，所以我對學術有一些不信任。不過這篇文章（事實上它是一系列文章）相當好。它的作者是克里斯多夫‧拉希（Christopher Lasch），你們有些人可能聽

---

1 〈在沒有避風港的世界中——「社群」是「心」〉的原題名爲〈社群的政治與心理學〉，是1990年11月9日，短期心理治療東邊研究中心的年度演講。

過他（大部分人沒聽過是正常的），這篇文章叫〈家庭作爲殘酷世界的避風港[2]〉（The family as a haven in a heartless world）。一看這標題，就知道這篇文章有價值，確實也如此。拉希討論了傳統家庭的危機也是社會危機的一部分，他也探討了在世界、社會、文化開始變得徹底殘酷的情況下，家庭扮演什麼樣的新角色。

他指出，家庭逐漸成爲一個避風港，讓人可以躲避這個我們身在其中的，殘酷、醜陋、悲慘、壓抑、痛苦和折磨的社會。我們並沒有決定現在是要碰觸這個議題的歷史時刻，然而機緣巧合就被我們碰上了。我們現在所處的這個世界對許多人來說是非常殘酷的。當然，對一些人是更加殘酷的，但是這種殘酷不只影響一小群人，而是數十億人。

所以，這篇文章打動了我，因爲它用一種聰明且熱切的方式，強調了這個殘酷世界以及家庭角色的轉變。但最終，我認爲這篇文章

---

2 譯註：在第二章〈讓我來談一談「移情」〉，紐曼曾打趣地說，可以透過主詞與受詞的翻轉，得到有洞見的幽默，本篇的題名亦是如此。克里斯多夫・拉希的文章名爲〈家庭作爲殘酷世界的避風港〉（The family as a haven in a heartless world），紐曼此篇名爲〈在沒有避風港的世界中──「社群」是「心」〉（Community as a heart in a havenless world），若留意兩者英文原文，則會發現「避風港（haven）與沒有避風港的（havenless）」以及「心（heart）與殘酷的（heartless）」兩者名詞與形容詞的轉變替換。紐曼不認爲殘酷的世界中有避風港的存在，因爲眾多殘酷現實並不是用躲避、逃避可以解決的，唯有當「打造社群」成爲一種不斷組織、變化的方法，涉身投入這些殘酷現實，才有自我轉化也改變社會的可能。

是錯的，但我並不會因此而譴責它。事實上，一篇文章值得讀是因為它有一些值得讚許之處，即使它是完全錯誤的。當人們攻擊新聯盟黨時，我總在想：「哎呀，即使萊諾拉・富拉尼所做的、所說的都是錯的，她還是值得被讚揚。」有些人覺得這很奇怪。我覺得，重要的不是鼓勵那些抽象的真理，而是人們對這個殘酷世界想要做出改變的熱忱與努力。但這是題外話。

　　我認為克里斯多夫・拉希的這篇文章是錯的，我會告訴你們為何我這麼想，但首先我想談談今晚演講的題目。它實際上是從拉希的這篇文章來的。今晚我想討論社群以及我們所謂的社群、有關社群的心理學和社群的政治。我將這個題目叫作「在沒有避風港的世界中──『社群』是『心』」是向克里斯多夫・拉希致意。這也正是我想談論拉希文章中的最大錯誤，因為我認為這個世界並沒有避風港、沒有躲藏之處，沒有人能逃離這種殘酷、痛苦和折磨。

　　很多人試著逃離。人們從家庭、智識的努力、關係、藥物、犯罪中找尋，從政治中找尋，到處尋找避風港。但在我看來，並沒有避風港。我想說的是，社群不是一個避風港、並不是一個我們可以去躲起來的地方，它是一種積極的信念，一個富有人味、熱情、充滿生機的環境，它有能力滋養這些致力於涉身投入這殘酷無情世界的我們。我想談的是這種社群。

　　最近一個稱爲「酷兒國度[3]」（Queer Nation）的組織，對富拉尼博士、新聯盟黨、卡斯蒂洛文化中心和我進行了攻擊。他們發放傳單（這是他們的權利），我們生在一個民主國家，至少我們是這樣被告知的，他們也做了一些暴力的事情，不過這是另外一回事（今晚我無意要批評他們）。在他們攻擊中，以絕佳的私刑傳統，他們對卡斯提洛文化中心說的其中一件事是：「我們不要你們在我們的社群裡。」你們都聽到了，「我們不要你們在我們的社群裡。」我一直在思考這句話：「我們不要你們在我們的社群裡。」

　　我讀過一些寫給主審新聯盟黨案件的法官的信，這個案件是爲了保障我們根據第一修正案[4]，在東區大道與85街的格雷西大

3　譯註：酷兒國度（Queer Nation）是1990年成立於紐約市的LGBT團體。至於爲何酷兒國度要攻擊弗雷德、富拉尼博士、卡斯提洛文化中心與新聯盟黨呢？在第二章的譯註9，已概略説明美國社會内部左派勢力與主流政治的關係，可作爲理解背景。美國政治長期以來是圍繞「被壓迫群體的身分認同」進行組織，也就是「身分政治」。這種政黨的政治文化意味著，能爲民主黨催出最多票的利益群體，就是能在民主黨執政時得到最多利益的群體，而酷兒國度作爲一個民主黨的團體，討好民主黨的方式之一，包含攻擊新聯盟黨。除此之外，新聯盟黨支持同志，而且是將異性戀者、同性戀者、男性、女性和跨性別者組織在一起，此乃基於他們共同的價值觀，而不是基於他們不同的身分認同。此社群從過去和即便到現在都反對身分政治，他們認爲身分政治使人們彼此分隔，並且被鎖在過去。（此譯註特別感謝丹‧弗里德曼與洛伊絲‧霍爾茲曼的協助）

4　譯註：美國憲法第一修正案禁止美國國會制訂任何法律以確立國教；妨礙宗教自由；剝奪言論自由；侵犯新聞自由與集會自由；干擾或禁止向政府請願的權利。該修正案於1791年12月15日獲得通過，是美國權利法案中的一部分，使美國成爲

廈[5]（Gracie Mansion）舉行示威的權利而提出的訴訟。我們在那裡
做過一些示威活動。這個社區[6]大部分是中上階級的白人，他們寫信
給法官。信的內容是這樣的：「別讓這些窮人、黑人、同性戀、拉
丁美洲人，這些改革人士進到我們的社區！讓他們滾出去！我們的
房價會下跌！（或諸如此類的）」、「我的孩子會看到黑人。」還
有封信，這幾乎是直接引述：「我們搬到這裡來就是為了要尋找一
個藏身之處。」這些信寫道：「也許我們應該要求丁金斯市長（Mr.
Dinkins）搬到艾里斯島（Ellis Island）[7]去，這樣他就不會像個磁

首個在憲法中明文不設國教，並保障宗教自由和言論自由的國家。

5 譯註：格雷西大廈起造於1799年，是紐約市長的官邸。格雷西大廈位於曼哈頓
　上東區，是紐約市最富有的地區，幾乎所有人都是白人。大衛・丁金斯（David
　Dinkins, 1927-2020）是紐約市第一位，也是迄今為止唯一一位，非裔美國人的紐
　約市長（任期為1990-1993年），他當時就住在格雷西大廈。他以民主黨身分參
　選，在他的競選活動中，新聯盟黨支持他的競選，同時在整個競選過程中，亦開
　展了「拯救大衛靈魂」的活動。新聯盟黨會帶著標語和傳單出現在他的許多集會
　上，向他施壓，要他在成為市長後，不要拋棄貧窮和工人階級的黑人社群。他當
　選後，新聯盟黨繼續這些活動，組織數千名貧窮的黑人和拉丁裔在格雷西大廈前
　集會。這就是弗雷德文中所指的示威集會。（此譯註特別感謝丹・弗里德曼與洛
　伊絲・霍爾茲曼的協助）

6 譯註：社區／社群的原文皆為「community」，此處因特別指格雷西大廈附近，
　所以譯作帶有地理性意義的「社區」而非「社群」。本書中，弗雷德所指的社群
　並不是指地理性社區，亦非特定身分認同的群體或族群，而是指擁有相同信念與
　價值的跨群體社群。

7 譯註：艾里斯島（Ellis Island）是紐約港內的島嶼，在1892-1954年期間為美國移
　民局的檢查哨，來自外國的移民皆須在此處接受審查，通過者方得入境美國。

鐵般，給我們這兒招來這些黑人……我的孩子去他們的公園而看見了黑人（他們說的是一個公共的公園，你絕對想不到我們也為此納稅）……不要來我們的社區……離開我們的社區。」

我一直在思考準備今晚的這些評論。它讓我想到很多事，關於種族歧視、恐同、厭惡、醜陋、沒人性，我們所面臨的一切。但是它同時也讓我在想，人們所說的「社區／社群」（community）是什麼意思。人們拋出這個詞，「社區」這，「社區」那的；這個「社區」，那個「社區」；「我的社群」、「我們的社群」、「不是你的社群，而是我的」。人們使用這個詞，但所指的是什麼？社區／社群對他們意味著什麼，對**我們**又意味著什麼？

富拉尼博士（在她的開場白中）回顧了週二選舉日[8]的一些統計數據，我不想再重複，雖然我有點想。有三萬兩千人把紐約州長的票投給了她。當他們被主流媒體（establishment press）報導時，會發生什麼？好吧，對主流媒體來說，他們根本就不是人。在主流媒體中，他們被稱為「選民」。它會說：「他們是選民，但是他們是不夠多的選民，以至於不能算是人。他們只占去投票選民的0.8%，因此我們就不必把他們當人了。我們甚至不會說他們在那，我們不算他們因為他們是選民，而當你給他們分類和貼標籤時、當你給我們貼標

---

8 譯註：1990年11月6日星期二，是美國國會參眾議員的選舉日，而紐曼的這席演講是在選舉日後的三天舉辦。

籤、當你把在這裡的人貼上選民的標籤，那麼你所說的實際上就在說我們不是人！所有那些在監獄中的人，他們不是監獄中的兄弟姐妹，他們不是兄弟姐妹，不是人，是『犯人！』，他們是『危險的』、他們是『謀殺者』、他們是『壞人』、他們是『黑人』、他們是『拉丁美洲人』、他們是『統計數據』、他們『用了我們的納稅錢』」。他們不是人，因為他們被貼上適當的標籤以否認他們是真實的人。你們不認為那些投票給富拉尼的三萬兩千人是真的人嗎？事實上，我懷疑他們之中的一些人可能此刻正在這個屋子裡！但是其他成千上萬不在這個屋子裡的人不是「選民」。他們是女人和男人，黑人、拉丁美洲人和白人；他們是同性戀和異性戀；他們是帶著痛苦和問題的人，有孩子或沒有孩子的人；他們是生活著的、工作的、現在正在吃飯的人，他們是形成社群的人，不是「選民」，而是人，他們有勇氣站在一起，並挑戰那些使用「這是我們的社區，滾出去」等類似語言，對人進行分類的人。

因此我想介紹一個社群的全新概念，我希望這行的通。我想要談論「**我們**」。在這兒的所有人、那些與我們有關聯的人，我們的朋友、鄰居、家人、在監獄中、監獄外和在社區裡的兄弟姐妹──那些56街區中出來投票給萊諾拉·富拉尼的10%的人；在麻薩諸塞州，上百萬來自黑人和拉丁美洲人社區的人，通過了選票問題的「問題

四[9]」，降低獨立參選人和第三黨派候選人要被放上選票的門檻，這是美國有史以來通過的最為民主的決議。我想談談投票給馬丁‧奧爾特加（Martin Ortega）的227,000人，他們為伊利諾州的伊利諾團結黨（Illinois Solidarity Party）保留了選票位置。還有投票給代表和平自由黨（Peace and Freedom Party），參選加州州長的墨西哥美裔運動者伊莉莎白‧穆尼奧斯（Elizabeth Munoz）的90,000人。但是我不能，我們也絕對不能讓我們自己，用統計數據在談論和想像這些人，因為他們是我們社群的一部分。他們是我們社群的一部分，因為他們也涉身投入這個無情社會的殘酷之中。

我所指的社群——我剛才指出的我們的這種社群，從麻薩諸塞州到伊利諾州到加州，就是負起責任定義何謂「社群」的社群。運作這個殘酷世界的人，經常都是定義的人，他們用各種手段來定義。他們花大錢來定義，他們用控制報紙與電視臺的主要體制來定義；他們控制學校；他們控制金錢。富拉尼在十個選區中，僅次於馬里奧‧古莫[10]（Mario Cuomo），儘管她只花了16.5萬美元，而古莫卻花了830萬美元。這個男人是紐約州長，他是根本不可能輸掉選舉的，因

---

9 譯註：1990年美國選舉，麻州選票問題（ballot question，公投的另一種説法）的第四個問題是關於，降低獨立（無黨）候選人在該州被放上選票，所需要的連署簽名數量。（此譯註特別感謝丹‧弗里德曼與洛伊絲‧霍爾茲曼的協助）

10 譯註：馬里奧‧古莫（Mario Cuomo）從1983到1994年擔任紐約州長，是現任紐約州長安德魯‧古莫（Andrew Cuomo）的父親。

為他花了我們830萬美元在電視上到處宣傳他那張愚蠢的臉，這樣我們就會出來投票給他。想想這是多麼淫穢、多麼令人憤怒。我對馬里奧·古莫作為一個人沒任何反對意見，但是我反對他作為一個色情明星，當兄弟姐妹橫屍街頭的時候，他花830萬選舉就是一種淫穢，令人作嘔！

因此，他們控制我們，古莫先生和他上流好友們，那些給他830萬的人。這個名單是每個人都該讀的公共資訊。就好像是在讀紐約大富豪們的房地產清單一樣。他們用錢控制我們，他們無所不用其極。但是我要告訴你們，我們必許審視他們控制我們的其中一種方式，就是通過控制定義我們的體制來控制我們。他們告訴我們是誰！他們告訴我們應該怎麼看我們自己，他們告訴我們應該怎麼稱呼自己。他們說：「喔，你應該稱自己為選民。」「啊呀，我以為我是喬，我以為我是一個人。」「不，檢查一下你的選民登記卡。」「你簽名了嗎？」「你是那個議會選區的？」「你是哪個選區[11]的？」「糟

---

11 譯註：選舉區域（Election District, ED）通常被稱為「選區」，是美國選舉行政管理的最小單位，以人口為基礎，每個選區都有一個給該區的人投票的地點。在紐約市人口稠密的地區，選區可能由一棟大型公寓組成。在城市的大部分地區，範圍通常是幾個方正的街區。在農村地區，它的範圍可以包含許多平方英里。而議會選區（Assembly District, AD）是指選舉紐約州議會代表的區域，就像聯邦層級的眾議院（或下議院）一樣。紐約州共有160個「議會選區」。每個議會選區又細分為80至120個「選區」。（此譯註特別感謝丹·弗里德曼與洛伊絲·霍爾茲曼的協助）

糕，抱歉我們沒有看到你的名字。」「你不是選民。」「等一下，我是個人。」「不，你不能投票……歐，好的，我們找到了你的卡，你現在可以投票了。」

這個社會中沒什麼活動比投票更沒人性了。為何在一個民主社會中投票是如此不容易？為何我們不能像在一些州一樣，有可以在投票所登記[12]的權利？為何年輕人不能滿18歲就自動被登記為選民？為何不是努力確保儘可能多數人參與，而不是像當權者那樣努力確保儘可能少數人參與？只有34%符合資格的選民在週二有投票，我猜這就意味著66%的人，「真正」的人說：「馬里奧，拜託，你算了吧……別再煩了。」

他們定義我們，他們定義我們的社群。你看到人們不斷為你定義社群。酷兒國度說：「我們社群不要你們這種人。」**你們的**社群？誰定義的？誰說那是你們的社群？坐在那裡的那個姐妹（富拉尼博士）領導的社群具有非常獨特的，基進民主（radical democracy）的特性。那是一個定義自己的社群。他們定義自己，他們說：「我們將決定我們是誰、我們是怎樣的人、我們如何與他人連結、我們的處境條件是什麼。我們不會被定義，我們不會被關起來，我們不會被放到某個地方的房間裡，我們也不會被放進大房子，即使是像市長的美好房子、卡斯提洛文化中心或者其他的房子。我們將成為在這個世界裡的

---

12 譯註：美國的選舉投票規定因州而異，在一些州，人民必須事先登記為選民，才能夠進行投票。

一個社群，我們將把自己定義為這世上的一個地方的活動、這個世界裡的一個活動，且這個實踐將對殘酷和無情做出一些改變。我們將是一個人們的運動社群，而且沒有人能夠告訴我們，我們的社群是什麼，尤其是那些控制無情體制的人們。我們將決定我們的社群是什麼。」

西維爾‧羅特奇（Sylvere Lotringer）在15年前曾寫過一篇很好的文章，叫做〈解放原欲：「精神分裂症」的政治〉（Libido unbound: The politics of "schizophrenia"）。他在其中說：「人不是治癒精神官能症，人是要改變不能沒有它的社會。」

有人問：「社會治療怎麼運作？」「社會治療是什麼？」好，治癒病理的一種方法，便是讓人們扛起責任來重新定義什麼是瘋狂。富拉尼博士有句最喜歡的金恩博士名言。他所說的要旨是：適應不良？有些人談到適應不良。誰是適應不良的？適應不良的是那些不適應這社會的種族歧視、性別歧視、殘酷、醜陋、恐同和粗俗的人。這就是適應不良的人，這才是所謂適應不良的真諦。金恩博士說，適應不良？把我算進適應不良的行列裡。我為自己的適應不良感到自豪，我不會去適應這個世界，我也不會去適應這個社會，更不會適應於那些真正需要去檢查一下腦袋的人！金恩博士擁有神學學位，但他是一位傑出的心理學家。

社會治療如何治癒？作為一個社群、作為一群人、作為人，我們集體地承擔重新定義什麼是瘋狂的責任。你們可能會說：「呃，這真

是瘋了！……你無法定義什麼是瘋狂。」那麼你認為這個定義最初從哪裡來？你認為它是被寫在石頭上的嗎？瘋狂真的有被「第十一誠」提及嗎？你認為負責寫《精神疾病診斷與統計手冊》的人（我們文化中各種瘋狂形式的官方指南），他們是從哪裡得來這些的？「喔，他們是科學家……他們看看生活周遭，非常仔細地發現了這些症狀，等等之類的。」不是的！從民主的角度來說，人們必須扛起責任說我們是誰、誰瘋了、我們怎樣瘋了、是否瘋了。

首先，我們並沒有足夠的情緒。「噢，你是說我們不夠情緒化嗎？」不，雖然這也是事實，但我們沒有足夠的情緒。我的意思是，我們有多少情緒？「你到底在說什麼，我們有多少情緒？」好吧，回去翻翻心理學的書。你會發現許多情緒，八個、九個、十個、十一個，有很多它們的組合，還新增加了幾個。1844年增加了焦慮，1873年增加了恐慌，但最多也只有十五到二十種。那麼，這夠了嗎？「你到底在說什麼鬼？」為何我們不創造多一點？那些介於悲傷和恐懼之間的複雜情緒呢？那些數十億的情緒狀態呢？浩瀚天地還有更多的情緒，比愚蠢心理學能夠想像的還更多。我們擁有它們，我們能夠使用它們，我們能夠創造它們，我們能夠定義它們。我們可以創造一個世界，我們在其中感受情感的能力會與現在截然不同。

所以，我們何不試試看呢？我們何不定義我們的社群、定義我們的情緒性，定義我們是誰、如何與他人連結？不僅是決定而且也定義它？

　　作為人類，我們之間能關聯的方式比我們想像的要多。這是因為，那些編造我們用來「定義自己」和「與他人連結」的分類的人，對我們表達創造新情緒和新存在方式（new ways of being）的能力沒有特別的興趣。我們此刻正在談論兩黨的情緒性（two party emotionality）！這不僅是兩黨政治，也是兩黨情緒性。那是兩黨的思維方式和兩黨的夢想方式；兩黨的生活方式和兩黨的愛戀方式。這是一個兩黨的系統。

　　而且，如果你說：「嘿，我不適合這裡。」他們會說：「你還有個選擇──就是不參與。」有80%的人口會說：「對，我不會。」但這還不夠，因為我們的同胞正在死去，因為我們的世界很殘酷；因為有悲傷、屈辱和不人道存在。只是採取他們的第三條出路不夠的。因為實際上他們有三個而不是兩個選擇，就是「兩黨」，以及「滾開！不要參與……你想參與？只有兩黨！」再次強調，它不僅僅在於選舉政治中，它是兩黨的情緒性，兩黨的生活。

　　我們想要創造一個社群，而這位姐妹，富拉尼博士，正在創造這個社群。你是這個社群的一分子，全國數百萬人都是這個社群的一分子；從第56選區的遊民收容所，到全國各地都有一個新興社群說著：「我們將決定我們是誰，以及我們是怎樣的人！」這就是民主。民主不是塞進他們的選擇中。人們已經一遍又一遍地強調，到投票所只為了從別人給你的選項中選出一個，並不是真正的民主。當**我們**決定問題和當**我們**決定候選人的時候，才是民主。

讓我舉一個我稱之為民主的例子。我們何不建議那些我們選舉出來的民代，那些自由派的，那些看起來對改變和新事物持開放態度的——我們何不進行一次全國性公投（非常民主的，每個人都有機會投票），針對那些擁有國家53%財富的3%的人，把數十億美元的財富重新分配給**我們**。嘿，我們來談談民主。他們會說：「哦，你不能那樣做！」為什麼我們不能那樣做呢？「這是不允許的；這是一個私有財產的系統。」但是等一下，你說這是私有財產的系統，我聽到了。我在憲法有讀到私有財產，但我也在憲法讀到民主。也許我們之間有點小衝突。如果我們實行民主，人們可能會說，「你知道的，我不是太介意私有財產，但只是有這麼多財產掌握在這麼少的人手中。如果我們有私有財產，為什麼我們不**全部**都有一點私有財產呢？為什麼無家可歸的兄弟姐妹沒有地方住？這就是我所說的財產。」然後他們會說，「你為什麼不回俄國去？」我不是從俄國來的啊。「呃，不管如何還是回去吧。」

前幾天我幻想了一段對話。這個人說：「紐曼，我聽過你的演講，但你是共產主義者，不是真的嗎？你真的不是共產主義者嗎？」在這段幻想的對話中，我說：「你是說像這回爭論中，獲得諾貝爾和平獎的那個人，還是像時代雜誌十年風雲人物的那個人？你是說像米哈伊爾·戈巴契夫[13]（Mikhail Gorbachev）那樣？你是這個意思

---

13 譯註：1990年諾貝爾和平獎與當年度時代雜誌十年風雲人物，正都是米哈伊爾·戈巴契夫。

嗎？」那個人對我說：「是啊，對對對，就像那樣。」然後我說：「不，不是那樣的。如果這就是你所說的共產主義，那這不是我在說的；那不是我的目的；我也不是那樣的。我不支持這種因為不認可與欣賞基進民主或任何民主的重要意義，而失敗的共產主義；就像我也不支持一個被冠以其他名字的制度，如果這些制度也不相信人們（我們、社群），有定義自己的民主權利。」那個人聽完後說：「好吧，那我想你不是一個共產主義者」。那麼，我還能告訴你什麼呢？你喜歡怎樣就怎樣！

　　一位我非常關愛的女性，她是我的朋友、病人，一個真實的人，有一晚她非常難過地來到我的治療團體。對於她很難過，我感到很難過。她非常坦率與誠實，說她又讀到一篇在抨擊我們所做所為的文章。那是刊登在《村聲》上一篇令人難受的文章，關於我們在卡斯提洛文化中心的一個藝術品拍賣會，而這個文化中心「與新聯盟黨有關」。這就是人們使用語言的方式——「它與新聯盟黨有關」——就好像自然歷史博物館與共和黨無關一樣！我這麼做已經很久了，我想我開始變得有點厭倦，因此當我讀到這篇文章的時候，我幾乎沒有注意到它是一個攻擊。但是我不想感覺遲鈍，人們受到它的影響，這位姐妹為此難過。

　　她分享說她愛戴我，很尊敬我，我幫助她很多。她覺得我是個非凡的、有天賦的治療師，但當她讀到他們寫我的東西，或讀到我被引述的話，或聽到我像這樣在臺上說的，她坐在那裡，畏縮地說：「為

何這個親愛又聰明的人，我喜歡他，他也幫助我很多，但為何他是個瘋子？為何他不去做一個體面的中產階級，這樣他就不會說『《村聲》是一群史達林主義者，他們試圖找卡斯提洛文化中心的麻煩』？為何他不能給出一個恰當和諧的批評？──像是「《村聲》有其自己的觀點；我們也有表達自己觀點的權利……？」

好吧，他們定義了一個我們必須和諧的社群。當人們在寫那些惡毒文章，卻絲毫不考慮另一端也是活生生的人的事實，我能保持平和嗎？當那些人積極確保卡斯提洛文化中心賺不到錢時，但大部分的錢都是用於那些垂死的愛滋病患者和無家可歸的人時，我能保持平和嗎？當某人現在可能正在死去，而《村聲》竟敢忽視，在他們愚蠢、邪惡、派系和庸俗的言語背後是一個個真實的人，我能保持平和嗎？我該保持平和嗎？當我看到人們因為無家可歸而躺在街上、快要死去的時候，我無法平和，我也不會平和。就把我看成這城裡最大的瘋子吧！我會很感激。對這個議題，我是個徹頭徹尾的瘋子，而我多麼希望你們也是。如果不是這樣的話，那你們到底從哪來的？

現在，這些憤怒並不是針對這位姐妹，我喜歡她的坦率，我也喜歡她這個人。我們必須要打造一個社群，富拉尼的社群、新聯盟黨的社群，我們會說：「嘿，我們甚至將重新定義憤怒。」他們定義了憤怒，並視其為某種問題。他們教我們如何將憤怒指向錯誤的人們，包括我們自己，他們也教我們如何用憤怒來傷害其他人，男人傷害女人，異性戀抨擊同性戀，白人摧毀黑人和拉丁美洲人。他們教我們什

麼是憤怒。畢竟，憤怒就是憤怒。看到了沒，憤怒不是某種抽象的東西，它是一種實踐。他們教我們如何實踐憤怒，他們告訴我們該恨誰、該對誰發怒、該對這些人做什麼、該如何跟這些人說話，與如何避開他們。

我們必須重新定義憤怒。嘿，我很憤怒，但我將帶著這個憤怒做些其他事。在我的社群、我們所打造的社群中，我想讓這個憤怒成爲能量的來源，不用來傷害我們自己，也不傷害任何人，而是與其他被重新定義的情緒一起爲我們所用，用以打造、重新組織與創造。「噢，你無法用憤怒這樣做。憤怒是負面的。」不不不，在我們的社群中，我們定義憤怒。

在我們的社群中，人們會說：「哎呀，我感到很糟糕。我什麼都沒辦法做。我什麼都不能改變，尤其是我自己。你在談改變，而我改變不了。」好吧，也許我們需要改變你所認爲的「改變」是什麼。「你是什麼意思？」人們已經被教導說改變意味著「改變自己」。他們來尋求治療，說：「我想改變自己，我想讓自己改變。我想要自己是這樣那樣，我想要自己看起來是這樣那樣。我想要九英尺高而不是六英尺高，我想成爲黑人而不是白人、白人而不是黑人、同性戀而不是異性戀。我想要那樣的鼻子，而不是這樣；我想要那樣的耳朵……我想改變我自己。給我一些藥，給我一些酒，改變我！」

但是如果我們重新定義「改變」的意思呢？我們來談談，在我們的社群中，如何可以一起來改變我們所處的這個世界。如果我們是改

變者，而不是被改變的對象呢？如果我們是一個活躍的社群，其中的人們知道如何打造與改變，並利用我們既有的來創造新事物，而不只是改變「我自己」——因為是**他們的**模式說你應該要改變你自己。他們創造了一種環境，使得人們如此傾向個體的向上流動，以至於他們可以把頭抬得夠高，這樣他們就不必注意到睡在紐約街頭的人們。那不是**這個**社群！

他們定義事物，並且透過他們的定義來控制我們。你們當中參加過勞工運動的人，可能會注意到過去20年前發生一件有趣的事情。在過去美國經常有罷工。曾幾何時，工人受到打擊（struck）——他們就不再罷工（strike）。然後美國就再也沒有罷工了，只有停工。這就是重新定義事物。

我知道你們當中的一些人肯定在想：「沒有改變物質條件，你如何重新定義事物？你一再講重新定義，你是某種怪胎的唯心論者（idealist）嗎？你在你腦中假想這些，然後一切都會變好嗎？重新定義能夠擺脫貧窮嗎？它會為無家可歸的人找到房子嗎？重新定義能夠為饑餓人們的餐桌上帶來更多食物嗎？它能讓30萬大軍從沙烏地阿拉伯撤出來嗎？」我知道你們當中的很多左翼人士會說：「啊，我知道紐曼是某種黑格爾的傻子。重新定義、重新定義，這是一種心靈之旅，一種修行之旅，但是物質的現實怎麼辦？」

嘿，聽著，我們不能以否認現實的方式重新定義，來創造一個新世界。我們無法靠重新定義自己，然後我們就能飛了，因為我們是不

能飛的。因為我們的物質條件限制，有很多事是無法做的。

　　但是我們在此所談論的嚴肅議題，是我們在物質條件上能做卻沒有做的，因為我們被他們把「我們視為選民」的體制化定義所控制；將我們限制於這個社群而不是那個社群；讓我們做為黑人且不能投票給白人；讓我們做為同志且不跟異性戀說話；讓我們做為男人且不當對待女人。不！我所說的是，我們能夠做的遠比現在還要更多的方式。我所說的是，這個國家有數百萬人，沒有為自己的利益走出去投票的事實。我們正投票給那些痛擊打壓我們的人。除非我們學會如何打造社群，否則這不會改變。

　　我們是包括了上百萬人的社群中的一分子。我希望大家再稍微思考一下，再次的，我希望我們將上週二的選舉日想成是「社群的定義和重新定義日」。在整個麻薩諸塞州，有超過一百萬個人定義他們自己是我們社群的一分子。你們會說：「弗雷德，拜託，你也幫幫忙。他們做的只是出去，然後給該死的『問題四』投票。」不，他們做的不只是這樣。因為如果你們看看他們投票的內容，上面寫著「讓我們打開大門迎接新的可能」。電視臺說：「不要投票給問題四，因為如果那樣做的話，選票上會有太多新的政黨，而我們不便涵蓋所有的政黨，當人們去投票所時會感到困惑。」根本沒有人去投票所，他們卻擔心人們去投票所的時候會困惑！

　　定義我們的人們不想要新的可能。我想要多少候選人在選票上？七十個、八十個、九十個、一百個，一百萬個──讓我們有一百萬個

司法部長候選人吧！讓他們每一個人整晚在電視上講話。他們會說：
「我是這個、我是那個。」但是為何我們要花費這麼多時間只聽羅
伯特・艾布拉姆斯[14]（Robert Abrams）講話呢？為何不就一個個議
題，進行全國性公投呢？為何不現在立即就針對「是否要撤出沙烏地
阿拉伯」進行全國性公投？為何不？我們有科技，能夠在兩天內能做
到。我們必須讓它發生——基進的民主！我們必須要有一個社群的政
治和心理學來定義社群是什麼，最終由我們定義什麼是重新定義。**這
就是**基進的民主！

　　我正要開始帶一個新的團體。20年前，當我開始著手做治療
時，我多少有點被限縮在傳統的分類中。我並不是真的那麼傳統，
但是我發現我最好先做些傳統的事，所以我曾經進行一對一的個別
時段。我曾經非常擅長於此，一次又一次說正確的話，做出紮實的詮
釋。當人們感覺受傷，而你給予幫助，他們會給你錢。我停止個別的
方式，開始進到團體治療，越來越大的團體。所以這是今晚的宣布。
我準備開始一個新的治療團體，每週一次，且我想要有100人以上的
成員參與。我想做真正認真的治療，我想做**社群**治療。我想要有個團
體，人們在其中透過實際創造社群，來處理他們的情緒問題；且這個
團體裡，成員數量是如此之多，以至於你不可能假裝個一到兩年，想
著也許可以輪到你有一些私密性的治療。在我的團體中，總有一些

---

14 譯註：羅伯特・艾布拉姆斯在1979年至1993年間，擔任第六十任紐約司法部長。

人會想：「當我們在做這個『打造團體』（building-the-group）的東西時，我會就這樣掛著，也許在一年或半年的將來，就會輪到我了。」但是如果你看著100-150人，你就會想：「輪到我？可能要等到進棺材吧！」

因此，我開始建立一個大約100人的付費團體。人們說：「你是什麼樣的社會主義者／共產主義者？你總是要人們付費。」人們會那樣說，而這是值得注意的。我是個社會主義者或者共產主義者，是取決於我對我的錢**做**什麼，而不是你是否付費給我。因此，我希望你們今晚能夠登記加入我的百人每週團體。我對我的朋友說這是「眾人治療」（mob therapy）。相比我的同事富拉尼博士，我做的是小團體，她才是真正的群眾治療師（mass therapist）。她對上百萬人帶團體。但是我很希望你們也能加入，我希望人們能看到打造自我定義社群所能帶來的治癒因子。

今晚我還有另一件事要做，這是真的瘋狂。我最近正在寫一本關於維高斯基的書，他是一個聰明的傢伙，蘇聯猶太人，於1934年過世。他寫了一些非常優秀的作品，今晚我準備談談他。昨晚半夜我醒來，想著我對列夫・維高斯基能講上四小時──我就先不跟你們說了。但是我想分享一些他說的，然後在此基礎上做一些事。當我談到社群，自我定義的社群、運動者的社群，我並不是在說邪教。我也不是在說去佛蒙特州、瓊斯鎮或其他地方，試圖建立一個與世界上其他人們孤立的社群；我指的是一個人們的社群，居住在更廣大的社群

中，並與這個更廣大的社群——這個城市、這個州、這個國家，乃至於這個世界——持續地進行交互、連接與重疊。我所說的重新定義社群，並不是指透過某種向內檢視的團體，或內在導向的群體來達到。不，我所談論的這個社群是作為一種積極的社會力量，它要求**所有**的社群——人類的社群、女人和男人、同性戀和異性戀、黑人、拉丁美洲人和白人——所有的我們必須重新定義社群。我在說的社群，是個能夠滋養的社群，要求並敦促進行重新定義活動。

這裡的關鍵是，這個我們的社群不僅是一個圍坐在這裡的人的社群，它還是一個能夠重塑形成的社群，它的樣子每一刻都在改變。這是維高斯基的概念，這是個很難學習的事。在我們的文化中，人們被社會化成想要與需要穩定性。但是這個世界並不穩定，即使是在最好的時代，世界也不穩定。它在前進、成長、變化，所以我們才會前進、變化、成長、做些事，而我們並不知道，我們被社會化到不知道這一點。我們被社會化到沒有察覺，我們可直接到選票上的右邊並投票給G欄位[15]的事實；我們社會化到相信，我們只有**這些**可能性而沒

---

15 譯註：紐約和美國大多數州的選票都是以「欄位」印製的。欄位的排序是依據前一次選舉所獲得的票數決定，所以可想而知，民主黨和共和黨幾乎總是會被放在上面的A欄位或B欄位兩者其一。而G欄位則是在選票的最下面，除非選民事先知道要去找它，否則不太可能看到。而在這次特定的選舉中，新聯盟黨就在G欄位裡，而弗雷德鼓勵他的聽眾在投票時去找G欄位。（此譯註特別感謝丹‧弗里德曼與洛伊絲‧霍爾茲曼的協助）

有**那些**可能性。

　　好，抓緊了，這是蠻瘋狂的事──我認為我們應該馬上改變我們的樣子。我不想強迫任何人，因此你可以做任何你選擇的事。如果你們想坐著，沒問題。但是我知道我想幹嘛，且我想要富拉尼博士也加入我。我們一起去過很多地方，因此我希望她也能夠加入。我希望我們都站起來、經過走道，走出這所高中的校門外，站在街上儘可能一起大聲喊：**「沒有正義，就沒有和平！沒有正義，就沒有和平！我們定義社群！我們定義社群！」**我希望我們走出去大約一分鐘之後回來，坐下來，問一些非常難的問題。但是我希望我們能出去告訴這個社區，我們不必被這些座位鎖住。現在就讓我們走出去定義我們的社群！

附錄A 關於「危機正常化與憂鬱」的對話

接下來的對話來自紐曼博士演講後的問答時段，以及後續與東邊研究中心的工作人員、受訓者的討論。

你說「歷史治癒憂鬱」，也許吧；但在真實世界中，若有兩個急救員帶來一位年輕小姐到你的治療室，她坐在角落，已經十天沒吃飯，對你要說的沒有任何反應，你要怎麼辦？

好，我會精確地照我所描述的做。你一定是指這樣做對於這個緊急的危機，並不是一個恰當的方法。所有不同的方法都可以也需要被採用，重要的不是你採用哪種方法，而是你認為這些方法**是什麼**。而這會深刻地作用在真實世界裡的直接關係。我們所受的訓練，使我們將真實世界視為只存在於客體層次（object level），對當前表象的直接反應，但這是虛幻的、不真實的世界。真實的世界包含歷史性，它是一個過程，透過此過程，客體化的反應（objectified responses）只是當前的表象。這是我想強調的重點。當然，我也遇過這樣的人以及治療這樣的病人，他們來到我這兒，而這些正是他們的反應。我想強調的是，不管一個人採用何種客體層面的方法，如果沒有包含歷史性，他實際上就在治療中遺漏了一些非常重要的東西。

那麼，這看起來像什麼樣子呢？它看起來是無論你採用哪種立即

的方法，都要與歷史性連結。我個人認為，取徑的做法應該儘可能多種多樣，只要能幫助在痛苦中的人。但是我不認為我們應該以實用主義之名，接受制度性的類別，那會讓人永遠被困在那個位置中。我已經與很多人工作，他們經歷了與這個歷史過程連結的過程，從而重新啟動發展。在我看來，如果我們不能重新刺激成長，我們就真的只能受制於阿斯匹靈了。所以，我並不想讓大家覺得我現在所說的都太過抽象，因為它確實是在處理急迫的情境，它必須如此。問題是，你是否完全被情境的急迫性給影響了。所有我們被教導和訓練的，都是在將我們社會化而被如此組織。我所敦促的是要打破那種訓練，並不是要放棄而是要**使用**它最有價值的部分。尋找「定義」是無效的，而尋找歷史位置是有效的。那麼在這條路上有什麼技巧好使用呢？任何派得上用場、能幫助的都可以。只要不是為了治療、為了和你正在發生關聯的人，就去找一個位置擺放（指憂鬱症的病人位置）。不，不是只用藥物，我們就可以為他們找個位置，也不是給他們貼上標籤、把他們放在那裡。不，都不是。

超越診斷到治療，你不認為社會治療的應用，是要積極地參與理解和解決導致憂鬱和憤怒的社會問題嗎？

夠奇怪的，我覺得答案是否定的。七月時，我在古巴的美洲心理學會大會上做了一個演講，其中我提出了一個概念：將病人視為革命者。這是指，把人們視為有能力改變他（或她）的社會環境的人，當

然他（她）是否選擇這麼做是另一回事。事實上，在我看來，最重要的是把不是革命者的病人視爲革命者。說得更直白些，我願意冒險，如果有人爲人們充權（empower），他們可能會做出進步的事情。我曾看到當人們從社會定義的限制中解放出來的時候，他們能做非常正向、豐富和進步的事情。因此，我們的主要關切是幫助人們變得更有力量，讓他們的社會活動能夠自發地流動起來。對於所謂的基進治療，我是個非常強烈的批評者。從科學、社會和文化的層面來說，我認爲它是失敗的，因爲它只是承擔了充權的風險並從那裡出發。我們已經看到，充權不需要設定目的，因爲人們自己會設定與持續的充權一致的目的。充權的感覺很好，憂鬱感覺很糟糕。我非常期待這一點。現在社會中被禁錮和分類化的人們，正面臨嚴重的麻煩。他們必須被幫助，從他們憂鬱狀態，轉變爲被充權的歷史狀態。且從那裡，人們需要被允許能自由地漫步。對於這些歷史中的人們，我願意冒險。

你如何讓人們進入被充權的歷史狀態中？

　　透過尋找有效的方法讓他們掙脫鎖鏈。當人們能夠從致使他們無能的（disempowered）許多意識形態、社會、政治的鎖鏈中，歷經擺脫這些鎖鏈的社會／心理／文化過程，人們會變得有力量。我認爲人類的自然狀態是具有力量的，而不是在鎖鏈之中。所以，我們的工作，不是只幫助人們找到另一組鎖鏈，或者適應待在鎖鏈裡，或者美

化這些鎖鏈假裝是手環，而是要進入那些鎖鏈中的社會歷史根源深處。這要因人而異，因為我們身上都帶著不同的歷史，並且以不同的方式、不同的程度被禁錮（imprisoned）。這些歷史對我們的掌控來說極其重要。要拿回歷史的主導權，前提不僅是要在認知上有所覺察，而是要能重構和重組它。只有主動參與其創造，我們才能知道我們的歷史。創造一種本質上完全不同的新的關係或者新的社群，就是創造新的歷史的一部分。由參與者在這個過程中，有自我意識地決定、發展、打造和組織，它在質地上將會有所不同，且其中必要包括，持續將我們當前社會位置的限制性環境納入考量。這是完全不同於適應社會處境的典範——不是適應社會，而是適應歷史。我並不是反對適應，讓我們適應歷史，而不是社會。

為何這種疾病只選擇我們文化中的某些人？

是什麼讓股市在週一陷入瘋狂（1987年10月19日）？讓股市在週一瘋狂的條件已經存出現一段時間了。作為一個科學哲學家，我已花了非常久的時間，試圖區分條件和原因的差別，嘗試去細緻分辨哪些是客觀條件、哪些是關鍵原因，以致使某事在特定時刻發生。希望你不會認為我的回答模棱兩可，但是坦白說，我不認為這個問題是能夠回答的。再者，我甚至不認為嘗試回答這個問題是可取的。條件和原因之間的區別，終究不是個有效的區別。進一步說，我認為對原因的尋找最終是死路一條，它帶來的傷害比助益還大。我要敦促的是，

我們要開始探尋總體條件（totalistic set of conditions）。

　　例如：文盲這個社會問題。很多人有機會接受教育，但很可能一牆之隔的鄰居就無此機會，這個現象至今依然存在。因此，人們可以用過度聚焦在這個議題的方式，來探討文盲議題；或者可以從制高點來探討讓大量的文盲現象得以發生的條件，來探討文盲議題。如果我們將憂鬱視為正常的而非不正常的狀態，這就是我們面對憂鬱此問題，所必須要做的。在這裡我想要推動的是一種大眾的心理學取徑，它會對每一個參與改變憂鬱產生條件的人有深遠影響，這種方法不同於那種尋求確認特定個體憂鬱的定義性原因的方法。

社會治療的主旨是關於人類生活的理論，它依靠人類的主動（活動）而不是人類的被動。但人類只不過是環境產物的前提，難道不是與人類是主動的概念是相對立的嗎？怎麼解決這個矛盾？

　　讓我再多談談憂鬱來試著回答。我們處理憂鬱的一種方法是試著消除失落。如果我們可以消除失落，那麼即使按照傳統主義者設定的標準，我們可能可以對憂鬱有所作為。但是，大部分研究和撰寫關於憂鬱的人，都將憂鬱的現象學的經驗與失落的真實社會歷史現象，視為無庸置疑的東西。接下來的問題就變成，想辦法找出如何處理人們對失落的反應。**但是**，如果我們擺脫失落了呢？如果我們不再有失落了呢？那對治療憂鬱不是一個突破性進展嗎？實際上，我認為如果我們面對失落，我們消除失落的機會要比消除憂鬱的機會來得大。且我

認爲如果我們面對並轉化失落，憂鬱就會隨之變化。

　　科學地來講，我們最好的目標是追隨失落而忘記憂鬱。我不覺得這該被視爲誇大其辭。失落是我們可以學習轉化的，透過改變我們日常生活中，相對世俗平庸的總體（mundane totalities）的集體活動來轉化失落。人們傾向將失落視爲原始的（primordial）：「失落就這樣發生在我們身上！」但是它們不是就這樣發生，失落的概念和現象是特別屬於人類生活的特定社會組織。對此我們可以做什麼嗎？要怎麼做才能改變整個社會的組織？它可能超出了社會治療團體的範圍了！但這不代表，你不能在受限的整體環境做些改變，而此整體環境就是我們每天的日常生活。因此重要的是，你不會以爲我說的是「我們必須改變全世界，那麼人們就從此不再憂鬱」；我所說的是，有一種方法論，能夠轉變各種世俗的環境與社會總體。

你如何能不失落？

　　爲何你一定要有失落？爲何你必須要失去某些東西？

這是一種自然反應，我想是一種情緒吧。

　　當你說它是自然的，你是在說在所有的文化中（過去、現在、未來），如關係結束的時候，人們都有同樣的反應嗎？這是「自然」的意思嗎？

就好像無論你身在何方，處於哪段歷史中，甚至在未來，都是一種人都會有的反應。

　　但是在過去的文化中不是這樣的。事實上，人們對關係結束的反應，會因文化的不同而有巨大的差異。

你可以舉些例子嗎？

　　有非常多的研究顯示，人們並不會以一般我們認為失去關係的社會行為來反應。有些文化把關係結束當作人生過程中相當自然的一部分。舉例來說，關於看待死亡的方式，有些人和我們非常不同。即使共處同一文化中，也會存在差異（當然，重疊性會比較高）。但我在試圖挑戰你堅持認為這是自然現象而並非是被社會決定的。我們必須有你所認定是失落的特定經驗，但這並不是人類整體的一部分，它根本不是自然的。另外，我也不是說它是不自然的，我是指這樣看是有問題的。畢竟，我們是社會文化條件下的產物，事實上我們都有這樣的經驗。它們根深蒂固、深刻地被強化，以至於你在聽到我談失落時有這種反應：「簡直是瘋了！失落感是自然的！」這是可以理解的。但如果我們再探究深一點兒，我們發現它不完全是自然的，而是社會的——以一個非常複雜的方式。有各種條件會以某種方式影響我們如何組織環境。因此，「剝奪」的經驗對某些資源缺乏（undersupplied）的社會而言是一種經驗，但對資源不缺乏的社會可能是不同的經驗。在我們的文化中，「剝奪」對不同人、不同階

級、種族，都有非常不同的意義。不過，我必須再次強調，我並不是說用廣泛的社會文化變革去消除失落；實際上，我認為人們可以在每天相對狹隘的日常環境中，學習對失落有不同的體驗，但是這麼做也涉及學習如何轉化總體。這是重要的活動；是我們身而為人的自由而進行的活動。

不是「失去它」，那你用什麼代替（instead of）？

為何你要「代替」呢？

你總得做點什麼吧。

我曾教過夏山學校（Summerhill）的老師，他們被認為是解放的教師。他們來上我在夏山協會（Summerhill Society）的一門課。我會把它形容為根本上不同的學校。當我說：「讓我們消除主體吧。」他們舉手說：「那我們要用什麼來**代替**主體？」為什麼我們一定要用什麼來代替主體？為什麼不把這整套該死的分類都丟掉？改變總體不是把某些元素拿出來，放進一套新的東西，這是將新元素放進一個形式上完全相同的整體中，而轉變總體所指的遠比這樣的活動更精準、更複雜。我們並不需要有一個「代替」。

但要真正回答你的問題，則涉及為憂鬱找出一種全新的社會治療方法。因為現在我們沒有時間，而我也還沒完全清楚，我只能開始拋出一些初步的想法。為什麼我說失落相比於歷史是更受限於社會？那

是因為我認為**歷史中**的社會生活經驗，並不是異化客體的主體性失落
（subjective loss）經驗，而是個社會過程，且在此社會過程中，客
體只不過是在它其中一個階段的描述表現。所謂在歷史中的意思是，
要以社會生產過程（social-productive process）的方式來體驗「椅
子」，而不是一種商品化的客體、一種完全與其社會生產過程相分離
的產品。這個相對穩定時刻的存在，我們給予的名字是**椅子**。但也有
可能在很多文化，無論是未來的文化還是過去的文化中，生產過程的
立即性（immediacy）導致一個截然不同的世界觀，它不被視為異化
和分離的客體、產品或者商品；相反地，看到的經驗是社會過程。事
實上，我完全不懂在那種情況下，失落還具有什麼意義，因為你最終
看到的是社會過程複雜交織的轉變。

　　失落的概念與商品化社會的發展緊密相連。在我看來，失落根本
上是一個經濟學的用語。它有情緒上的含義嗎？當然有，因為根本地
經濟學的用語在生活各方面都有意義。不過失落的概念，基本上是對
發展和生產的社會過程中，已經被異化的產品，進行消除、破壞與刪
去。我們的世界充滿了這些稱為商品的異化客體。商品以奇怪的方式
表現。例如，它們會消失；它們能夠不再存在，但社會過程不能，
社會過程會持續下去，商品會消失（這對生產它們的人來說相當方
便）。我們在短期危機正常化取徑中所做的，有一部分就是把人們從
他在社會中被角色決定的位置抽開，並將其置於歷史中（當然，適當
地），以擴展他們在社會過程中的感覺，這樣他們才不至於被整個生

活的痛苦、這個巨大元素、這個失落所淹沒。當你將這個世界視爲一個在框裡的客體，這樣的斷裂是深刻的——你撕開它，要看見這個世界就極其困難。而我們嘗試處理的不只是那些失去的客體——譬如，試著找東西去替換它（即使它是不可替換的），或是假裝那些已發生的並沒有發生——而且還處理那幅圖像的**框**。我們主要的焦點就是要去打破那個框，因爲除非你打破框架，否則剝奪的經驗將會排山倒海而來、失落感也如此巨大，使人們仍然在危機中癱瘓。積極地打破框架，而不再被框架所限，是處理總體而不是處理元素的一個例子。

附錄B　關於「美國的恐慌」的對話

下面的對話來自紐曼博士演講後續的問答時段。

你所謂的適應歷史是什麼？

　　社會治療重要的特點是，區分社會和歷史的差別。社會是一種歷史的時間—空間的時刻，一種被組織的歷史時刻，由一套制度以複雜的方式結合並創造某一種充滿意識形態的和文化規範的特定環境。但是從歷史性的觀點來看，它們都只是在持續的人類發展和歷史發展過程中暫時地混雜存在。我們都宛如在一種精神分裂的生命處境中，我們都是這個社會的一部分，我們也是千千萬萬年歷史發展中的一部分，希望如果我們能設法應對喬治・布希（George Bush）和丹・奎爾（Dan Quayle）[1]，也能夠以相當的方式進入未來。

　　人類的某些條件是社會和歷史之間的衝突，因為兩者有不同的價值、標準、社會行動、社會政策，這取決於我們和社會連結的程度，和／或我們如何與歷史連結。舉例而言，家庭被設計成一種在眾多事

1　譯註：喬治・布希和丹・奎爾是美國第41屆的總統與副總統（任期為1989-1993年間），兩人同為共和黨。弗雷德這場演講的時間點正是1988年美國大選後的近一個月，此次大選喬治・布希一舉拿下538張選舉人票中的426張，亦是繼雷根兩任任期後，共和黨再連續執政，創下二戰以來，唯一一次同政黨三連勝的紀錄。

物中的制度性現象，它幫助成員在特定歷史時期的社會處境中適應當下的社會。不過這連帶引出下一個問題：適應是否也同樣適用於歷史？

這裡有一個具體例子，儘管是一個極端假設。假設社會只有一個星期運行，它可能是這樣。在歷史上的某一刻，一些社會只剩下一個星期，我們可以說出這樣的社會。例如，在他們推翻了沙阿（Saha）[2]的七天前，沙阿可以在伊朗的任何地方做任何事，但事實上，他只剩一個星期，他可能自己也不知道（中央情報局顯然不知道）。但客觀事實是，伊朗社會只有一個星期可以運作。問題來了，如果你在這個假設性的最後一個星期走向你的家人並且說：「讓我適應這個社會吧！我想要適應得更好。」但是這個社會只剩一個星期了。那麼現在就有個有趣的問題：適應這個社會是有幫助的嗎？

這看起來是個極端例子，不過它確實一再發生，尤其在迅速動盪和惡化的社會背景之下。就像我之前說的，很顯然適應這樣的一個社會並不是帶著某些價值觀的人類會想要做的事情，能做的也不只這樣。但我們準備好生活在這歷史過程的「長河」中了嗎？或者我們是否準備要去適應被歷史河流所沖刷出來的河岸？畢竟，我們都活在那河岸或在河裡。現在，我仍然不認為這是一個簡單的選擇，但我認為在一種情況下它會變得簡單，那就是當適應社會成為一件令人厭惡的

---

2 譯註：沙阿（Saha）是波斯語對古代君主頭銜的漢譯名。

事且在道德和人性上是無法接受的選擇，更別說這在客觀上是不可能的。

　　人們來接受社會治療是因為他們很痛苦，他們需要幫助。他們來不是因為他們比那些去找精神分析治療師的人，更想適應歷史，人們去找精神分析治療是為了更理解本我、自我和超我之間的關係。但人們很快就會意識到，社會治療的取徑是直接對應我們的歷史認同（historical identity），這種認同不是透過某個特定時刻的體制狹隘地組織與理解的，而是與人類物種、階級、人群，以及那些特殊的歷史和社會時刻的前前後後的歷史的體制有關。

　　我們該如何做？一種方法是不斷挑戰所謂的「問題／解決症候群」（problem/solution syndrome）。當人們來接受治療，這些體面的人們每天帶著問題來尋求協助。我已經做了二十年的治療，但我從沒有見過任何病人不是如此，他們不只帶著問題出現，也帶著對解決方案或是各種解方的理解，或昇華或壓抑的答案；儘管事實是他們願意掏錢讓你幫助他們！我們典型的難題，通常來自於有些人對「什麼是解方」的認識，然而這是被社會所組織的。在社會治療中，我們不用我們的解方來取代，因為那可能只是對人類情緒問題被社會組織的另一種回應罷了。相反地，我們鼓勵人們參與人類情緒和病理化的**社會化**中，而這個過程是極其複雜的。

　　具體來說是怎樣的？人們走進來說：「我很痛苦，我想自殺，我有焦慮症，我的婚姻破碎了，並且我感到憂鬱。」我們這樣回應：

「你怎麼知道是什麼引起這種感覺嗎？」他們說：「我**知道**，當它們發生時我總是有這種感覺。每當我和父親打了一架，隔天我就感覺很糟糕。」「你是怎麼知道的？」「你這是什麼意思？這有因果關聯啊！」「你是從哪學來的？你**如何**學來的，**全部的**我們是怎麼學來的？」

古德溫在書裡特別強調，某些基本情緒在歷史和文化中是永恆不變的，在我看來這是錯的。這並非否認生理學的反應──的確，此觀點的支持者會以驚訝或驚嚇的反應來證明他們的主張：當你嚇一個人，在不同文化和歷史中，你會得到一個相似反應。但是問題不是你是否得到一個相似的行為反應，或是口語反應，問題是情緒在不同文化中是如何被組織的。情緒有各種不同的社會文化組織方式。例如，疼痛、羞愧、傷心、羞辱的意義，以及伴隨而來的行為，在不同文化中差異非常大，這都是事實。情緒性和心理病理學與其他很多事物一樣，都是被組織的。

所以在社會治療中，我們對這樣的組織提出問題，不是以說教的形式，而是在社會治療的過程中鼓勵人們創造一種環境，這個環境能夠力促參與者重新組織情緒的過程。透過這個行動，人們開始看到心理病理學和情緒性是如何被組織的。透過走過這些我們稱為「重新點燃」的社會發展的實際歷程，人們可以透過創造出新的情緒與態度環境的歷程，這個新環境不只與既有的體制相關，它們也將自身暴露於一種非異化情緒性的歷史生產的進程中。在這些團體中的人們真實地

經過對情緒性的再次社會化。一些人擔心，如此一來，你會「記得」在「外面」如何像先前在團體中對情緒性做的嗎？悲哀的是，你不會這麼容易遺忘，那就像有人問：「如果我學了鋼琴，我會忘記怎麼嚼口香糖嗎？」不，你會把這些新元素放入你全部的技能之中，而且你還是會記得所有的病理學。別擔心，它不會如此容易消失！

現在人們害怕：「那這會讓我無法適應社會嗎？」「等等，你**正在**不適應社會！我們想做的是幫助你創造焦慮適應歷史。」但你看，創造焦慮的過程讓我們與它有了一種特殊的關係，這是在19世紀，焦慮作為一種對商品化現實的適應時所沒有的。因為即使是焦慮，它也是恐慌時代中被我們自我意識的活動所創造的。我們創造焦慮。我不是因為它是我們的，而說它是好的；我說它好，是因為我們相對地有自我意識到它的生產過程。這讓我們與焦慮產生一種關係，能夠適應歷史，在一個極度病態的社會中，這是一種幾乎與心理衛生近似的綜合體。我並不會大肆宣揚社會治療，因為我不知道你在這個社會過得如何。

為什麼要創造焦慮來適應歷史？

與歷史直接地、純粹地、無中介地連結，此看法是一個迷思。事實是，我們和歷史的關係透過社會來調節，直到我們能脫離這種複雜的過程，才有能力與歷史過程直接關聯。我不認為我們當中的任何人在有生之年能看到這一點。某個程度而言，與歷史相關是一種適應，

但是沒有人可以做到不將社會納入其中來作為一個調節工具。我們必須尋找一種和社會關聯的方法，不是由異化主導的前法西斯的極端方式。我們仍然要使用能夠讓歷史和社會相連的機制，只有通過三角關係，才能超越只與社會相關，或只與歷史相關。

實際上，我想說的是，我們必須從這個頹廢的社會，那些對我們而言可行的制度中萃取，找到一種方式使我們能與歷史連結。你不可能在這個，或任何一個社會中，創造出那些並不存在於社會組成部分中的東西；你不能無中生有，除非你是一個糟糕的科學家才會這樣相信。我們必須從現有的「工具暨結果」中去打造，而這些「工具暨結果」是社會的。因此，我們和這些工具的關係本身就是一種適應性工具，而這種工具就是與異化的商品化社會相關的焦慮。

所以，真正的過程是這樣：「我們在這個已經瘋狂的社會中能夠有效創造什麼？」這很像刺激免疫系統去對抗癌細胞擴散的過程。你不要以為可以直接使用那些健康的部分，因為它們也是組成身體的整體的一部分。事實上，系統中也有某些元素，可以被我們拿來創造成近似的治療方式。

我們擁有的就是這種三合一的（triadic）關係。我希望我們的後代子孫再也不需處在要做出這種妥協的情境下。我希望他們活在更滋養、更有支持性的世界中。我們很不碰巧地生在這樣的世界中，對我來說，這些存在的事實，是我生命中最難以忍受的經驗。

我沿著街道往下走，就像每個人都會做的，看著那些無家可歸的

人們。這是一個顯而易見的事實，遠超過所有的社會學和政治分析。
這引出一個重要的議題：在我們所生活的社會，這為什麼是可能的？
這樣的狀況——不只是對街上的某個人，而是我們集體作為人類，對
我來說都令人震驚且憤怒。為何會如此？然而事實就是如此。我們不
可能直接找到解決無家可歸難題的解方，我們必得透過社會因素的調
節，在當中儘可能做一些事。富拉尼博士是一位出色的非裔美國發展
心理學家與運動者，最近正在獨立參選美國總統，今晚也在這裡。我
看著她，想到她對民主的奮鬥。如果我們讓這個社會更民主，就有對
無家可歸者多做些什麼的可能性。我們必須從現有的社會系統中尋找
一種方法，去處理這些歷史當中，我們需要正面解決的令人感到義憤
填膺的難題。我認為這個經驗，至少對我來說，是接近直接的歷史經
驗。無家可歸在歷史上是一種恥辱。當有人還需要睡在紐約街頭時，
這對人類來說是可恥的。我甚至不認為這是政治論戰，它不只是那
樣。對我來說那甚至是準靈性（quasi-spiritual）的。怎麼會這樣？
但它確實就是。我們不能否認其中的任何一件事，我們並沒有直接面
對它。我走在街上忍不住想說：該死！我應該為這些無家可歸的人做
點什麼事。我想要把這些人帶離街道，安置他們到我家，按一百家的
門鈴，讓他們都能進門去。我們不能允許這件事發生。整整一個星
期，我日日夜夜思考這件事。但它卻無法被實現。當我這樣說，我並
非冷嘲熱諷，而是感到傷心。

我不清楚你說的選擇歷史和選擇存在的區別是什麼，看起來如果你選擇了歷史，你依然在選擇存在。

　　我不這麼認為，我會告訴你為什麼。你看，存在模式有它對人類在自然中的基本社會圖像。但是其實沒有自然的人類，過去不曾有，未來也不會有。從一開始，人類就一直處在社會歷史之中。我們基本上是一種社會物種。這不是說我們並不在自然中，或不在世界或宇宙中。但是我們的基本位置是一種歷史位置，不是自然位置。存在主義者已經告訴我們，建立這種存在和本質的東西是選擇在自然中孤獨、悲涼、恐懼、戰慄、絕望，但仍要堅持你的個體性。我說的是，介於這種選擇和更社會的、集體的選擇之間的另一種替代，後者試圖適應並且是直接與歷史認同相關的。

　　你看，雖然某種程度上，他們一開始都關心歷史，但他們扔棄擺脫的正是歷史。在各種有療效的模式中，存在主義（existentialism）和生存主義（survivalism），這兩個主導的典範其實大有問題。我們需要在歷史中尋找位置，而不是在自然中，像薛西弗斯那樣推動他的大石頭。不，我們的認同基本上是社會性的，只是在這個世紀的進程中，我們已經丟掉了這個認同。

我在電視上看到丹·奎爾時，他總是看起來很焦慮，講話像機器人，那怎麼了？

　　我不認為丹·奎爾比我們其他人更加焦慮，他有的是極度恐慌。

我想某些原因可能是他處於選戰中，但是他同時也有無數種方法來對付恐慌。我不知道，或許是酒精或藥物，也可能是他的保守主義（conservatism）（畢竟，前法西斯的保守主義是恐慌的一種治癒方法）。我認為他真正能做的是拖延恐慌。當他辯論時，在他那最赤裸、最瘋狂的時刻，對我來說那就是他真正的樣子。你看到的是一個絕對恐慌的男人。這個人正瀕臨邊緣狀態！現在，他們似乎搞清楚了，想出該給他什麼就給什麼的辦法，雖然這包括當他思緒中止時，那些不斷重複的可怕臺詞。

　　但是丹・奎爾的反動政治並不孤獨。這個社會和世界的狀態使你、我還有其他人陷入恐慌。我不認為你可以用焦慮來適應核能滅絕的威脅，那是不可能適應的。你也不能一下子說：「好吧，我們明天可能會被炸掉，搞什麼鬼，我會適應它的。」或者「是的，臭氧層就快消失，而我們只剩一個半星期了，但天哪，我們還要活著。」說要去適應這些事件沒有任何意義，它們是不可以適應的，它們製造了巨大的恐慌。現在我們尋找暫時應對恐慌的方法，但仍有可能做一點系統性的事情，而我現在談論的社會治療取徑是超越恐慌，而採用一種新形態的焦慮。但我認為我們必須發展這種焦慮。

但是丹・奎爾否認他有恐慌⋯⋯

　　當然，他也否認他是靠他父親的協助才得以離開越南，他否認一切。否認恐慌就是人們處理恐慌的一種方式。但是「不恐慌」和「否

認恐慌」是有差別的。當我看著世界上的某些領袖的時候,我看見了巨大的恐慌。處於恐慌的人們不只是領袖還有全世界的人民。這些恐慌是有原因的,也就是說,我們對當下的環境沒有絲毫的適應能力。再次強調,我們並不是在說1950年代發出生態警告的塞拉俱樂部[3](Sierra Club);但是這個世界當前正在發生的與物種滅絕沒有兩樣。這不是信口雌黃,而是一個殘酷的現實。我並不想造成任何人的驚慌,但是距離地球或社會大災難來臨的日子並不遠了。你可以在街道上看到這個事實。當你遭遇三天連續異常的天氣,人們開始露出奇怪的表情並且說:「我們可能遇到大麻煩了。」他們是對的,我們很有可能如此!在當代社會中,這是一種真實的、人的情緒經驗;這是我們所生活的世界中心理病理學中最基本的一部分。人們必須持續去面對那些可能出現的公開並且可見的恐慌。

我們現在所做的一部分工作就是去面對這樣的課題。順帶一提,我並不是在說一種與處理人們基本病理的過程相分離的過程。人們聽到後常常會說:「喔,我明白了,你關心的是那種類型的難題,而不是我作為一個治療師所要面對的那種簡單、基本和日常瑣碎的問題。」但是,人們的生活和這些問題是不可分離的。人們的基本難題和這些議題直接相關──這些議題是人們每日的難題。這種分離不再可行或者真實。不,人們來找你不是因為要處理世界的難題,他們只

---

3 譯註:塞拉俱樂部是成立於1892年,是美國歷史最悠久的草根環境組織。

想處理他們自己的問題。然而,他們想處理的問題其實是世界性的,這是一個嚴峻的事實。

依照你的描述,你經過某個住在街上的遊民,你似乎不焦慮,而是憤怒。焦慮和憤怒之間有什麼關聯性嗎?

　　我不感到焦慮,我感到震驚。憤怒和恐慌是非常有關的,恐慌反應常常直接伴隨著憤怒。處在恐慌下的人們,他們蠻橫的外顯社會行為,有時看起來像是憤怒。不過我不認為我的反應只是生氣。比生氣更多,它來自和社會挫折直接相關的恐慌。挫折表現出各種憤怒的行為的類型,因為現實是什麼都不能做。人們很難在第一時間意識並解決這種非人性的安排。我相信那種感覺,是一種完全的挫敗、完全的恐慌和完全的憤怒。關鍵是要找出一種創造焦慮的方法,通過我所描述的那個使用任何可用到的機制的元素的過程,(儘可能適度地)去運作某些力量,而不只是處在一種絕望的情境中。

　　我認為,如果人們不使用酒精、藥物,或轉移視線,或說謊,或是只為了處理它們的恐慌去做一大堆事,如果人們簡單地看著艱困的現實,包括美國的遊民、美國的愛滋病、種族歧視、性別歧視、恐同症,乃至生態危機與貧窮——不只是美國而是全世界,這些歷史進程中的艱難的現實,以及那些曾經給出非凡前景,但明顯已失敗的生產模式——如果人們不在意這些殘酷的現實,如果我們只想放過自己,我們所有人都將精神崩潰。

　　現在，我們要做的不能只是找更多辦法去拖延這個時刻的到來。以經濟爲例，我認爲美國經濟的部分現實是，一大串經濟機制彼此支撐以避免全面崩盤。不過很明顯，它一直處在崩盤的邊緣。1987年10月的股市大崩盤，就是巨大精神崩潰的一種，即使之後它復原了。我們會定期在社會—心理層面上看到類似事件，然後又被一連串大眾心理學的技術拼湊回來。這是個非常精明的社會，會發展各種技術以控制恐慌。依我所見，過去25年來，美國確實有項最偉大的發明，那就是他們稱爲「鎮暴控制」（riot control），那些控制恐慌的技術。但這意味著什麼？**那就是防止憤慨的人們表達他們的憤怒！**

附錄C　關於「成癮的迷思」的對話

以下對話摘自紐曼博士講座之後的問答時段。

我完全同意成癮並不存在生理基礎。我本人就在藥物治療領域，身邊有服用美沙酮的人，也看到他們如何因應。但是，對藥物和酒精的心理成癮呢？

　　我也不相信它存在。實際上我對心理成癮整個概念都非常懷疑。正如你們所知，我是一位治療師，我**從不**否認人們有情緒方面的問題，有各種各樣需要處理的問題，而我認為理應有各種盡可能好的方法來幫助和支持他們應對。但是我真不知道所謂的心理成癮是什麼意思。整個20世紀的醫療模式是發展自19世紀的模式，即我先前說過的那個概念——道德墮落（moral turpitude）。先前人們是將壞的行為，解釋為某種程度不道德的行為。

　　我說的是，成癮的概念實際上就是相同的東西在20世紀的翻版。我覺得這是一個道德的範疇，而不是一個心理或者生理的範疇。我不認為成癮這個概念有科學地增加了些什麼。沒有這種道德的陳詞濫調，人們就可以用人類必須應對的環境和狀況來解釋人類的行為。成癮不僅在科學上有謬誤，我認為它在政治上也十分危險。它導致33%的美國公眾把同性戀視為一種疾病。我們生而為人，應該學會

用正確的名字來指稱事物，而不是採用那些很大程度上是給定於我們的分類，這一點至關重要，且這不僅僅是一個**政治**問題，也同時是社會、文化和科學的問題。

我跟你們許多人一樣，見證了成癮產業的成長。這是驚人的。在僅僅20年間，它已然發展成為一個主要產業了。我覺得被強加上的「成癮」這個概念造成了巨大的危害。它不過是曾經被稱為「催眠力」（dormative power）的理論在20世紀的翻版。在17世紀，官方對葡萄酒為何能夠使人昏昏欲睡做出的解釋是，酒有催眠的力量。如果你要問這是什麼意思，他們會告訴你，催眠力是能讓你睡著的力量。人們以為理解了葡萄酒有催眠的力量是一種很大的進步。但是，這不僅不是一種進步，還是在沒有解釋的時候自以為得解的一種假象，從社會的角度而言，這是十分危險的。

我還有一個問題。我聽說過一個研究，在研究中，老鼠會在食物和古柯鹼之間重複選擇後者，直到服用過量而死亡。這難道是一個造假的研究嗎？

不，一點也不是。例如，如果你援引快樂原則（pleasure principle），這不失為一個合理的原則，它可能會引導你說老鼠，至少是這些老鼠，以快樂原則來看，喜歡古柯鹼更甚於食物。我不知道當時老鼠被餵食的是什麼食物，但是我**絲毫**不覺得那樣的研究結果有什麼驚人之處。我想很可能是古柯鹼比他們餵給老鼠的食物

要美味得多。在和我們社群裡的年輕人討論時，以及當我在皇后區（Queensboro）工作時，人們會告訴我，他們服用強效古柯鹼或者海洛因，是因為他們覺得這些比他們生命中的其他選擇**還要更好**！我們要面對這個現實！我並不是**贊同**這樣，我覺得服用這些東西是很糟糕的事，但是我不覺得**他們**這些人是糟糕的。在一個社會裡，如果對我們某部分的同胞來說——中產階級和工人階級，黑人和白人——他們認為沒有任何一件事是比服用海洛因更值得做的，那我覺得生活在這樣一個社會是非常糟糕的。我覺得這充分反映了我們的文化！

但是，我不認為我們可以僅僅說這些人是有某種成癮行為，或說是他們的口味不好（bad taste），來迴避這些問題。他們不是口味不好，他們的口味是在一種極度剝奪的文化中，由實際可得的資源所發展出來的。你不能對那些沒有工作的人說，他們是成癮的。他們沒有工作，這狀態足夠讓人發瘋，也**確實**讓人發瘋。你不能對那些接受糟糕透頂的教育的人說，他們對輟學成癮。他們並沒有對輟學成癮，面對這樣的社會狀況，他們的反應完全是可以理解的。

我知道很多人會說，我這是老生常談自由主義者的那一套，但是這根本不是什麼自由主義者的老生常談。因為在這個時候，我們面對的是**20年**的社會倒退。在這個國家，貧窮上升了三倍。我們所談論的這個國家，遠沒有實現林登・詹森（Lyndon Johnson）承諾的偉大社會，而是境況江河日下。這再也不是1968年的自由主義。我們現在說的是，要做出深刻且必要的改變，因為我們正面臨著災難性的

社會現實。而且，我們已經看到這些產業隨著社會系統的惡化而增長。當社會發展良好的時候，並沒有什麼成癮的迷思流行於世；當社會發展良好時，他們有**其他**的迷思。

我必須告訴你，我很困惑。既然你說沒有成癮這回事，那你怎麼想我和那麼多相信自己是成癮者的人會如何？

「**你怎麼想？**」是更重要的問題。我的想法是我已經很明確表達的，並以行動在實踐的，試圖打造各種心理的、政治的和文化的體制，讓人們在其中不會一開始就把自己是受害的成癮者（victimized addicts）當作前提。社會治療的基礎是堅持認為，如果人們從開始就以「自己是受害的成癮者」為前提，那麼他們在心理方面就無法得到幫助、成長和發展。這並不是說人們自身沒有問題，但是，從法律角度看的「有問題」，與在身分上認同自己是生病的人或受害的人的「有問題」，這兩者是非常不同的。我們不能允許自己被我們的無力所組織，然後嘗試為生活中發生的事情做點什麼。我並不是說一個人簡單地在自己的腦袋裡就可以做到，但是如果一個人在腦袋裡將自己**看成**是無力的，那麼他們也無法跳脫而有多少作為；他們只會停留在腦袋中的無力，永遠做受害者。我們已經看到這樣的情況在此發生，這個國家的福利制度就是設計將人們組織進一個被動和無能的位置。這樣說不是在反對福利制度；的確，為失業人口大幅度**增加**福利，是我們社會的一項義務，也是我多年來努力爭取的。但是給人們提供福

利在很大程度上意味著規範他們，接受福利的窮人們持續不斷地受到
社會的控制。

所以基本上，這是你如何看待自己的問題，不扮演一個受害者的角
色。

　　是的，並且還要問個很困難的問題，除了問你自己是**怎麼**看待自
己的？還要問是誰讓你那樣想？你是從哪裡接收到的？

當那位女士引用那項老鼠食用古柯鹼而不吃任何其他東西的實驗的時
候，事實上，就相關性而言，幾乎所有這些研究動物成癮的實驗都是
有欺騙性的。他們的做法是把一隻動物關進一個非常狹窄的籠子，然
後給牠做靜脈注射。他們費盡力氣才讓這個動物開始按按鈕，動物通
常會抵制。然後基本上，如果它們的選擇僅在食物丸和按按鈕取食古
柯鹼之間，那麼牠們會選擇古柯鹼，這是在條件相當受限的情況下的
選擇。也有一系列相當不同的實驗，是在非常真實自然的條件下進行
的。實驗過程中，老鼠們被給予了四處跑的空間，還被允許和其他老
鼠在一起，身上也沒有靜脈注射管，但是可以只是嚐看看。在這些條
件下，牠們並不成癮；是在當牠們被給予的選擇越來越少時，牠們才
變成所謂的成癮。

　　我很高興你做了這番補充。我們在思考時，很重要的是，不僅要
能著看到老鼠和其他實驗動物，也要看到在適當的條件下，人類也可

以在八週的時間內被教導去謀殺外國的婦女和兒童。如果你把條件弄得夠有強迫性，你不僅可以使老鼠，也可以使人們去做那些在其他條件下，他們絕對不會想去做的事，要了解到這一點是非常重要的。

我是個男同志。在接受社會治療之前，我加入了一個叫做性強制匿名（Sexual Compulsives Anonymous）的12步驟團體（12 step group）。我在這個團體中有些收穫，當然也是相對而言，因為在此之前我幾乎沒有得到任何改善。有趣的是，這個團體現階段大多是男同志。我想知道你對此有什麼樣的看法。我想，這個團體為何越來越成功的原因是顯而易見的，因為會得愛滋病的主要都是男同志。

　　再重申，成癮產業實在發展得非常地好、可怕地好。我們不得不面對這個事實。到處都是團體，戒酒無名會的介紹率前所未有地高，大約每天都有一千個人被介紹進團體。這種情況何以發生呢？原因有很多。顯然，千百萬各種各樣的人都在找尋答案。在我看來，使這個成癮騙局、這個產業如此有害的原因，事實上，是因為它是在人們絕望的時刻被製造出來的。人們**迫切**尋找著答案，而這些方案就是被給出的答案。這些方案之所以能夠發揮作用，不是因為它們治癒了多少人，而是因為社會上的空白，沒有任何類似有發展性或積極的答案。世界上沒有任何一個國家（不論是西方民主國家，還是其他的國家）像美國這樣，完全缺乏健康方面的社會政策。這個國家的政策方針是國家對人民在健康方面沒有任何義務，憲法並沒有賦予人民健康的權

利。有三千萬到五千萬的美國人沒有健康計畫！這國家到處都有窮人因為實在沒有醫院可去而死去。

　　這個國家對人民的需要極度不敏感，於是創造出人們紛紛向庸醫求助的氛圍。你想談談這個國家**真正的**庸醫產業，就談談那些成功的產業吧！看看一些給愛滋病病人的方案，這些簡直就是災難！當然，有些真正盡心盡力的人們在做著人道的事，但是也有很多人搞虛假的科學，像是所謂的成癮。這種方案是國家的恥辱，但它們卻是美國欣欣向榮的產業呢！

你好，我嗜酒而且用藥。當你說我不是個成癮者，我想，天哪，那麼我就不是無力的了。也許這個講座一結束，我就應該出去抽根大麻，喝上一杯！但是，在這些治療方案中我一再被告和我是無力的，我不能這樣做。我想我應該強化這個觀念，因為每當我喝酒和用藥的時候，我通常都給自己惹一堆麻煩。是的，我同意，戒毒無名會和戒酒無名會是非常個人主義的，它們不談社會，不談要怎麼把社會改變成一個沒有人成癮的地方。但是，在那裡，人們能聚在一起、分享共同經驗，也許還相互幫助，讓彼此都不惹上麻煩。

　　為什麼這個世界的選擇只有**用藥或不用藥**，**酗酒或不酗酒**呢？這是成癮者的思維。我完全同意你說的──人們聚在一起分享他們生命經驗是非常正面的。但是為什麼你選擇分享生命經驗的人，不是一群有各種各樣生命經驗的人呢？從**這種**團體獲得支持如何？我的經驗告

訴我，當互相支持的一群人不是支持你身為成癮者的認同，而是支持你身為一個人的認同，一名黑人、一名拉丁美洲人、作為你的社群中的一員、你的社會裡的一員，如此一來，幫助人們對付這些問題的成功率是高出許多的。而我認為不允許所謂的成癮者進入他們團體的心理學家們是可恥的。在我曾跟一些團體一道工作，其中就有一些通常會被認為是成癮者的人。在團體中，他們不僅得到了許多幫助，並且同等重要的是，他們也**給予**他人許多的幫助。他們可以用他們的社會問題、情緒問題支持其他人。這種動力就是你上面說的支持的基礎。我並不認為讓成癮者們單獨聚在一起是成功的模式。

首先，我同意你說的，成癮是個大產業。我把這個產業看成是對成癮受害者的剝削。不過，我還是想補充一點，沒有任何一個復健計畫聲稱可以治癒每一個人。但是，我想知道你怎麼看待這種強迫症（obsessive-compulsive）的行為，如果不用成癮的話。

　　沒有任何復健計畫聲稱可以治癒每一個人，我覺得這本身也是騙局的一部分。的確，這一點不僅是針對戒毒無名會，對一般心理學也一樣，他們會說，「我們將向你收取高額的費用，但是我們不認為能治癒任何人」。我認為我們必須面對挑戰：人們完全有權利要求明顯的改變（若不是解方的話）。我同意沒人可以治癒任何人的唯一理由是因為，我不認為有人是像他們所認為的那樣是有病的。但是，如果說我們不試著去改變一些事，改變一些相當重要的事，那麼我認為就

不算是有接受這個挑戰。

執迷的行為？強迫的行為？我覺得這樣的分類和成癮同樣地無聊。這些心理學上的分類來自哪裡？我們看看發展遲緩（retardation）的分類，這是傷害與認定孩子的分類，尤其是對許多來自我們貧窮與工人階級社群的孩子來說，因為他們屬於「某種軌道」。我們看看有些人，認為某些行為需要服用某些藥物，但是沒有確鑿的證據表明這些標籤，能有效促進那些人的正向發展，倒是有很多證據證明情況是相反的。我覺得如果這些標籤是助人過程中的一環，你可以為使用標籤的正當性辯護；但是我想，如果你看看諸如教育或者心理衛生體系，你會看到一個**龐大的**分類學，看到無窮無盡的貼標籤，他們也承認真正能做的就是貼標籤，然後或許採用一些成效普通的藥物，來改變與病理相關的行為症狀。

在我看過的所有資料中，我覺得最有價值的是斯蒂芬・古爾德（Stephen J. Gould）一篇名叫《分類學的政治：分類的危害》的文章，它發表在1990年冬季的一期**《異議》**（Dissent）。古爾德指出，在所有這些領域，貼標籤的行為並不是中立的，而是帶有徹徹底底的政治色彩。它們是政治的標籤，它們被設計出來就是要把人們維持在某些位置，把人們往特定的方向引，而我想我們必須對它們保持高度警惕，不管它們是有著很長傳統的精緻標籤，還是諸如「成癮」這樣的新穎標籤。所以，總體來說，執迷的行為和強迫性的行為都是不科學、不合理的，是社會和政治的強制性認同。

讓我接著再說一句。有個人對海洛因成癮已經有15年了，靜脈注射海洛因已15年。他在走廊或者哪個角落正要再次進行注射，你卻告訴他說他沒有問題⋯⋯

我沒有說他沒有問題。不，他的問題可**大**了！

但是，只是情緒問題⋯⋯？

不，他的問題很**大**。

還是生理上的問題？

是的，他有生理上的問題、社會問題和化學問題，他可能**要死了**，但我的意思是，你怎麼想我們再加諸於他說他成癮了？這就是問題所在。我們說他成癮帶給了他什麼？我們這樣說不僅僅是指出他有這些問題，而且也是在說他是個壞人。**這就是**說他成癮所帶來的後果。

但是我仍然不明白，當一個人在違背自己意願的情形下，使用某種藥物到了要自我毀滅的程度，我們卻否認他對這種物質成癮或有某種強迫，這樣對這個每天對這種藥物有身體依賴的人又有什麼幫助呢？說這是關乎情緒的或政治的──當然，在這個混帳事情裡確實有政治──但是這個人正處在某種比他自身更強大力量的掌控下⋯⋯

當然！他們正處在某種比他們自身更強大力量的掌制下，而這

個強大的東西並不是成癮，而是他們生活於其中的社會條件，是他們作為人的無權能感（disempowerment），除非這種現實被改變，否則在我們社群，成癮的比率就不會有很大改變。是的，人們有很糟糕的問題，我並不否認這點。但成癮的迷思**掩蓋**了他們有這些問題的事實！

像我說過的，我同意你的看法，人需要看到全貌，這正是我到這裡聽你講座的原因。與此同時，你也說我們應該用盡能幫上忙的一切。當然，那是一筆大生意。但如果人們需要非常努力來保持清醒、保持不用藥，那還是會有幫助的。所以我覺得，打擊任何能幫助人們保持清醒和救命的東西，都是對人們所做的懷疑。

　　喔，我完全同意你！我們得做點有幫助的事。難道我們應該滿足於現狀，接受任何只有一點幫助的就好，而不竭盡全力去找**最**有幫助的辦法嗎？難道我們不應該尋求成功率高於7%的幫助方式嗎？我是說，我們和其他人已經找到了更成功的辦法來對應文盲、心理衛生和藥物——但這些方案都不是得到**補助**的方案，原因是他們並不符合其他方案的社會控制模式。我們必須有對於我們社群的人們**最好**的幫助方案！

我很抱歉，但是我真的懷疑一個從來不是成癮者或酗酒者的人，可以告訴成癮者或者酗酒者，他們的問題是什麼，或解決的辦法是什麼。

在美國，每一項受資助的計畫的每一美元，投入進現存方案的數十億美元中的每一美元，都由董事會控制，他們中也沒有任何人有你所描述的那種經驗。每一美元都由他們控制！所以，如果你是說你和這個房間的其他人應該進入董事會，我會說「好極了！」

我仍然要說我從這些方案中得到了極大的幫助，否則我不會活到現在。

對。我肯定你會同意我們必須考慮到94%的沒有你這種經驗的人們。因為你在剛發言的時候說的是對的，你**知道**它是一個大生意。好，如果它是一個大生意，我們就得做點什麼了，它**為什麼**會是一個大生意而不是一項對人有益的活動呢？對這點，我們應該有所行動。你不能一方面**說**它是大生意，另一方面又說「但是它有效」。是，大生意有效，但是它的作用不是我們普通大眾所需要的，這是我們必須要扭轉過來的。

紐曼博士，在過去的30年裡，我看見聯邦政府在印第安人保留區、州政府在監獄裡，發放鋰（lithium）給小孩，發放鎮靜劑（valium）和抗癲癇藥（dilantin）給成人。這可是大事。15年前，政府說當藥物庫存減少的時候他們就會停止在監獄發放鎮靜劑。但是當庫存真的減少的時候人們又把那個承諾給忘記了——他們補充了庫存。我們怎麼來跟這樣龐大的東西做抗爭？我的意思是，這是真實的

壓迫。有人聚集起來抗爭，但是他們不夠強大。

我想我們事實上並沒有聚集起來。我們以爲我們聚集起來了，這是在自欺欺人。你知道這個國家誰聚集起來以達到社會改變嗎？民主黨！他們用數十億美元建立龐大的體制──這是「聚集起來」。共和黨也是一樣的。我們所做的，是聚在一起對這樣那樣的議題發表聲明，但是當涉及要把所有主張結合在一起，並就社會政策的根本改變提出一系列政治訴求，這還沒有發生。比如，我們要求家是一個權利，而且如果這個權利沒有在美國憲法裡面，那麼你最好把它放進去。我們要求健康是一項人權，但是除非你打造出有權力來做這件事的政治組織，否則你就無法成功要求這個社會政策。

我們在很多事情上都自欺欺人。我也去參加遊行，我們說：「嘿，有一百萬人匯集到華盛頓了，這夠規模了吧！」但是，我們需要提出一個問題：誰在用這一百萬人做什麼，而有些政治組織根本不在乎我們的人民，他們只會利用那一百萬的人民，而我們卻不能從中受益。如果我們不能建立一個政黨來表達我們的訴求，那我們就是在白費力氣。我們一天不建立自己的政黨，我們就一天不能眞正有所作爲，誇誇其談、空口叫囂沒有意義。我們還要被古莫州長（Governor Cuomo）惡劣對待多少次，才不會把票投給他？他要缺席多少次波多黎各人民的會議，侮辱多少次非裔美國人，我們才會說他是一個沒有爲我們做任何事的無賴？**只要你們持續讓他們掌權，他們就不會在乎你們的抗議**。他們還喜歡這些抗議呢，因爲這些正顯示

我們有一個「自由美國」。所以，必須要在政治權力的層面有所改變。

我去過戒酒無名會，我覺得它也可以變成一個癮。我去那裡參加聚會，人們會站起來說：「我到現在已經戒酒兩年了，我很悲慘，巴不得自己已經死了。但是，我至少戒了啊。」我覺得你們得有比這樣更好的東西，這玩意兒根本就不夠，光活著是不夠的！

　　我覺得重點並不是要去譴責這些方案。是的，各種各樣的這些都能幫助到人——12步驟方案，甚至是精神醫學，偶爾可以幫助到人。但嚴肅的問題是：我們是不是就對這些感到滿足了？我們為什麼要對失敗的東西感到滿足？精神科醫師萊恩（R.D. Laing）在1960年代曾說過，精神醫學有時候是好的，僅僅是因為它沒有照自己宣導的理論來實踐。如果它真的按照它說的那樣做，它會一直傷害人們；但是因為它偶爾不那樣做，所以它可以幫到一些人。如果你看看戒酒無名會和其他這種方案，它們正面的部分並不是它們宣導的理論，而是它們提供了一個環境，讓人們至少可以**分享**一些痛苦。這種社會過程是有價值的，但如果我們就此滿足了，我們就是在助長成癮的迷思。成癮的迷思宣稱成癮者所能擁有最好的，就是戒酒無名會的聚會。你可以年復一年地來參加，告解自己已經戒酒了。可是，這對我們的年輕人來說並不是最好的，我們的教育系統也一樣。他們說，對於這些不關心學業且沉迷於愚昧無知的笨小孩來說，我們已盡力做出了最好

的安排了。這就是他們的觀點，我們能夠容忍嗎？

當你說沒有所謂的成癮這回事的時候，我感覺自己充滿力量。你能從打造可以幫助於人們的環境，來多談談社會治療嗎？

　　成癮的迷思如此有害的部分原因在於，做出所有打造工作的人，在我們的文化中，並沒有被視為是打造社會的人。在底特律製造汽車的人們，必須要到汽車店去購買汽車，在這樣的社會中生活是非常艱難的。所謂打造，就是創造出一種環境，讓人們在其中可以有自我意識地知覺到，發生在團體、家庭、國家中的事，是由打造它的人們所完成的。我們現在坐在這個房間裡，並不是由於哥倫比亞大學董事會的恩惠才來到這裡的。它是打造出來的。許多成癮方案的問題在於，它們沒有把人們看成是打造、創造和改變他們所需的主體。除非我們這樣做，否則人們不會得到力量，他們就只能是成癮者。而他們將對這樣的一個社會成癮，在這個社會裡你讓自己相信一切都是為你而做的。這不是說我們得穿上特別的制服才能成為打造者。我們**就是**打造者！我們要做的是脫去這身告訴我們是成癮者的制服。我們正穿著成癮者的衣服、受害者的衣服，而我們得把它們脫掉。這是個脫的過程，不是穿的過程。

紐曼博士，我想感謝你和萊諾拉·富拉尼博士所做的工作。我從1965年開始吸食海洛因的，然後用美沙酮直到1983年，我透過社會

治療戒掉了藥物。我了解到戒掉藥物不是關鍵，關鍵是戒掉之後可以做什麼，因為最後也只能回到用藥。沒有任何其他事可以做。所以，我想感謝你們所做的工作。

我來自一個復原成癮者的團體，是在費城的一個戒毒計畫的「畢業者」組織。我同意剛剛有位先生問：「戒毒之後又能怎麼樣呢？」我們承諾開創一個計畫來創造發展和支持領導能力實踐的環境。聽到你說這個數十億美元的成癮產業後，我感到害怕。我們要怎樣才能存活下去？我們沒有聯邦政府的資助；我們只是在做一件我們覺得有必要的事。

困難的答案就是直接進入社群。贏得社群支持你們所做的，因為你們做的事並不是來自上面那裡的數十億美元，而是**來自**社群的人們希望為社群的人們做些事。我們得走向我們的人民，對他們說：「我們想告訴你們為什麼這個事你們必須支持。」社群會支持你們的，如果你們準備好走出去做這項艱難的工作，提出要求、並組織他們這麼做。

我是個有兩個孩子的單親媽媽。其中一個兒子24歲，據我所知，他沒有對任何一種藥物成癮，但是他真的和社會脫節了。1960年代，我是個社會運動者，我戴著頭巾去參加會議。我意識到社會對我這樣的黑人婦女的態度。我的兒子也跟我有相同的感覺，但是他和鄰里裡的大概20個孩子選擇逃避；他們整天遊手好閒，聽饒舌音樂。他告

訴我說：「社會打敗了我，把我打趴了。」所以，你怎麼才能夠把這些孩子帶回來，讓他們對自己有信心、有自尊地想回到社會裡？

　　你說的這個非常重要。我們的年輕人正面臨著一種完全可以理解的憤世嫉俗，唯一能夠讓他們走出來的，就是打造一些成功的事情。我幾乎不在意那是什麼，它甚至可以是我們社群所需的一件很小的事。我們的文化裡之所以有這樣多的憤世嫉俗，是因為有著太多太多的失敗。在我們生活的國家，有一半人不參加聯邦層次選舉的投票。原因很明顯，人們不認為他們的參與可能帶來**不同**。我覺得這不是冷漠，「冷漠」這個詞就像「成癮」一樣是無稽之談。人們不參與是因為他們認為參與了也沒差。所以，我們得做成一些讓人們看到改變的事，一些可以賦予人力量的活動，否則，人們就會維持在跟你兒子一樣的狀態。當我跟人們談話的時候，當富拉尼博士在校園裡跟學生講話、跟社群的年輕人講話時，所說的是「**你們得開始和其他人一起工作，使自己變得有力量**」。我不在乎以什麼樣的形式。

　　我很榮幸能跟東邊研究中心的社會工作者、精神科醫生和心理學家們一起工作，我們每天都出去，按門鈴尋求支持，因為我們在創建一個獨立資助的治療中心，為的是我們可以做那些人們真正需要的事。這個活動是開創某種不同於那些有大資金補助的方案的一部分，而這在每一個層面都必須要做，人們得開始做打造的工作。

我要去念書以成為一名藥物和酗酒的諮商師。但既然根本沒有成癮這

回事，那麼關於這些方案，你能跟我說點什麼？

　　出於幾個原因考量，我不認為在藥物復健方案工作的人都應該辭職。一，因為人們需要錢；二，因為人們作為一個人，與另一個人產生連結，是可以有所作為的，並不是因為你用欺騙胡扯的語言執行某個欺騙胡扯方案的命令。我覺得我在皇后區是有做出一些改變的，而我覺得你也將會在你工作的地方做出改變——因為我們作為人是可以產生作用的。所以，基於這個原因，這些方案確實是可以有些改變的，儘管它們所提供的幫助是遠遠少於實際上所需要的。但是這並不代表人們不應該利用它們，如果這是目前我們僅有的。我跟福利接受者一起工作了20年；你不會對福利接受者說：「既然他們在瞎搞你、打擾你，不要去領取你的福利金支票了。」那樣的話，人們會把你當傻瓜笨蛋看待。你要去領福利金支票，然後你找出該怎麼對付他們瞎搞你的事實！這是必須發生的！

太棒了！我覺得這整個演講非常解放。我從小在生活中，就有三分之二我所認識的成年人，是酗酒或者對藥物上癮的。從我很小的時候，我就對這個被稱為成癮的分類有反應，因為人們一旦被說是成癮了，他們就不再被當成人看待了，或就沒用了。你甚至不知道該用什麼方式擺放看待他們——有點像你得把他們從你的生活中趕走。這也是一種自保的方式，因為隨著藥物與酒精的使用，會有很多的殘酷、暴力和瘋狂。所以我不知道如何平衡這些擔心，因為在某種程度上，我對

這個分類感到安全。

　　喔，是的，這是一個非常安全的分類。就像說三個人中有兩個人是成癮的，相比弄清楚事實，是個比較簡單的分類；事實是這三個人中有兩個沒工作，也沒有條件獲取他們需要的教育。這些是真實且殘酷的事實，而我們很難面對的事實是，這是我們許多人的生活現實。但是，如果我們接受把這一切都歸結為「成癮」，那麼，一切都被勾銷了、都被處理好了。「喔，我讓這些都有適當的解釋了。這不是因為人們被以最種族歧視、最殘忍的方式對待；這不是因為人們被貶低、被壓迫、被踐踏，沒被給予他們需要的方案，或被警察謀殺等等。不，全都不是，而是因為他們成癮了。」這是一個安全的說法！我們倒是得聽聽——這其中可有種誘惑呢。事實上，如果我想使用「成癮」這個詞，**那也是**一個成癮。相信這種迷思，本身也是令人上癮的。而我們都把這個概念內化了，包括我們社群中深深被貼上標籤的人們。人們在解釋自己或者描述自己的生活方式時會說，「哎，我這個人有成癮性人格」。成癮性人格是什麼鬼？你們覺得這種分類不是政治性的嗎？你們覺得戒酒無名會出的這本名為《12步驟》的書沒有政治色彩嗎？

我坐在包廂上聽你演講，我感覺受到了威脅，因為我正跟著《12步驟》做。因此，我經驗了許多衝突，因為一旦我真的打開思想，並看著事物的現實，我看到你說的許多事情都是真實的。成癮是一個大產

業，人們從中賺了好多錢，包括那些腐敗的政治領袖們。剛才當這位兄弟開口質疑挑戰你說的話，為那些方案辯護時，我看到另一個人正經歷我所經歷的。看到他經歷這些，我感到害怕，但是我理解。我有一個問題，但是你剛才已經回答了，關於如何打造並透過這個過程讓人們意識到正在發生的事情。起初當你演講的時候，我感到害怕，因為我以為我的方案必須被拋棄，而其實並不是這樣的。我只是很少數有得到幫助的人中的一個，但是在另一端，卻有很多人被譴責，被告知：「你是成癮者，你永遠不會有出路的，你將一無是處。」所以，我理解你的出發點。

對。而且他們在利用你來貶低其他人。

所以我理解我需要走進社區裡，並進行關於這些議題的教育。

正是這樣。當你這樣說出來的時候，如同你剛剛這般強而有力的聲明，那些個億萬富翁們一定會嚇破膽了。當你說：「我們不會做**你們**的方案了，我們在做的方案並不**依靠**你把我當成受害者和成癮者。我們是要解決這個藥物的問題，是要解決這個酒精的問題，但不是以我變為成癮者做前提，免得你們利用我來對付我其他95%的同胞們。」──當這樣的情況發生的時候，那些擁有欺世盜名的藥物方案的億萬富翁們就要嚇破膽了。

我同意，確實存在這個腐敗的、以一個迷思為根基的數十億的成癮

產業，但是我心裡唯一的衝突是成癮是有生理學基礎的，這是真實的……

沒有，它不存在。人們使用「生理學的」這個詞，是因為他們認為這個詞會對他們說的那一套有份量或煞有其事。這有點類似人們有時對數學和硬科學（hard science）的反應。但科學的證據並無法支持那個聲稱。是的，我們知道人會有化學反應。比如，你服用了砷（Arsenic），你就會有化學反應。問題是（冒著重複我自己的話的風險），把這個反應叫作成癮有什麼意義呢？正是這個成癮的標籤讓人們倍受其害。

我在埃莫斯之家（Emmaus House）工作，這是一個位於紐約的治療方案。在今天之後，我知道我週一回去上班時會有一場仗要打──而我已經準備好了！弗萊德，你說的話解放了我，因為過去我都被成癮的這種心態所影響了，我總是在想我到底是怎麼了，為什麼我在這些地方總是覺得很瘋狂。原來，這是因為我聽信了那些鬼話，而我再也不買那些鬼話的帳了！

附錄D　關於「在沒有避風港的世界中——『社群』是『心』」的對話

下面的對話來自紐曼博士的演講和簡短的街頭示威活動後，所進行的問答時段。

我很想站在那輛車上說：「我們定義社群。」但是我認為那樣做是不對的。

　　如果你認為他們定義了私有財產，你就會有那些衝突。我們所說的是，在幹活的過程中，使用我們所能夠抓住的空間，來進行重新定義，即使是他們限制性的定義，但這並不意味著百無禁忌，也不是說可以隨心所欲。它的意義在於，我們必須把我們所能得到的一切作為可能性，並使用它們來走得更遠。

這可能背叛了我的國族主義，但是在你的整場演講中，我一直在思考一些事。我真的蠻喜歡這種找尋新的方式看待社群並重新定義它，但是作為一個男同志，我也感受到我的保守性，不想放棄我所認為的同志社群，害怕同志社群會消失或者被吞噬，或者不再有任何力量。

　　同志社群作為一個獨立的實體，使你**無法**做個同志。它並沒有給予你重要的能力來做個同志。它所做的，是有效地創造了一個聚

集區，使得你在其中被允許做個同志。但不要傻到認爲，因爲他們把你放進同志社群中，就覺得自己更能做個同志。你的「同志性」（gayness）值得到任何地方都能出現。

當你說我們要做一點兒新的事情，我就開始有點緊張。我想：「那現在怎麼辦？」但是當你告訴我們那是什麼的時候，它聽來很有力，實際上也很有趣。我注意到這兒有10到15個聽眾待在裡面沒有出去。我對走出去並大聲喊「沒有正義，就沒有和平！」感到非常興奮，但是我也注意到人們在看著我，當時我想：「對一些人來說，這證明了我們是個邪教（cult）。」我認爲我知道其他人怎麼想，但在我做這個活動，並爲能和大家一起參與而感到非常興奮的同時，我也因爲其他人是怎麼想的而感到保守化。

對於有人待在裡面沒出去，我也覺得很好。我希望我們已經創造出一種環境，在其中人們能成爲我們所做的一分子，並且用坐在這裡的方式參與我們（如果這是他們選擇要這樣做的話）。畢竟，這個社群今晚還有成千上百的人不在這兒，但是他們是跟我們在一起的，他們也在做一些瘋狂的事情。他們也許正在某個街角做著什麼呢，誰知道！我想這是非常重要的，我不只是在說「每個人都可以做他們自己想做的」這種精神，而是因爲我相信有一種比這更深層次的民主。

我認爲每個人都有權利參與，並幫助打造和改變適合他們的東西。因此從某種深刻的意義來看，我認爲坐在這裡的人和選擇出去的

人都是同樣積極的。這也沒問題，因爲我們所要打造的是一種人們可以用各種方式來參與的社群，包括「不參與」。人們應該有那種權利，而我們也有義務創造一種環境，在那裡人們能夠生活在其中、與我們在一起、成爲我們的一部分，與這樣做的我們互相關聯。

走出去的感覺很好。但根據這個國家對事物的定義，這是公民不服從。是由誰來定義的呢？

公民不服從的活動，正如其最偉大的實踐者，金恩博士、夏普頓牧師（Reverend Sharpton）和許多其他人所實踐的那樣，就是爲了提出這個問題。以某種更高或更深刻的陳述之名，反對什麼是公民服從的定義。我們尋求行動，不是根據那些限制我們的力量，而是根據對人類的承諾，這種承諾不僅賦予我們挑戰它們的權利，而且賦予我們挑戰它們的可能性。

我認爲這是公民不服從的很大一部分。我們必須以各種方式不服從。不服從必須成爲我們的口號。再次強調，我的意思不是說人們應該走出去做一些會讓他們受到傷害或危險，或者傷害我們初衷的事情，而是說我們要集體做一些挑戰，針對那些擁有權利來定義我們被允許做的事的當權者。從這個意義上說，我認爲我們必須從早到晚在政治上不服從。

當我們在格雷西大廈示威，並向法院聲提起這個案子的訴訟時，他們告訴我們的一件事是，「你們不應該在格雷西大廈示威。示威活

動的合適地點是市政廳。」我們說：「等等，我們想在格雷西大廈示威，因爲我們不想服從。憲法賦予我們可以這樣做的權利，且我們想發表一個特定的聲明，那就是我們不會去你想要我們去的地方，因爲我們想站出來說，我們不服從，並違反了你的規範。」現在最糟糕的事情發生在他們身上了。當我們去那裡的時候，已經有幾十年沒有人在格雷西大廈示威了。但在我們之後，愛滋病解放力量聯盟[1]和其他組織開始去那裡示威。在另一天早上7點，醫院的工作人員在那裡示威。我認爲這座城市的人們必須意識到，這個新的社群將進入這個城市的每一個角落，說著：「沒有正義，就沒有和平！」不僅是在哈林區，不僅是本森赫斯特（Bensonhurst），不僅僅是在格林威治村，而是就是在公園大道[2]（Park Avenue）。我們要抗議公園大道，因爲它需要抗議，因爲那裡有無家可歸的人，而當有人住在街上時，我們無法容忍公園大道。這種不服從的行爲必須進行。

我們如何與已經成立大約一年的過渡性無家可歸社群（東哈林區埃莫斯之家」（Emmaus House）一起工作呢？我們都是勞動的人們，我們每天辛苦工作，學習並做其他事。以這60個人爲例，包含男人與

1　譯註：愛滋病解放力量聯盟（the AIDS Coalition To Unleash Power, ACT UP），曾於1994年去格雷西大廈抗議市政府刪減愛滋病治療的預算。
2　譯註：公園大道（Park Avenue）位於曼哈頓的東側，臨中央公園，是許多富豪居住的地方。

女人，年輕人與老人，我們如何在這個沒有避風港的世界創造一個環境、一個社群、一個「心」呢？我們都是無家可歸者，給我們一點兒提示。

埃莫斯之家是非常棒的一個地方。對於你們所做的，和瑪米·莫爾（Mamie Moore）與你們一起做的工作，我非常喜歡並敬佩。我們不能允許自己被一間屋子，或者對我們的描述所定義（基於某種目的並符合適當分類的描述）。我們必須開放地定義我們自己是永遠在變化和成長的社群，這樣我們就可以在這個活躍社群中參與活動。在埃莫斯中的人一定都會認同他們自己是人群中的一分子，他們以改變世界的精神來定義自己，正是這些才讓埃莫斯之家的存在是必要的。在我看來，埃莫斯之家的人們必須持續**做你們所做的**，因為如果不這樣的話，你們所做的就是在加強使埃莫斯之家需要存在的社會處境──因為這些社會處境，我們很幸運有像這樣的一個卓越的地方。這必須是積極的、能運作的、日以繼夜、時時刻刻都要遵循的原則──那埃莫斯之家是如何做的呢？

有數不清的方式的做法，我有一些答案；富拉尼博士有更多；你有一些；瑪米也有一些；屋裡在座的每個人都有一些。我認為我們必須認識到重新定義「我們是誰」是重要的，這樣我們才不會被新聯盟黨、埃莫斯之家、卡斯提洛或其他任何的圍牆所限制住，這樣我們才不會成為那種狹隘社群意識的受害者。這是我們必須要共同努力的，就某種程度來說，我與其他在那裡的人這樣做是因為我需要、我想

要。我覺得今晚這個屋裡的所有人，需要將埃莫斯之家視爲一個能去的地方，因爲那是你們社群的一部分。每個人都應該去那裡，並說著「我或許不是無家可歸者，但是我在這裡是因爲這是我社群的一部分，這裡的人們是我社群的一分子」。我們必須帶著人與人之間對彼此完整性的絕對尊重，來建立與塑造這種社群，這種尊重是我們創造更廣大的自我定義社群的基礎。

「無家可歸？」「無家可歸」的人是**他們**定義的。無家可歸的人也是人類。他們是我們的兄弟姐妹，因爲在這個世界正在發生的，他們沒有地方住。他們並不是毫無希望的：他們聰明、盡力，是因爲我們目前所處的生活條件，他們沒有地方可住。他們露宿街頭，而這是這個文化和環境的悲劇，但是我們不要掉入「無家可歸」的分類中，那會否定了人類所能夠打造的積極生活。

你說將我們所有可採用的都當作選項，並打造適合年輕人的社群，這是什麼意思？

對「我們要用什麼來打造」的一個困難卻誠實的答案是，我們有的是很多痛苦、很多衝突矛盾和很多憤怒。很多時候，我們有的是人們的創造力，而我們仍然可以好好抓住。我們並沒有很多物質上的東西。我們擁有的不只是正面的東西，還有痛苦和負面的東西。而我們必須把所有的這些都拿來打造。

　　我覺得芭芭拉・泰勒學校[3]比全美的所有學校都做得更好。芭芭拉・泰勒學校運用孩子們的矛盾、他們的痛苦與他們是誰，讓這些揭露與展現出來，並說：「這是我們所擁有可以用來打造並從中學習的。」作爲工人階級和中產階級，我們沒有像那3%的人擁有數億資產，我們承擔不起對**任何事**置之不理。我們必須用我們所擁有的來打造。

　　社會治療意味著創造一種環境，一種教育性的環境、情緒的環境、政治的環境、工作的環境、藝術的環境，在其中人們能夠拿我們在世界上擁有的眞實東西，即便是痛苦與殘酷，使用它們來打造些什麼。很高興看到這一點，很高興能看到這所學校這樣做，因爲我知道這當中的材料有，創造力、開放性、你自己和其他成人與孩子們的慈悲；我也知道你使用的是那些要揭露很痛苦的經驗，打造了一些非常眞實且非常屬於我們的東西。這是很棒的！你們所做的是卓越的。在我看來，這是能幫助我們孩子的，這是我們所能做來幫助我們孩子的。

---

3 譯註：芭芭拉・泰勒學校（Barbara Taylor School）成立於1985年，是以社群爲基礎的K-12實驗學校（K-12是指從幼稚園到高三）。芭芭拉・泰勒是一位畢生投入基層教育的老師，在她60多歲時，擔任紐約哈林區一所學校的校長，因爲對於教育系統能支持貧窮小孩的有限性感到挫折，而找上弗雷德・紐曼與洛伊絲・霍爾斯曼協助，成立該所實驗學校。對更芭芭拉・泰勒學校詳細的介紹，詳見2015年由導航基金會與新北市成人學習推廣協會出版的《成長的校園：當代教育模式的基進選擇》（Schools for Growth: Radical Alternatives To Current Education Models）。

我想知道如何超越人們之間這種分而治之（divide-and-conquer）的
東西，並學習如何對待人們。

我們必須透過認識我們是如何被精密劃分的程度，來學習如何打
造社群。富拉尼博士和我在一起工作很多年，建立了非常好的「政治
的個人」關係（political-personal relationship）。我愛她就像我愛
這世上的任何一個人一樣。她非常優秀，我們從不否認由於我倆的出
身不同而有很多真實的差異。事實上，我們帶著這些已經被社會化到
我們身上的差異與敵對，並說：「我們要控制這些，而不是讓這些控
制我們。我們能控制決定我們是誰，包括我們是如何被社會化要仇恨
彼此的。」這是很難的。到目前為止，最容易的事情是冷嘲熱諷，持
懷疑態度並說：「聽著，這個傢伙嘴巴上講得不錯，但是仍然是老調
重彈的胡扯，這不是真的。」

當人們問我是誰，當人們問富拉尼博士她是誰的時候，我倆都覺
得欠他們的不只是解釋。如果你決定認真對待自己，並要求其他人也
認真對待你，這就是個一天24小時、每週七天的持續不斷的**實踐**。
你必須打造出一些什麼，並說：「就是這樣。你想知道我是誰？去看
看卡斯提洛。你想知道富拉尼是誰？去看看新聯盟黨。去看看社會治
療、看看我們所打造的、看看這個屋子裡，看看我們為人們開創與打
造的。」忘掉解釋吧。每個人都可以編造出一個很好的解釋，因為你
所要知道的就是如何胡謅。關鍵還是你做了什麼，你的實踐是什麼，
在哪裡，開創了什麼？我想你有權利那樣要求，並本著建立共同性的

精神，對我們的差異毫不留情地坦誠相待。這是很根本的。

我希望你談談什麼是邪教（cults）。我知道很多人用這個詞來攻擊我們。我在新聯盟黨（NAP）或者卡斯提洛所做的事，是我已經在很多不同的地方、以不同的方式做的：在民權運動中、在高中、在教堂。因此，當敵人轉過身說：「那是一個人在邪教中的所為，而此人卻一無所知。」時，我就變得很困惑。什麼是邪教？

另一個我想要你談談的是社群的概念。我在某個社群曾經有過非常強烈的經驗。我花了13年在戒酒無名會保持清醒。在戒酒無名會裡，有兩件事情一再被重複——「讓戒酒無名會的人來愛你，直到你可以愛自己」、「跨越回到一般生活的橋梁」。就某種意義而言，待在這個社群就意味著跟這個世界分開，被包裹在某種保護罩裡面。在那待了一陣子後，我聽到那個社群的很多人說，為了要清醒與保持清醒，我們所必須做的一件事，就是對這個世界採取行動。我當真了，這也是何以我最後會在新聯盟黨和卡斯提洛中心。對我來說，這就是跨過橋梁回到生活中，並對世界採取行動。

當你在談論社群的時候，就像你今晚談論的那樣，對我來說，聽起來似乎沒時間讓人們為了要能在世界裡活著，而去某個在這世界之外的地方；成長的過程不只包括離開這個世界，而是進進出出、來來去去。這聽起來好像是個常態，我想要你談談這其中的動力（dynamic）是什麼、它的感覺是怎樣、看起來像什麼、困難是什

麼，因為我很難理解與處理它。我希望你能談談這個動力，因為我認為這與我過去聽過和經歷的非常不同。在其他地方，像教堂、學校等，總讓人有種你在這兒卻不在世界裡的感覺，且待在這裡給了你某種力量可以走出去。不過，你的意思似乎是，最大的改變應該是要毀掉我們腦袋中的那堵牆，因為它在現實中根本不存在，那只是有人想出來的而已。

「邪教是什麼」是個很難回答的問題，因為每個人都有自己的定義（所以我也只能給出我自己的答案）。就像其他所有事情一樣，有可接受的邪教和不可接受的邪教。所以，舉例來說，當你提及拿到補助的官方方案，像錫南濃[4]（藥物復健機方案），他們是邪教的組織，而他們完全是合理的。我並不是擁護邪教（pro-cult），我也不是邪教的一分子，但是我不想重砲攻擊邪教。邪教在這個世界上存在是可理解的。對大多數人來說，這是一個醜惡的世界，一個恐怖的、痛苦的世界，而人們在這個殘酷的世界中尋求避風港。當家庭沒有提供避風港的時候，且很多人的家庭就沒有，人們就會四處尋找。他們尋求邪教、尋求方案、尋求大自然，他們從藥物和酒精來尋求各種體驗。

---

4 譯註：錫南濃（Synanon）組織最初是一個藥物復健方案，於1958年在加州創立。到了1960年代初，錫南濃成為一種另類的社群，吸引人們加入，日後逐漸變質，在1991年因為其成員被犯罪案件起訴而被勒令解散。錫南濃被認為是美國至今最危險、暴力的邪教組織。

　　就我所理解，邪教的基礎是暫時或者永久地從生活中抽離出來，進入一種內在導向的經驗，主要是出於那些你不能應對、不想應對、想讓他們消失的感受，並且想要創造一種你能夠控制的環境，且這個環境是與你感到根本無能為力的世界相分離的。我想說的是，邪教的問題不只在於它是個被賦予下流意涵的詞，它會令人聯想到瓊斯鎮[5]（Jonestown）或其他畫面；事實上，邪教的問題在於它會給人能夠找到避風港的幻想，讓人覺得它是一道可以躲在後面的真實的「牆」。

　　但是看看這些方案發生了什麼。我非常感動你能在這裡，你是一個積極和有創造力的表演者和詩人，但是那些方案或者戒酒無名會真正的成功率是多少？按照他們的說法，成功率大約在8%，而我認為他們可能是在撒謊。

　　「我們可以躲在某處，並為我們的生活準備。」的這個想法，本身就是由那些本質上想保持現狀的人提出的幻想與定義，讓很多不參與其中的人滾出去、到別的地方。是那些提倡美沙酮的人，在很多情況下，美沙酮是一種比用藥者在上癮之前所使用的還更強的藥物。**他**

5　譯註：瓊斯鎮是由美國宗教組織人民聖殿教，在南美洲叢林地區建立的農業型公社。1953年，吉姆·瓊斯在美國印第安納州創立人民聖殿教，其最初是一個普通的獨立宗教團體，在1960年代中期以後開始被指為邪教；1977年，瓊斯把教派及約一千名核心信眾遷到南美洲。1978年11月18日，914名信眾在南美洲瓊斯鎮發生的集體教派自殺事件中死去。

們談論邪教、邪教、邪教。事情的真相是，當權者長久以來就一直支持這種可接受的邪教。

諷刺的是，我們與邪教恰恰完全相反。我想他們希望我們是邪教！如果我們是邪教的話，我們就只要找個地方並去躲著就好了。但是，我們就在這兒，不是將我們的世界和人們推開。我們堅持我們應走出去、走進世界裡，投身到社會改變中，無論它是治療的、政治的、文化的，還是何種社會形式。因此這是人類成長所必需的，也就是說出：「我不需要躲到哪裡去，外面就是**我的**街道。」當85街上的人們說：「你不能到這裡來因為你侵犯了我的地盤的隱私。」這到底什麼意思？你在說什麼？這是**我的**世界。這屬於我的人民和社群，這不是狹義上的意思，而是我們將定義我們自己、我們要怎樣，而不是被別人強加於我們。因此，我深深相信基進民主和自我定義的社群，而不是邪教。

誰定義邪教？通常是某些意識形態或者階層制度。我們尋求的不是邪教，因為邪教並不能為世界帶來根本的改變。能夠為世界帶來改變的，是人們聚在一起創造新的可能性與進行打造，並說：「這屬於我們。」這就是人類成長的意義所在。我不認為成長來自於向內尋求的內在導向團體，我認為它來自於一個自我定義的社群：「嘿！世界，我們在這裡！看看新聯盟黨，看看社會治療，我們在這裡。我們站在外面，站在歐文廣場上。看看我們，歐文廣場。」因為我們是人，看看這個屋裡，看看我們是誰。

　　這就是我想到的全部。在其中蘊藏著巨大的成長潛力，可能性的增長超出了我們所能想像的。畢竟，我們的夢想也是被**他們的**分類所限制的。**我們**應該決定我們的夢想會是什麼，我不想讓我的夢想被利華兄弟[6]（Lever Brothers）或美國國際電話電報公司（ITT）所決定。我想讓我們決定我們的夢，好的、壞的、吸引人的、不吸引人的。我希望我們，人群們、我們的延伸社群來決定，而不是被他們的電視所決定。

　　首先，只是站在這裡說話就讓我嚇死了。但是我學會了我是一個有力量的黑人男同志，且表達我是誰讓我能夠繼續有力量。我也視自己為一個不再使用藥物的人。我曾經陷入一種我以為永遠不能走出來的生活，我的生活中有一些親愛的人，他們透過社會治療，介紹我了解生活的意義，然後這幫助我停止了。我也參與到邪教之中，就像你說的。但是我從邪教中學到的一件事是，如果當我在這個邪教中沒有什麼不同的話，那就沒有必要繼續待在這個邪教。

　　有一個我非常敬愛的人告訴我，我真是瘋了，因為我去參加工作面試時說我是個同志。但是我得到了那份工作。這讓我看到我能夠繼續利

6　譯註：利華兄弟是成立於1885年的英國製造公司，並於1895年進軍美國市場。1929年，它與荷蘭聯合麥淇淋公司（Margarine Unie）合併組建聯合利華（Unilever）公司，是古老的跨國公司之一，聯合利華現為世界前幾大的消費品製造公司，麗仕、多芬、立頓等品牌都是它旗下的產品。

用我的成長和發展來做我自己。我的問題是你現在能給我什麼或告訴我怎麼做，來幫助我繼續做我自己，因為此刻我需要你的支持，幫助我變得像你一樣有力量。

我會給你些什麼。我認為你應該開始推動其他人的發展，正如同你努力推動自己的發展一樣。你有權利和義務幫助我們、我和其他人，用你推動自己的同樣能量，來幫助推動我們成長。這就是我們如何讓這個能量成為社會的，這樣我們就能為彼此而做。我想要你將同樣的能量給予每個人，我認為你有非常重要的東西可以給予，但你不能只是把它給你自己，因為那是自私的——你必須把它給予整個社群。

當你說到重新定義情緒的時候我非常興奮。弗雷德，你知道的，我一直嘗試要做「對的」，我一直在想重新定義情緒是比做「對的」情緒、將情緒放進分類裡，還更為人性的。我想知道我們如何在我們社群更廣大的層面上來定義情緒，而不僅僅是這裡的一個團體，或者那裡的另一個團體。我們如何對全國人們的社群做？

這個問題將這裡的15個人的團體和其他的世界區隔開了。但是實際上並沒有這種區隔。在社會治療中有些人對我說：「是不是很棒呢！在這裡非常有效，但我怎麼能把這個帶到其他地方去呢？」而我的回答會：「你會忍不住把它帶到其他地方去。」它會跟隨你的。問題在於你是否會允許自己不把它帶到其他地方去。當我們做改變的時

候，我們可能在一個稱為「治療室」的屋子裡，但是正如我一遍遍指出的那樣，這個治療室是在72街、它在曼哈頓、它在紐約、它在東北方、它在世界上。傳統治療的部分問題，在於它基於試圖將治療與真實世界分離。我們必須看到並沒有這種分離，除非那些要我們保持這種分離的人，已經將此分離定義進而使之存在了。我們必須重新定義它，讓它不復存在。

讓我們稍微嚴肅一會兒。讓我們假設有一天晚上，我們在團體裡想出了16種前所未聞的最不可思議、最奇妙的情緒。我們可以想出一些我們也不知怎麼命名的情緒──奇妙的情緒、難以置信的東西。你認為你可以保守這個秘密嗎？你認為沒有人會知道嗎？我不想說得太輕率，但是當人們以複雜的社會方式創造出一些東西的時候，這些東西就會傳到我們的環境中，因為在人類歷史的這個階段，人們的環境是非常社會化的。我們生活在人類這個物種所創造的最為社會化的環境中。問題不是我們社會化的**能力**；問題是我們是否準備好加以利用這種已存在於我們身上的社會化，而不是用以將我們區隔，使我們無法分享我們的人性和創造力所帶來的益處。

看看這個世界武斷的區隔劃分。這裡、那裡，到處都是界線。幾年前當我在教哲學的時候，我曾談過這一點。當我打開一張地圖，我會指出邊界線，正如我當時在研究這個時，我意識到人們，從某種程度上來說，實際上真的認為那裡有這些線。他們相信這些圖片上的線

就在這個國家、薩伊[7]或者其他國家周邊。但是那兒根本就沒有線！他們是不同的人嗎？是的。這些人們有各自豐富與有意義的歷史嗎？是的。但是它們不是相互孤立的歷史。他們是社會的歷史，他們是相互關聯的歷史。

我來這裡是爲了尋求你的幫助和支持。我是費城一個社群的成員，這是一個非常強大的社群，它爲人們在生活中做出改變，創造了環境。我們曾談過憤怒，當你說我們「實踐」憤怒的時候，我意識到我對憤怒的實踐常常是轉向傷害別人和自己。你說將憤怒當作重新組織和創造的能量來源；你談了改變以及你所謂的改變的含義。這是一個挑戰。似乎當我的生活中有個挑戰的時候，我感到舒服。當沒有挑戰的時候，我讓其他人定義我是誰和我的位置，我容易感到困惑並對他們所加諸於我們的條件反應。我希望你能進一步說明。

　　他們兜售的東西是某種程度的舒適感（他們是指那些對我們做下定義的人）。他們說：「聽著，舒服點吧，讓我們來定義。」但是這就引起了憤怒的問題，不是嗎？因爲我不認爲你能夠理解憤怒，除非你把這個憤怒和你對其他人在定義你時感到舒適，兩者聯繫起來看待。如果你想處理這股憤怒，你最好能夠扛起責任來定義你自己、社群、我、我們與所有的人。這個能量應該用到這上面。在你做到這個

---

7 譯註：薩伊（Zaire）是剛果民主共和國的舊稱。

之前，你可能會感到有點舒適，但是你將會經歷這股憤怒的所有痛苦和折磨，以及當你意識到自己如何處理這股憤怒的受傷感。所以，是的，生活中總得有些取捨。

我記得曾經有一個我做治療多年的人常對我說：「我聽到你說的，我也喜歡你說的這些，我欣賞它、尊重它，但是當我想到要做出這些改變的時候，對我來說似乎很不容易。」他們的確是！他們是很**不容易**的。我認為相對於我們所擁有的一些特權——無論是作為男人、異性戀者還是白人，無論你在階層結構中獲得的任何特權，對於我們當中的許多人都勢必是很不容易的。所以，這比前面那個再更多一些，但是與此同時，如果我們能集體地打造自我定義的社群，那麼就沒有人能夠在那裡擁有什麼（指上述的特權）。因此當人們這樣對我講的時候，我從不否認：「我是不是得放棄一些什麼？這不是很不容易嗎？我是不是會不舒服？」，答案是：是的，正是這樣。現在如果你說的是「我不想放棄任何舒適」（我知道你也不會那樣說，因為如果那樣的話，你就不會在這裡）。我會說，「好吧，我能說什麼呢？」當男人說：「我想保留我的男性特權，但是當我聽了你的演講，我聽到你說我應該放棄一些。」我說：「是的，沒錯。」但是你必須仔細審視被賦予這種特權之後所發生的一切。

我一直在思考關於社群的議題，我去過很多社群，從家庭到黑人社群、另類社群、藝術社群、素食社群。在某些方面，我一直在尋找避

風港，但是從未找到。我也對這些社群有些反感，這些社群已經被各種方式定義，他們無法解放或賦予我作為人類的力量。

過去三個月，在富拉尼博士（1990年的州長）的競選活動中工作，讓我看到「社群」這個詞被以最貶低的形式使用——同性戀社群、黑人社群。我想著我們曾一次次被告知離開「我們的社群」，然後我們站出來說：「誰讓它成為你的社群？」是什麼線將你與我、我們以及世界上數百萬的人區分開來？我想到了1988年的經驗（富拉尼的總統競選活動），當時我們走遍全國各地，打造了一個願為民主而戰的人們的社群。先前你對一個問題的回應是「沒有這種區分」，且這種區分假設「人們必須聚在一起」是錯的，它也是成千上萬屬於這個叫做「人類」的廣大社群人們的障礙。你怎麼認為？

　　你要打破這個被意識定義的「社群」或者「不是社群」的想法。你要打破「在這裡的人，在那裡的人，什麼是意識，你覺得是這裡的一分子，還是那裡的一分子？」社群的運作性原則是**打造、創造**些什麼。如果此刻有一個新聯盟黨與富拉尼的支持者在堪薩斯州的威奇托市，我們的工作就是找一種方法來與他一起打造，不是創造某種意識，而是一起**打造**。我們利用我們所擁有的，找到一種方法來打造些什麼，不管它是什麼，不管人們在哪裡。當我們打造時，我們創造了社群；但當我們不打造時，不管有多少意識（現在請允許我用一個馬克思主義的詞），我們都只有「虛假意識」、異化的意識、幻象的意識。

　　我想這就是邪教的全部意義所在。這有個在一起的幻覺，而這對人們來說是眞實的。人們感到在痛苦的世界中需要它，但它並不是眞實的，因爲它不是由人們打造的。重要的是要不斷地打造，並尋找新的方式打造。我們在卡斯提洛總是在談論──生產事物的新方式，不僅是產出新的東西，而是生產事物的新方式。

當你說打造（building）的時候，意思是像打造一個活動、打造一齣戲……

　　無論是打造什麼──打造一間房子、一齣戲、一組關係，是打造一個生活、一座農場、每週一次的電話連線、一份報紙。打造是人類運用我們的社會技巧來創造事物。然後我們打造一些與世界、與我們都有關係的事物，因爲我們已經一起打造了些什麼。我們是個「打造」的物種。不幸的是，我們作爲打造者的技能已經被剝削了。就是這樣。我們的技能、天賦、打造能力，一再地被剝奪。我們必須拿回它，不僅僅是透過心理上的行動，更要透過打造社群的集體行動，打造出能夠持續打造動能的社群。我們不僅要打造社群，還要打造出能夠打造的社群──一個持續打造的社群。我們拿回我們的打造能力，而人們經常會很困擾，「我不要你們來打造。這不是恰當的打造方法。」

　　沒有人在說要違法。事實證明，當權者想要限制我們，即便是在合法範圍裡。你知道如果你是一個獨立政黨，在布朗克斯、布魯克林

或其他地方的投票所工作是什麼樣子嗎？他們會說：「你到底以爲你是誰，竟然來這裡要求一個公平的、民主的選舉？你可眞敢啊！」你說：「抱歉，但這不是憲法說的嗎？」「憲法！這是**我的**社群，去你的鬼憲法！」「但是，我們有在選票上，富拉尼是候選人，我們理應用正確的方式做事，這是登記簿，這是法律。」他們說：「帶著這些登記簿滾出這兒。」你說：「等等，如果這是我們要接受的，我們就不能創造我們的社群了。」這是一個戰鬥。

　　他們說：「你們是瘋子、邪教、違法的、共產黨、同性戀、異性戀、黑人、白人。」新聯盟黨曾被指控爲書上寫的所有矛盾的東西。你無法分辨究竟我們壞，是因爲我們是同志，還是因爲我們是異性戀；我們壞，是因爲我們是共產主義者，還是因爲我們不是共產主義者；還是因爲我們是黑人或者不是黑人，所以我們是壞的。但是他們眞正在說的是：「你們是壞的，你們是不好的，我們不要你們。滾出這裡，你們不屬於這兒。」而**我們**要說的是：誰說的？

我一直在想，在我成長過程中，我被所有這些分類所定義：懦夫、青少年酒鬼、這個、那個——我使壞，並被這些包裹著，深信了那些分類。在某種程度上，我認識到我接受了這些分類，而它讓我變得如此殘缺；我不得不痛苦地用力審視，我坐在輪椅上的事實，肯定和我的情緒性有很大的關係。然後我認爲我肯定瘋了，就好像馬丁·路德·金恩說的適應不良，我想也許瘋狂並不是一件那麼糟糕的事。

　　我真的不想被認為是在用任何方式讚揚瘋狂。正如你所知，瘋狂是非常痛苦的。然而，問題是我們要怎樣處理我們的痛苦和瘋狂，我們是否要使用這種經驗為我們的社群、我們的人民和我們自己做些什麼。

　　我認為重要的是，不要滑入對痛苦的讚揚。痛苦不是光榮的，壓迫絕不是光榮的。我們討論的關鍵是我們要如何與之聯繫起來──我們如何被當權者社會化，像受害者一樣無能為力，只能經驗這些、並遭受折磨，而不是我們拿著這些經歷的痛苦與瘋狂，並且以進步的、發展的和人性的方式來使用它們。

　　這就是問題。我們不要美化痛苦，痛苦是會傷人的。它是不好的，那些讓它發生的人都應該被指認出來。但是我們不必做他們告訴我們要做的，**我們**可以來定義要帶著那樣的痛苦做些什麼，而不是他們。

很多人被白人左翼運動傷害過很多次，包括那些黑人和同性戀。這就是為什麼我去碼頭為新聯盟黨進行組織的時候，覺得自己就像是一個白人左翼分子，試圖要到人們的電話號碼並讓他們去參加會議。我確定如果我這樣想是因為我在投射，你怎麼看呢？

　　誰讓你成為一個白人左翼分子？這是從哪裡來的？誰對你做的？

大學的幾個基進的朋友。

好，為何你不只記得那些人的好的部分，忘記另一部分呢？我想很多左翼分子、白人、黑人、拉丁美洲人，但是特別是白人左翼分子有某種認同的需要，來證明他們對其他人類的關心是合理的。這是胡扯。你有權利關心你的兄弟姐妹、黑人、拉丁美洲人、白人，而不必要有個標籤來合理化你的感受。因此你需要在這裡，過你的生活，做你自己，而不是陷入那些標籤裡。進一步來說，很多白人左翼分子一旦有那種定義，就從不會靠近黑人社區，因此他們需要定義來證明他們的關心。這是需要超越的，且你需要為這個社群貢獻那樣的經驗，作為打造過程的一部分，因為在那裡你不孤單。

弗雷德，我有一個複雜的問題。首先，我希望你能多談談兩黨系統和這方面的定義，以及我們在地平線之家（Horizon House）[8]關於沒有所謂「不要用藥」的活動所進行的鬥爭。我們可以容易地組織起來，針對人們不打算去做的給予幫助。因此，我很好奇如果你是否能夠將這兩者聯繫起來——兩黨系統和「用藥或不要用藥」的活動。

如果你從社會心理的核心來想，兩黨制的意識形態本質是贏者全拿。想想看，這是他們這些人維護它的原因，特別是維護兩黨民主——不是三黨民主、四黨民主，而是兩黨民主。他們維護的立場，其

---

8 譯註：洛伊絲·霍爾茲曼在導言曾提及位於費城的地平線之家，它現在主要精神病人的社區復健單位，早年地平線之家曾有藥物與酒精濫用者居住方案。

意識形態的核心是：如果你沒有贏，那麼你就輸了。

這對歷史的社會過程毫無敬意，不尊重我們都實際參與在這持續進行的生命活動之中。例如，投票給富拉尼的人們被認為是不存在的，因為她沒有贏。贏者是真實的，輸家也是真實的，但是後者只有被貶低，或被當成死了一樣，或者出局。因此，兩黨制是一種贏者全拿的競爭心態，它是我們整個文化中社會結構的一部分。這對於你提出的這個議題來說很重要，因為我認為我們必須學習到，生活、經驗、發展和成長都是社會過程的事實，而不只是商品化的最終產品。我們必須用社會過程來看待與談論我們做的，而不是對這個或那個的否定──不要這樣做，要那樣做；不要做那個，要做這個。強加這些不同標籤的定義，說你是這個或是那個，本身就是在否定社會和歷史發展的根本性。當我們談論自我定義的社群時（先前的一個兄弟也說到「出櫃」以及自己是誰），我們在談的是找到你是誰，你要表達的是什麼。這是個「說出來」的活動，是將其社會化的活動。我們是社會人，雖然我們已經被一大堆標籤私有化了，但是我們是社會的物種，我們所做的每一件事都是社會性的。

弗雷德，我曾對你真的非常非常生氣。我之所以會記得，因為那時我才剛找到我作為成癮者的新身分（identity）。那是我第一次有個身分，我對此感到非常舒服和安全。但是你知道問題是什麼嗎？有時候經過一段時間，你會對這個身分感到厭倦；經過三、四個月，你會

說：「哎呀，真是太無聊了。」

我看了你的文章〈成癮的迷思〉，有一些靈光閃現在我的腦海。那時我剛剛從戒治所出來，我非常喜歡它。我花了四個星期在那兒，我有一張保險卡，因此我去了一個非常好的地方，有人幫我鋪床、我吃得很好。那段時間真棒。但是我不認為我能待得再更久，人們告訴我該做什麼，好像重新當個小孩一樣。但我需要那樣，我需要做一個月的小孩。

讓我厭倦的是，有關我的一切都被視為藥物成癮者。我說：「我很憤怒。」他們說：「那是用藥的衝動。」我說：「不，我生氣是因為我討厭我的工作，因為我很擔心錢，因為每次我讀報的時候看到受苦的人們，我感到心碎。我很生氣，而這是真實的，這不是用藥的衝動。」他們說：「哦，你在否認！」戒酒無名會幫助了我。它很有道理，而我也還是會去，但是我真的厭倦了不斷以「成癮者」定義我的生活。這讓我更加沉迷於用藥。

今晚我本來是不想來的。我認為你真的瘋了，我不想與你有所牽連，但是我還是來了，因為我知道即使我不同意你，至少你會讓我思考。因此我想如果我今晚來了你會讓我重新思考，而你的確也做到了。

我被你整晚所談論的東西感動，而你在某種程度上也回答了我的問題。我參與了吉姆・曼吉亞[9]（Jim Mangia）在舊金山的競選（1990

---

9 譯註：吉姆・曼吉亞自1980年代，就從事美國政治組織工作，同時也是改革黨

年競選監督委員會[10]），我一直想到我們在黑人社群工作的經驗。當時我感到很受歡迎，但是我不覺得我有歡迎他們到我的社群來，儘管我有說吉姆有受夏普頓牧師和富拉尼博士的支持。你如何改變這個？我仍然認為這是他們的社群，而不是歡迎他們到我們的社群來。

嗯，他們沒有在我們的社群嗎？

我想我仍然只把那些為競選工作的人當成是我們的社群。

不，我認為你很難將他們帶進你的社群，是因為他們**就在**你的社群中。你的困難是身處在這個整體的社群，因為我認為你仍舊以這樣的方式在思考：「好吧，他們有他們的社群，我有我的社群。」以不同方式參與那場競選的人，都是社群的一部分。我的意思不是說從定義上來講是正確的，而是因為人們參與進打造新聯盟黨的特定活動中。

這跟民主黨很不一樣，他們所談論的都是選民。確實，除了選民的投票關係與選區以外，他們就沒有關係了。但是說到我們要打造的，就不能這樣了，因為我們所要打造的東西的本質──因為這是一

（Reform Party）的創辦人之一，曾以獨立候選人參選1986年美國國會議員、1990年舊金山監督委員會。

10 譯註：美國舊金山市長擁有行政權，監督委員會（San Francisco Board of Supervisors）同時也是舊金山市的市議會，監督市長的施政。委員會下有11個選區，每個選區選出一名成員。委員會成員任期四年，可連任一次。

個挑戰，這是一個自我定義的社群。如果我們活在他們的定義之下，這將不會存在。你看一下選舉日之後的報紙，獨立政黨甚至根本不會被列上去，這是他們刻意讓我們不存在的方式，「你不存在」。為了讓我們候選人的結果能刊登在報紙上，我們爭取了十年之久。而他們的立場是：「你不是民主黨的，你不是共和黨的——你就不是真的。」

幾個月前，我來到卡斯提洛，我也在東邊研究中心開始了治療。它真的讓我驚艷，現在每一次去仍然如此。我的生活改變了很多，我曾參加「愛滋病解放力量聯盟」，而我已經不是那裡的成員，雖然我有時還與他們結盟，我曾是軍隊的少尉但現在已經不在軍隊裡了。我很想要謝謝我的治療師南茜・格林（Nancy Green）和貝蒂・布朗（Bette Braun），也要感謝今晚帶我來這裡的朋友們。我從這個社群中學到我們能夠給予的是如此之多，我想要學習如何去到我仍是其中一員的其他社群，並且同樣地熱烈地給予。

　　由於在詮釋人們的話語與他們的意思有許多不同的方式，因此當你使用一般普遍的一些字詞時，總是會冒著很多風險，但是，對我來說，我們在這個文化和社會中最被剝奪的事物之一，便是給予的經驗。給予是一種非常棒的成長性體驗，它是人性化的、社會性的經驗。但是我覺得，我們已經在文化上被扭曲成一種「不要給予，要得到」的心理狀態。我寫過很多文章，關於性別歧視和男人如何被社會

化（本質上也是我們**都**如何被社會化），而成爲強暴者。在我們的文化中，男性社會化的基本規則是，對於女性要儘可能地得到最多，並儘可能地給予最少。這是我們文化中主導的社會化。這很明顯是對女性的極大壓迫，但是同樣也是對男性的壓迫，因爲這讓人自我毀滅地認爲，身爲人類，所有的一切意義就是要得到。這是非人化的信條。當我們不盡力學習給予的活動，我們就會比較沒有人味。因此你得繼續做你需要做的，來學習如何給予，而你正在那樣做。

弗雷德，你說不應該有任何標籤：白人、黑人，諸如此類的。我在想，如果人們對自己感到驕傲，這並不會對此人造成減損，也不會讓社群的其他人減損。那麼當你談論社群的時候，你也應該將那個標籤拿掉。

　　我同意。我所說的是，我認爲我們可以在人們的社群脈絡中，盡情地表達自己的黑人性（Blackness）、猶太性（Jewishness）、同志性（gayness），且在其中，我們不必擔心爲了要做個黑人、猶太人、同志，而被與其他人區隔和孤立。我完全同意，我支持那種「我們是誰，我們從哪裡來」的驕傲。事實上，我們必須要能夠在更廣泛的社會社群中表達這種驕傲。

中文版跋　走出迷霧的行跡

　　我們三人共筆一繁體中文版跋文，實為三人在接觸本書作者弗雷德‧紐曼，帶領一群美國馬克思主義者所研發的「社會治療」（social therapy）的過程中，返身理解在臺灣成長和工作的我們自身的路徑筆記文。

在歷史中，我們無從失落！／龍煒璿

　　活在瞬息萬變的世界裡，為何要讀一本30年前出版的書？

　　從2007年進入臺灣國際家庭互助協會工作後，我的工作同伴以及跨國移動者，以他們的生命經驗串連亞洲的文史，引領我看見國族與國界的荒謬。我的運動視框的養成，受惠於我們這支運動路線對於「歷史性」的重視與堅持。但是，同一時間，我也看到某些握有學院權力的知識分子，怎麼樣在學術論述中抹去和自己意識形態相左的社群的奮鬥，或潦草帶過，甚至隻字未提。歷史於我，是如此地矛盾。

　　因此，當我讀到弗雷德所言：「我們在歷史裡無從失落。」（Nothing is lost here in history），令我非常困惑。因為，當代歷史的詮釋往往是成王敗寇。史官有意地摘選為自身意識形態服務的斷簡篇章，要在歷史上抹去某些存在，是那麼容易。我甚至一度犬儒地覺得：「歷史是隨人編纂，所有的一切都可能失落。」

帶著這樣的懷疑和矛盾，我進入《心理學的迷思》的翻譯工作中。這是一本高度美國政治、文化、經濟、歷史脈絡的書，穿雜著弗雷德‧紐曼身為（後）馬克思主義心理學家在（教科書所定義的）冷戰終點「革命失敗」（蘇東波瓦解）的彼時——在美國，這個資本主義掌權的世界中——與革命者馬克思、維高斯基的相認與對話，以及弗雷德怎麼試著將這樣的相認，穿透他與紐約東邊研究中心（East Side Institute，簡稱ESI）所相信的革命性活動中。

慢慢地，我開始有點理解「我們在歷史中無從失落」的意義。一方面，這代表在持續有意識的革命性活動中，我們共同感知、創造歷史；相對地，所有在歷史中的傷害也無從迴避。就像雷根——這個曾經說過愛滋是「同志癌症」（gay cancer）的總統——他的那句操弄，對身在美國，以及身在對美國馬首是瞻的國家中的性少數、愛滋感染者帶來的戕害，並不會隨著他的死亡而消散。在歷史中，我們與創造和傷害共存，無從躲避，也無從失落。

病人即革命者：社會治療，治療社會／郭姵妤

我接觸到紐約東邊研究中心的社會治療相關概念，最早是在2008年左右，那時我還在慈芳關懷中心與社區的精神病人一起工作，夏林清老師曾在一場精障的家庭經驗工作坊說過「病人即革命者」（是弗雷德‧紐曼在古巴的演講，也是這本書的第一章），擊中

了我的心。如果病的是社會，那麼人會生病也是完全「正常」的，我如何看待精神病人的政治性與社會性因此啟蒙。但我是從2014年開始在日日春關懷互助協會工作後，才更明白夏老師與這群紐約同志結上的緣分與參看的道理。

臺灣的心理與社工相關助人專業大多移植於歐美，而ESI這個由弗雷德·紐曼所領導的社會治療社群的理論與實踐，屬於批判心理學的一支，在美國社會內部發展至今已四十餘年，他們對服務於資產階級的心理學的批判與實踐，能夠提供臺灣的助人專業一個反思與解殖的參照點。心理學帶著中立、客觀、科學的去政治外貌，實質上是在進行極度政治化的社會維穩工作，但是這在我們接受的社工與心理教育中，卻完全絕口不提。社工大多是替統治者擦屁股，幫助社會底層弱勢，讓他們餓不著也死不了，但卻談不上「發展」；而主流心理學與精神醫學，則是用心理治療、藥物把病人「修好」，回到「正常」社會裡「適應」良好，服務於資本主義的生產方式。

帶著滿腔熱血、想學習「助人」的大學生，得先經過各種西方專業理論、視框與技術把自己鈍化、內在殖民，再經歷一連串的實踐過程中一次次的選擇，有幸的話，才能有機會反身細辨自身的歷史性／社會性／政治性，脫去專業建制所加諸的箝制與枷鎖。希望這本來自美國1980年代的對現代心理學的批判反思，能夠為近四十年後的現今臺灣主流心理學界帶來攪擾；也為臺灣心理與社工等實務場域已有的反思與實踐，增加「他山之石，可以攻錯」的助攻效果。

聯合與發展人的社會治療／夏林清

　　1990年到1991年，我在哈佛教育學院的古特曼圖書館（Gutman Library）專心寫論文，我的博論是中國時報工會工人領導者的故事，書寫過程中於圖書館發現邁爾斯・霍頓（Myles Horton）與他所創立的高地學校（Highlander School）於1950年代被麥卡錫鎮壓的工人教育的資料；知道高地學校已屬意外，一天看到玻璃大門上貼了一張美國馬克思主義者的社會治療的活動宣傳，則是驚喜立即報名跑去參加。說實在的，第一次的那個週末，啥也沒聽明白，只記得弗雷德與一群人爭論性商品化的主題。1991到2001年拿到博士回臺接續工作的10年是我成年生命中最為耗神疲累的10年，2002年獲得到哥倫比亞大學交流半年的學術補助，當然就參與了ESI的各項活動。

　　即便由年輕時便關注左翼運動，但我對美國人學術左翼與左翼運動的了解並不多，是社會治療這支美國批判實踐路徑的馬克思主義者的社群，引領我由他們一路是如何在美國內部透過諸多衝突與論爭，來較深入地認識美國社會；當讀到《心理學的迷思》一書時，更轉入了古巴這一個在卡斯楚領導下革命建國的中美洲左翼歷史！

　　ESI社會治療的這個社群走過半個世紀，召喚聚集了教育、心理、社工、護理與哲學等等專業工作者，他們同時也積極參與到美國的政治運動中；由2002年開始，我邀過洛伊絲・霍爾茲曼（本書序文作者）數次來臺，亦推薦她給中國大陸心理學學界，關注批判心理

學的學者王波老師就是在2009年於南京經我的介紹認識美國批判心
理學的這支實踐路線的。

　　最後，我們非常高興能由五南圖書率先於兩岸出版《心理學的迷
思》這一本具歷史穿透性的書，盼望這本書的出版的能引領臺灣讀者
進入一個返身思考的歷史空間。

參考文獻

Adorno, T.W. (1951). Freudian theory and the pattern of fascist propaganda. In G. Roheim (Ed.), Psychoanalysis and culture. New York: International University Press.

Akbar, N. (1985). Chains and images of psychological slavery. Jersey City, NJ: New Mind Productions.

Akbar, N. (1991). Visions for black men. Nashville, TN: Winston-Derek Publications.

American Psychiatric Association. (1980). Diagnostic and statistical manual of mental disorders (3rd ed.). Washington, DC: Author.

Bacon, F. (1960). New organon. New York: The Liberal Arts Press.

Brown, P. (1973). Radical psychology. New York: Harper Colophon Books. Bruner, J. (1987). Prologue to the English edition. In L.S. Vygotsky, The collected works of L.S. Vygotsky, Volume I. New York: Plenum.

Buck-Morss, S. (1975). Socio-economic bias in Piaget's theory and its implications for cross culture studies. Human Development, 18, 35-49.

Bulhan, H.A. (1985). Frantz Fanom and the psychology of oppression. New York: Plenum Press.

Butterfield, H. (1962). Origins of modern science. New York: Collier Books. Castillo, O.R. (1971). Let"s go (M. Randall, Trans.). Willimantic, CT: Curbstone Press.

Cole, M., Hood. L., & McDermott, R.P. (1978). Ecological niche-picking: Ecological validity as an axiom of experimental cognitive psychology (Monograph). New York:

Rockefeller University, Laboratory of Comparative Human Cognition. [Reprinted in Practice, 4(1), 117-129]

Coleman, J.W. (1976). The myth of addiction. Journal of Drug Issues, 2, 135-141

Collett, L. (1988, July-August). Step by step: A sceptic's encounter with the twelve step program. Mother Jones. [Reprinted in Utne Reader, 1988. Nov./Dec., 69-76]

Conason, J. (1982). Psychopolitics. What kind of party is this anyway? Village Voice, 27(22).

Coyne, J.C. (Ed.). (1986). Essential papers on depression. New York: New York University Press.

Deleuze, G. & Guattari, F. (1977). Anti-Oedipus: Capitalism and schizophrenia. New York: Viking Press.

Fanon, F. (1963). The wretched of the earth. New York: Grove Press. Fanon, F. (1967). Black skins, white masks. New York: Grove Press.

Feyerabend, P. (1978). Against method. Outline of an anarchistic theory of knowledge. London: Verso.

Fingarette, H. (1988). Heavy drinking: The myth of alcoholism as a disease. Berkeley: University of California Press.

Foucault, M. (1975). Madness and civilization: A history of insanity in the age of reason. New York: Vintage.

Freud, S. (1984). Civilization and its discontents. New York: W.W. Norton & Company, Inc.

Freud, S. (1977). New introductory lectures on psychoanalysis. New York: w.W. Norton & Company, Inc.

Fromm, E. (1973). The crisis of psychoanalysis. Middlesex: Penguin.

Fukuyama, F. (1989, Summer). The end of history? The National Interest, 16, 3-18.

Galileo, G. (1914). Dialogues concerning two new sciences. New York: Dover.

Goodwin, D.W. (1986). Anxiety. New York, Oxford: Oxford University Press.

Gould, S.J. (1990, Winter). Taxonomy as politics: The harm of false classification. Dissent, 73-78.

Habermas, J. (1971). Knowledge and human interests. Boston: Beacon Press.

Herman, E. (1988, Summer). The twelve-step program: Cure or cover? Out/Look: National Lesbian and Gay Quarterly. [Reprinted in Utne Reader, 1988, Nov./Dec., 69-76]

Holzman, L. & Newman, F. (1979). The practice of method: An introduction to the foundations of social therapy. New York: Practice Press.

Holzman, L. & Newman, F. (1987). Language and thought about history. In M. Hickmann (Ed.), Social and functional approaches to language and thought. London: Academic Press. [Reprinted in L. Holzman & H. Polk (Eds.), History is the cure: A social therapy reader. New York: Practice Press]

Holzman, L. & Polk H. (Eds.). (1989). History is the cure: A social therapy reader. New York: Practice Press.

Hood, L., McDermott, R.P., & Cole, M. (1980), "Let's try to make it a nice day" – Some not so simple ways. Discourse Processes, 3, 155-168. [Reprinted in Practice, 4(1), 103-116]

Hood, L., Fiess, K., & Aron, J. (1982). Growing up explained: Vygotskians look at the language of causality. In C. Brainerd & M. Pressley (Eds.), Verbal processes in children. New York: Springer-Verlag. [Reprinted in Practice, 1(2-3), 231-252]

Jacoby, R. (1976). Social amnesia: A critique of conformist psychology from Adler to Lang. Boston: Beacon Press.

Kant, I. (1929). Critique of pure reason. New York: St. Martin's Press.

Kuhn, T. (1970). The structure of scientific revolutions. Chicago: University of Chicago Press.

Laing, R.D. (1983). The politics of experience. New York: Pantheon.

Lasch, C. (1976). The family as a haven in a heartless world. Salmagundi, 35.

Levine, H.G. (1985). The discovery of addiction: Changing conceptions of habitual drunkenness in America. Journal of Substance Abuse Treatment, 2,41-57.

Levitan, K. (1982). One is not born a personality: Profiles of Soviet education psychologists. Moscow: Progress Publishers.

Lichtman, R. (1977). Marx and Freud, part three: Marx's theory of human nature. Socialist Revolution, 7(6), 37-78.

Lotringer, S. (1977). Libido unbound. The politics of "schizofrenia." semiotexte, 2(3).

Luria, A.R. (1978). Psychoanalysis as a system of monistic psychology. In M. Cole (Ed.), The selected writings of A.R. Luria. White Plains, NY: M.E. Sharpe.

Marx, K. (1964). Economic and philosophic manuscripts of 1844. (M. Milligon, Trans.). New York: International Publishers.

Marx, K. (1967). Capital (Vol. I). New York: International Publishers.

Marx, K. (1971). Grundrisse: Foundations of the critique of political economy. New York: Harper & Row.

Marx, K. (1973). Thesis on Feuerbach. In K. Marx & F. Engels, The German Ideology.

New York: International Publishers.

Marx, K. & Engels, F. (1968). The communist manifesto. New York: Monthly Review Press.

Marx, K. & Engels F. (1973). The German ideology. New York: International Publishers.

Newman, F. (1987). Crisis normalization and depression: An approach to a growing epidemic. Practice, 5(3). [Reprinted in L. Holzman & H. Polk (Eds.), History is the cure: A social therapy reader. New York: Practice Press]

Newman, F. (1989). Seven thesis on revolutionary art. Stono, 1(1), 7.

Newman, F. & Holzman, L. (in press). Lev Vygotsky: Revolutionary scientist. London: Routledge.

Oates, S. (1982). Let the trumpet sound: The life of Martin Luther King, Jr. New York: Mentor.

Peele, S. (1975). Love and addiction. New York: Signet.

Peele, S. (1977). Redefining addiction. International Journal of Health Sciences, 7, 103-124.

Peele, S. (1988). Visions of addiction: Major contemporary perspectives on addiction and alcoholism. Lexington, Mass.: Lexington Books.

Peele, S. (1989). The diseasing of America: How the addiction industry captured our soul. Lexington, Mass.: Lexington Books.

Piaget, J. (1923/1955). The language and thought of the child. London: Kegan Paul.

Piaget, J. (1924/1968). Judgment and reasoning in the child. Totowa, NJ: Littlefield, Adams.

Plog, S.C. & Edgerton, R. (1969). Changing perspectives in mental illness. New York: Holt Rinehart Winston.

Quine, W.V.O. (1964). From a logical point of view. Cambridge, MA: Harvard University Press.

Reich, W. (1970). The mass psychology of fascism. New York: Farrar, Straus & Giroux.

Rothman, D.J. (1971). The discovery of the asylum: Social order and disorder in the new republic. Boston: Little Brown.

Russell, B. (1912). The problems of philosophy. London, New York: Oxford University Press.

Schaef, A.W. (1987). When society becomes an addict. New York: Harper & Row.

Shaffer, H. (1987). The epistemology of addictive disease: The Lincoln- Douglas debate. Journal of Substance Abuse Treatment, 4, 103-113.

Szasz, T.S. (1961). The myth of mental illness: Foundations of a theory of personal conduct. New York: Harper & Row.

Volosinov, V.N. (1987). Freudianism: A critical sketch (I.R. Titunik, Trans.). Bloomington: Indiana University Press.

Vygotsky, L.S. (1962). Thought and language. Cambridge, MA: MIT Press. (Newly revised, 1986, by A. Kozulin.)

Vygotsky, L.S. (1978). Mind in society. Cambridge, MA: Harvard University Press.

Vygotsky, L.S. (1987). The collected works of L.S. Vygotsky, Volume I. New York: Plenum.

Welsing, F. C. (1991). The Isis Papers. Chicago: Third World Press.

Wertsch, J. (1985). Vygotsky and the social formation of mind. Cambridge, MA: Harvard University Press.

Wilson, A.N. (1978). The developmental psychology of the black child. New York: Africana Research Publications.

Wittgenstein, L. (1953). Philosophical investigations. Oxford: Blackwell.

Zinberg, N.E. (1984). Drug, set, and setting. New Haven: Yale University Press.

國家圖書館出版品預行編目資料

心理學的迷思／弗雷德·紐曼(Fred Newman)
著；王東美，郭姵妤，龍煒璿譯. ——初
版.——臺北市：五南圖書出版股份有限公
司, 2021.06
面；　公分
譯自：The myth of psychology.
ISBN 978-986-522-765-4 (平裝)

1.心理學　2.社會治療

170　　　　　　　　　　　110007113

1B1U

心理學的迷思

作　　　者 ― 弗雷德·紐曼（Fred Newman）

譯　　　者 ― 王東美、郭姵妤、龍煒璿

審　　　定 ― 夏林清

發 行 人 ― 楊榮川

總 經 理 ― 楊士清

總 編 輯 ― 楊秀麗

副總編輯 ― 王俐文

責任編輯 ― 金明芬

封面設計 ― 王麗娟

出 版 者 ― 五南圖書出版股份有限公司

地　　　址：106臺北市大安區和平東路二段339號4樓

電　　　話：(02)2705-5066　　傳　　真：(02)2706-6100

網　　　址：https://www.wunan.com.tw

電子郵件：wunan@wunan.com.tw

劃撥帳號：01068953

戶　　名：五南圖書出版股份有限公司

法律顧問　林勝安律師事務所　林勝安律師

出版日期　2021年6月初版一刷

定　　價　新臺幣450元

經典永恆・名著常在

五十週年的獻禮 —— 經典名著文庫

五南，五十年了，半個世紀，人生旅程的一大半，走過來了。

思索著，邁向百年的未來歷程，能為知識界、文化學術界作些什麼？

在速食文化的生態下，有什麼值得讓人雋永品味的？

歷代經典・當今名著，經過時間的洗禮，千錘百鍊，流傳至今，光芒耀人；

不僅使我們能領悟前人的智慧，同時也增深加廣我們思考的深度與視野。

我們決心投入巨資，有計畫的系統梳選，成立「經典名著文庫」，

希望收入古今中外思想性的、充滿睿智與獨見的經典、名著。

這是一項理想性的、永續性的巨大出版工程。

不在意讀者的眾寡，只考慮它的學術價值，力求完整展現先哲思想的軌跡；

為知識界開啟一片智慧之窗，營造一座百花綻放的世界文明公園，

任君遨遊、取菁吸蜜、嘉惠學子！